中华优秀传统文化在现代管理中的创造性转化与创新性发展工程
"中华优秀传统文化与现代管理融合"丛书

基于传统人性论的管理学

钟 尉 ◎ 著

企业管理出版社

图书在版编目（CIP）数据

基于传统人性论的管理学 / 钟尉著. -- 北京：企业管理出版社，2025.4. --（"中华优秀传统文化与现代管理融合"丛书）. -- ISBN 978-7-5164-3255-6

Ⅰ. C93

中国国家版本馆CIP数据核字第2025WF8996号

书　　名：	基于传统人性论的管理学
书　　号：	ISBN 978-7-5164-3255-6
作　　者：	钟　尉
责任编辑：	侯春霞
特约设计：	李晶晶
出版发行：	企业管理出版社
经　　销：	新华书店
地　　址：	北京市海淀区紫竹院南路17号　邮　　编：100048
网　　址：	www.emph.cn　　　电子信箱：pingyaohouchunxia@163.com
电　　话：	编辑部18501123296　　发行部（010）68417763　68414644
印　　刷：	北京联兴盛业印刷股份有限公司
版　　次：	2025年4月第1版
印　　次：	2025年4月第1次印刷
开　　本：	710mm×1000mm　1/16
印　　张：	23
字　　数：	275千字
定　　价：	128.00元

版权所有　翻印必究·印装有误　负责调换

编委会

主　任： 朱宏任　中国企业联合会、中国企业家协会党委书记、常务副会长兼秘书长

副主任： 刘　鹏　中国企业联合会、中国企业家协会党委委员、副秘书长
　　　　　孙庆生　《企业家》杂志主编

委　员： （按姓氏笔画排序）

丁荣贵　山东大学管理学院院长，国际项目管理协会副主席
马文军　山东女子学院工商管理学院教授
马德卫　山东国程置业有限公司董事长
王　伟　华北电力大学马克思主义学院院长、教授
王　庆　天津商业大学管理学院院长、教授
王文彬　中共团风县委平安办副主任
王心娟　山东理工大学管理学院教授
王仕斌　企业管理出版社副社长
王西胜　广东省蓝态幸福文化公益基金会学术委员会委员，菏泽市第十五届政协委员
王茂兴　寿光市政协原主席、关工委主任
王学秀　南开大学商学院现代管理研究所副所长
王建军　中国企业联合会企业文化工作部主任
王建斌　西安建正置业有限公司总经理
王俊清　大连理工大学财务部长
王新刚　中南财经政法大学工商管理学院教授
毛先华　江西大有科技有限公司创始人
方　军　安徽财经大学文学院院长、教授
邓汉成　万载诚济医院董事长兼院长

冯彦明	中央民族大学经济学院教授
巩见刚	大连理工大学公共管理学院副教授
毕建欣	宁波财经学院金融与信息学院金融工程系主任
吕　力	扬州大学商学院教授，扬州大学新工商文明与中国传统文化研究中心主任
刘文锦	宁夏民生房地产开发有限公司董事长
刘鹏凯	江苏黑松林粘合剂厂有限公司董事长
齐善鸿	南开大学商学院教授
江端预	株洲千金药业股份有限公司原党委书记、董事长
严家明	中国商业文化研究会范蠡文化研究分会执行会长兼秘书长
苏　勇	复旦大学管理学院教授，复旦大学东方管理研究院创始院长
李小虎	佛山市法萨建材有限公司董事长
李文明	江西财经大学工商管理学院教授
李景春	山西天元集团创始人
李曦辉	中央民族大学管理学院教授
吴通福	江西财经大学中国管理思想研究院教授
吴照云	江西财经大学原副校长、教授
吴满辉	广东鑫风风机有限公司董事长
余来明	武汉大学中国传统文化研究中心副主任
辛　杰	山东大学管理学院教授
张　华	广东省蓝态幸福文化公益基金会理事长
张卫东	太原学院管理系主任、教授
张正明	广州市伟正金属构件有限公司董事长
张守刚	江西财经大学工商管理学院市场营销系副主任
陈　中	扬州大学商学院副教授
陈　静	企业管理出版社社长兼总编辑
陈晓霞	孟子研究院党委书记、院长、研究员
范立方	广东省蓝态幸福文化公益基金会秘书长

范希春	中国商业文化研究会中华优秀传统文化传承发展分会专家委员会专家
林　嵩	中央财经大学商学院院长、教授
罗　敏	英德华粤艺术学校校长
周卫中	中央财经大学中国企业研究中心主任、商学院教授
周文生	范蠡文化研究（中国）联会秘书长，苏州干部学院特聘教授
郑俊飞	广州穗华口腔医院总裁
郑济洲	福建省委党校科学社会主义与政治学教研部副主任
赵德存	山东鲁泰建材科技集团有限公司党委书记、董事长
胡国栋	东北财经大学工商管理学院教授，中国管理思想研究院院长
胡海波	江西财经大学工商管理学院院长、教授
战　伟	广州叁谷文化传媒有限公司 CEO
钟　尉	江西财经大学工商管理学院讲师、系支部书记
宫玉振	北京大学国家发展研究院发树讲席教授、BiMBA 商学院副院长兼 EMBA 学术主任
姚咏梅	《企业家》杂志社企业文化研究中心主任
莫林虎	中央财经大学文化与传媒学院学术委员会副主任、教授
贾旭东	兰州大学管理学院教授，"中国管理 50 人"成员
贾利军	华东师范大学经济与管理学院教授
晁　罡	华南理工大学工商管理学院教授、CSR 研究中心主任
倪　春	江苏先锋党建研究院院长
徐立国	西安交通大学管理学院副教授
殷　雄	中国广核集团专职董事
凌　琳	广州德生智能信息技术有限公司总经理
郭　毅	华东理工大学商学院教授
郭国庆	中国人民大学商学院教授，中国人民大学中国市场营销研究中心主任

唐少清	北京联合大学管理学院教授，中国商业文化研究会企业创新文化分会会长
唐旭诚	嘉兴市新儒商企业创新与发展研究院理事长、执行院长
黄金枝	哈尔滨工程大学经济管理学院副教授
黄海啸	山东大学经济学院副教授，山东大学教育强国研究中心主任
曹振杰	温州商学院副教授
雪　漠	甘肃省作家协会副主席
阎继红	山西省老字号协会会长，太原六味斋实业有限公司董事长
梁　刚	北京邮电大学数字媒体与设计艺术学院副教授
程少川	西安交通大学管理学院副教授
谢佩洪	上海对外经贸大学学位评定委员会副主席，南泰品牌发展研究院首任执行院长、教授
谢泽辉	广东铁杆中医健康管理有限公司总裁
谢振芳	太原城市职业技术学院教授
蔡长运	福建林业技术学院教师，高级工程师
黎红雷	中山大学教授，全国新儒商团体联席会议秘书长
颜世富	上海交通大学东方管理研究中心主任

总编辑： 陈　静
副总编： 王仕斌
编　辑：（按姓氏笔画排序）
于湘怡　尤　颖　田　天　耳海燕　刘玉双　李雪松　杨慧芳
宋可力　张　丽　张　羿　张宝珠　陈　戈　赵喜勤　侯春霞
徐金凤　黄　爽　蒋舒娟　韩天放　解智龙

序 一

以中华优秀传统文化为源　启中国式现代管理新篇

中华优秀传统文化形成于中华民族漫长的历史发展过程中，不断被创造和丰富，不断推陈出新、与时俱进，成为滋养中国式现代化的不竭营养。它包含的丰富哲学思想、价值观念、艺术情趣和科学智慧，是中华民族的宝贵精神矿藏。党的十八大以来，以习近平同志为核心的党中央高度重视中华优秀传统文化的创造性转化和创新性发展。习近平总书记指出"中华优秀传统文化是中华民族的精神命脉，是涵养社会主义核心价值观的重要源泉，也是我们在世界文化激荡中站稳脚跟的坚实根基"。

管理既是人类的一项基本实践活动，也是一个理论研究领域。随着社会的发展，管理在各个领域变得越来越重要。从个体管理到组织管理，从经济管理到政务管理，从作坊管理到企业管理，管理不断被赋予新的意义和充实新的内容。而在历史进程中，一个国家的文化将不可避免地对管理产生巨大的影响，可以说，每一个重要时期的管理方式无不带有深深的文化印记。随着中国步入新时代，在管理领域实施中华优秀传统文化的创造性转化和创新性发展，已经成为一项应用面广、需求量大、题材丰富、潜力巨大的工作，在一些重要领域可能产生重大的理论突破和丰硕的实践成果。

第一，中华优秀传统文化中蕴含着丰富的管理思想。 中华优秀传统文化源远流长、博大精深，在管理方面有着极为丰富的内涵等待提炼和转化。比如，儒家倡导"仁政"思想，强调执政者要以仁爱之心实施管理，尤其要注重道德感化与人文关怀。借助这种理念改善企业管理，将会推进构建和谐的组织人际关系，提升员工的忠诚度，增强其归属感。又如，道家的"无为而治"理念延伸到今天的企业管理之中，就是倡导顺应客观规律，避免过度干预，使组织在一种相对宽松自由的环境中实现自我调节与发展，管理者与员工可各安其位、各司其职，充分发挥个体的创造力。再如，法家的"法治"观念启示企业管理要建立健全规章制度，以严谨的体制机制确保组织运行的有序性与规范性，做到赏罚分明，激励员工积极进取。可以明确，中华优秀传统文化为现代管理提供了多元的探索视角与深厚的理论基石。

第二，现代管理越来越重视文化的功能和作用。 现代管理是在人类社会工业化进程中产生并发展的科学工具，对人类经济社会发展起到了至关重要的推进作用。自近代西方工业革命前后，现代管理理念与方法不断创造革新，在推动企业从传统的小作坊模式向大规模、高效率的现代化企业，进而向数字化企业转型的过程中，文化的作用被空前强调，由此衍生的企业使命、愿景、价值观成为企业发展最为强劲的内生动力。以文化引导的科学管理，要求不仅要有合理的组织架构设计、生产流程优化等手段，而且要有周密的人力资源规划、奖惩激励机制等方法，这都极大地增强了员工在企业中的归属感并促进员工发挥能动作用，在创造更多的经济价值的同时体现重要的社会价值。以人为本的现代管理之所以在推动产业升级、促进经济增长、提升国际竞争力等方面须臾不可缺少，是因为其体现出企业的使命不仅是获取利润，更要注重社会责任与可持续发展，在环境保护、社会公平等方面发挥积极影响力，推动人类社会向着更加文明、和谐、包容、可持续的方向迈进。今天，管理又面临数字技术的挑战，更加需要更多元的思想基础和文化资源的支持。

第三，中华优秀传统文化与现代管理结合研究具有极强的必要性。随着全球经济一体化进程的加速，文化多元化背景下的管理面临着前所未有的挑战与机遇。一方面，现代管理理论多源于西方，在应用于本土企业与组织时，往往会出现"水土不服"的现象，难以充分契合中国员工与生俱来的文化背景与社会心理。中华优秀传统文化所蕴含的价值观、思维方式与行为准则能够为现代管理面对中国员工时提供本土化的解决方案，使其更具适应性与生命力。另一方面，中华优秀传统文化因其指导性、亲和性、教化性而能够在现代企业中找到新的传承与发展路径，其与现代管理的结合能够为经济与社会注入新的活力，从而实现优秀传统文化在企业管理实践中的创造性转化和创新性发展。这种结合不仅有助于提升中国企业与组织的管理水平，增强文化自信，还能够为世界管理理论贡献独特的中国智慧与中国方案，促进不同文化的交流互鉴与共同发展。

近年来，中国企业在钢铁、建材、石化、高铁、电子、航空航天、新能源汽车等领域通过锻长板、补短板、强弱项，大步迈向全球产业链和价值链的中高端，成果显著。中国企业取得的每一个成就、每一项进步，离不开中国特色现代管理思想、理论、知识、方法的应用与创新。中国特色的现代管理既有"洋为中用"的丰富内容，也与中华优秀传统文化的"古为今用"密不可分。

"中华优秀传统文化与现代管理融合"丛书（以下简称"丛书"）正是在这一时代背景下应运而生的，旨在为中华优秀传统文化与现代管理的深度融合探寻路径、总结经验、提供借鉴，为推动中国特色现代管理事业贡献智慧与力量。

"丛书"汇聚了中国传统文化学者和实践专家双方的力量，尝试从现代管理领域常见、常用的知识、概念角度细分开来，在每个现代管理细分领域，回望追溯中华优秀传统文化中的对应领域，重在通过有强大生命力的思想和智慧精华，以"古今融会贯通"的方式，进行深入研究、探索，以期推出对我国现代管理有更强滋养力和更高使用价值的系列成果。

文化学者的治学之道，往往是深入研究经典文献，挖掘其中蕴含的智慧，并对其进行系统性的整理与理论升华。据此形成的中华优秀传统文化为现代管理提供了深厚的文化底蕴与理论支撑。研究者从浩瀚典籍中梳理出优秀传统文化在不同历史时期的管理实践案例，分析其成功经验与失败教训，为现代管理提供了宝贵的历史借鉴。

实践专家则将传统文化理念应用于实际管理工作中，通过在企业或组织内部开展文化建设、管理模式创新等实践活动，检验传统文化在现代管理中的可行性与有效性，并根据实践反馈不断调整与完善应用方法。他们从企业或组织运营的微观层面出发，为传统文化与现代管理的结合提供了丰富的实践经验与现实案例，使传统文化在现代管理中的应用更具操作性与针对性。

"丛书"涵盖了从传统文化与现代管理理论研究到不同行业、不同

序 一

领域应用实践案例分析等多方面内容，形成了一套较为完整的知识体系。"丛书"不仅是研究成果的结晶，更可看作传播中华优秀传统文化与现代管理理念的重要尝试。还可以将"丛书"看作一座丰富的知识宝库，它全方位、多层次地为广大读者提供了中华优秀传统文化在现代管理中应用与发展的工具包。

可以毫不夸张地说，每一本图书都凝聚着作者的智慧与心血，或是对某一传统管理思想在现代管理语境下的创新性解读，或是对某一行业或领域运用优秀传统文化提升管理效能的深度探索，或是对传统文化与现代管理融合实践中成功案例与经验教训的详细总结。"丛书"通过文字的力量，将传统文化的魅力与现代管理的智慧传递给广大读者。

在未来的发展征程中，我们将持续深入推进中华优秀传统文化在现代管理中的创造性转化和创新性发展工作。我们坚信，在全社会的共同努力下，中华优秀传统文化必将在现代管理的广阔舞台上绽放出更加绚丽多彩的光芒。在中华优秀传统文化与现代管理融合发展的道路上砥砺前行，为实现中华民族伟大复兴的中国梦做出更大的贡献！

是为序。

朱宏任

中国企业联合会、中国企业家协会

党委书记、常务副会长兼秘书长

序 二

/

文化传承　任重道远

财政部国资预算项目"中华优秀传统文化在现代管理中的创造性转化与创新性发展工程"系列成果——"中华优秀传统文化与现代管理融合"丛书和读者见面了。

一

这是一组可贵的成果,也是一组不够完美的成果。

说她可贵,因为这是大力弘扬中华优秀传统文化(以下简称优秀文化)、提升文化自信、"振民育德"的工作成果。

说她可贵,因为这套丛书汇集了国内该领域一批优秀专家学者的优秀研究成果和一批真心践行优秀文化的企业和社会机构的卓有成效的经验。

说她可贵,因为这套成果是近年来传统文化与现代管理有效融合的规模最大的成果之一。

说她可贵,还因为这个项目得到了财政部、国务院国资委、中国企业联合会等部门的宝贵指导和支持,得到了许多专家学者、企业家等朋友的无私帮助。

说她不够完美，因为学习践行传承发展优秀文化永无止境、永远在进步完善的路上，正如王阳明所讲"善无尽""未有止"。

说她不够完美，因为优秀文化在现代管理的创造性转化与创新性发展中，还需要更多的研究专家、社会力量投入其中。

说她不够完美，还因为在践行优秀文化过程中，很多单位尚处于摸索阶段，且需要更多真心践行优秀文化的个人和组织。

当然，项目结项时间紧、任务重，也是一个逆向推动的因素。

二

2022年，在征求多位管理专家和管理者意见的基础上，我们根据有关文件精神和要求，成立专门领导小组，认真准备，申报国资预算项目"中华优秀传统文化在现代管理中的创造性转化与创新性发展工程"。经过严格的评审筛选，我们荣幸地获准承担该项目的总运作任务。之后，我们就紧锣密鼓地开始了调研工作，走访研究机构和专家，考察践行优秀文化的企业和社会机构，寻找适合承担子项目的专家学者和实践单位。

最初我们的计划是，该项目分成"管理自己""管理他人""管理事务""实践案例"几部分，共由60多个子项目组成；且主要由专家学者的研究成果专著组成，再加上几个实践案例。但是，在调研的初期，我们发现一些新情况，于是基于客观现实，适时做出了调整。

第一，我们知道做好该项目的工作难度，因为我们预想，在优秀文

序 二

化和现代管理两个领域都有较深造诣并能融会贯通的专家学者不够多。在调研过程中，我们很快发现，实际上这样的专家学者比我们预想的更少。与此同时，我们在广东等地考察调研过程中，发现有一批真心践行优秀文化的企业和社会机构。经过慎重研究，我们决定适当提高践行案例比重，研究专著占比适当降低，但绝对数不一定减少，必要时可加大自有资金投入，支持更多优秀项目。

第二，对于子项目的具体设置，我们不执着于最初的设想，固定甚至限制在一些话题里，而是根据实际"供给方"和"需求方"情况，实事求是地做必要的调整，旨在吸引更多优秀专家、践行者参与项目，支持更多优秀文化与现代管理融合的优秀成果研发和实践案例创作的出版宣传，以利于文化传承发展。

第三，开始阶段，我们主要以推荐的方式选择承担子项目的专家、企业和社会机构。运作一段时间后，考虑到这个项目的重要性和影响力，我们觉得应该面向全社会吸纳优秀专家和机构参与这个项目。在请示有关方面同意后，我们于2023年9月开始公开征集研究人员、研究成果和实践案例，并得到了广泛响应，许多人主动申请参与承担子项目。

三

这个项目从开始就注重社会效益，我们按照有关文件精神，对子项目研发创作提出了不同于一般研究课题的建议，形成了这个项目自身的特点。

（一）重视情怀与担当

我们很重视参与项目的专家和机构在弘扬优秀文化方面的情怀和担当，比如，要求子项目承担人"发心要正，导人向善""充分体现优秀文化'优秀'二字内涵，对传统文化去粗取精、去伪存真"等。这一点与通常的课题项目有明显不同。

（二）子项目内容覆盖面广

一是众多专家学者从不同角度将优秀文化与现代管理有机融合。二是在确保质量的前提下，充分考虑到子项目的代表性和示范效果，聚合了企业、学校、社区、医院、培训机构及有地方政府背景的机构；其他还有民间传统智慧等内容。

（三）研究范式和叙述方式的创新

我们提倡"选择现代管理的一个领域，把与此密切相关的优秀文化高度融合、打成一片，再以现代人喜闻乐见的形式，与选择的现代管理领域实现融会贯通"，在传统文化方面不局限于某人、某家某派、某经典，以避免顾此失彼、支离散乱。尽管在研究范式创新方面的实际效果还不够理想，有的专家甚至不习惯突破既有的研究范式和纯学术叙述方式，但还是有很多子项目在一定程度上实现了研究范式和叙述方式的创新。另外，在创作形式上，我们尽量发挥创作者的才华智慧，不做形式上的硬性要求，不因形式伤害内容。

（四）强调本体意识

"本体观"是中华优秀传统文化的重要标志，相当于王阳明强调的"宗旨"和"头脑"。两千多年来，特别是近现代以来，很多学者在认知优秀文化方面往往失其本体，多在细枝末节上下功夫；于是，著述虽多，有的却如王阳明讲的"不明其本，而徒事其末"。这次很多子项目内容在优秀文化端本清源和体用一源方面有了宝贵的探索。

（五）实践丰富，案例创新

案例部分加强了践行优秀文化带来的生动事例和感人故事，给人以触动和启示。比如，有的地方践行优秀文化后，离婚率、刑事案件大幅度下降；有家房地产开发商，在企业最困难的时候，仍将大部分现金支付给建筑商，说"他们更难"；有的企业上新项目时，首先问的是"这个项目有没有公害？""符不符合国家发展大势？""能不能切实帮到一批人？"；有家民营职业学校，以前不少学生素质不高，后来他们以优秀文化教化学生，收到良好效果，学生素质明显提高，有的家长流着眼泪跟校长道谢："感谢学校救了我们全家！"；等等。

四

调研考察过程也是我们学习总结反省的过程。通过调研，我们学到了许多书本中学不到的东西，收获了满满的启发和感动。同时，我们发现，在学习阐释践行优秀文化上，有些基本问题还需要进一步厘清和重视。试举几点：

（一）"小学"与"大学"

这里的"小学"指的是传统意义上的文字学、音韵学、训诂学等，而"大学"是指"大学之道在明明德"的大学。现在，不少学者特别是文史哲背景的学者，在"小学"范畴苦苦用功，做出了很多学术成果，还需要在"大学"修身悟本上下功夫。陆九渊说："读书固不可不晓文义,然只以晓文义为是,只是儿童之学,须看意旨所在。"又说"血脉不明,沉溺章句何益?"

(二)王道与霸道

霸道更契合现代竞争理念,所以更为今人所看重。商学领域的很多人都偏爱霸道,认为王道是慢功夫、不现实,霸道更功利、见效快。孟子说:"仲尼之徒无道桓、文之事者。"(桓、文指的是齐桓公和晋文公,春秋著名两霸)王阳明更说这是"孔门家法"。对于王道和霸道,王阳明在其"拔本塞源论"中有专门论述:"三代之衰,王道熄而霸术焻……霸者之徒,窃取先王之近似者,假之于外,以内济其私己之欲,天下靡然而宗之,圣人之道遂以芜塞。相仿相效,日求所以富强之说,倾诈之谋,攻伐之计……既其久也,斗争劫夺,不胜其祸……而霸术亦有所不能行矣。"

其实,霸道思想在工业化以来的西方思想家和学者论著中体现得很多。虽然工业化确实给人类带来了福祉,但是也带来了许多不良后果。联合国《未来契约》(2024年)中指出:"我们面临日益严峻、关乎存亡的灾难性风险"。

(三)小人儒与君子儒

在"小人儒与君子儒"方面,其实还是一个是否明白优秀文化的本体问题。陆九渊说:"古之所谓小人儒者,亦不过依据末节细行以自律",而君子儒简单来说是"修身上达"。现在很多真心践行优秀文化的个人和单位做得很好,但也有些人和机构,日常所做不少都还停留在小人儒层面。这些当然非常重要,因为我们在这方面严重缺课,需要好好补课,但是不能局限于或满足于小人儒,要时刻也不能忘了行"君子儒"。不可把小人儒当作优秀文化的究竟内涵，这样会误己误人。

（四）以财发身与以身发财

《大学》讲："仁者以财发身，不仁者以身发财"。以财发身的目的是修身做人，以身发财的目的是逐利。我们看到有的身家亿万的人活得很辛苦、焦虑不安，这在一定意义上讲就是以身发财。我们在调查过程中也发现有的企业家通过学习践行优秀文化，从办企业"焦虑多""压力大"到办企业"有欢喜心"。王阳明说："常快活便是功夫。""有欢喜心"的企业往往员工满足感、幸福感更强，事业也更顺利，因为他们不再贪婪自私甚至损人利己，而是充满善念和爱心，更符合天理，所谓"得道者多助"。

（五）喻义与喻利

子曰："君子喻于义，小人喻于利"。义利关系在传统文化中是一个很重要的话题，也是优秀文化与现代管理融合绕不开的话题。前面讲到的那家开发商，在企业困难的时候，仍坚持把大部分现金支付给建筑商，他们收获的是"做好事，好事来"。相反，在文化传承中，有的机构打着"文化搭台经济唱戏"的幌子，利用人们学习优秀文化的热情，搞媚俗的文化活动赚钱，歪曲了优秀文化的内涵和价值，影响很坏。我们发现，在义利观方面，一是很多情况下把义和利当作对立的两个方面；二是对义利观的认知似乎每况愈下，特别是在西方近代资本主义精神和人性恶假设背景下，对人性恶的利用和鼓励（所谓"私恶即公利"），出现了太多的重利轻义、危害社会的行为，以致产生了联合国《未来契约》中"可持续发展目标的实现岌岌可危"的情况。人类只有树立正确的义利观，才能共同构建人类命运共同体。

（六）笃行与空谈

党的十八大以来，党中央坚持把文化建设摆在治国理政突出位置，全国上下掀起了弘扬中华优秀传统文化的热潮，文化建设在正本清源、守正创新中取得了历史性成就。在大好形势下，有一些个人和机构在真心学习践行优秀文化方面存在不足，他们往往只停留在口头说教、走过场、做表面文章，缺乏真心真实笃行。他们这么做，是对群众学习传承优秀文化的误导，影响不好。

五

文化关乎国本、国运，是一个国家、一个民族发展中最基本、最深沉、最持久的力量。

中华文明源远流长，中华文化博大精深。弘扬中华优秀传统文化任重道远。

"中华优秀传统文化与现代管理融合"丛书的出版，不仅凝聚了子项目承担者的优秀研究成果和实践经验，同事们也付出了很大努力。我们在项目组织运作和编辑出版工作中，仍会存在这样那样的缺点和不足。成绩是我们进一步做好工作的动力，不足是我们今后努力的潜力。真诚期待广大专家学者、企业家、管理者、读者，对我们的工作提出批评指正，帮助我们改进、成长。

企业管理出版社国资预算项目领导小组

前　言

加快构建中国特色哲学社会科学学科体系、学术体系、话语体系，是以习近平同志为核心的党中央提出的重大战略任务，是广大哲学社会科学工作者的神圣职责。党的十八大以来，党中央就对构建中国特色的话语体系高度重视。党的二十大报告中，习近平总书记再次提到了这项任务，并且为如何加快构建中国特色哲学社会科学学科体系、学术体系、话语体系指出了总方向和总思路："坚守中华文化立场，提炼展示中华文明的精神标识和文化精髓，加快构建中国话语和中国叙事体系，讲好中国故事、传播好中国声音，展现可信、可爱、可敬的中国形象。"作为中国的管理研究者，要认真贯彻党的二十大精神，抓住理论创新和话语体系全球性重构的重大"超越追赶"之战略机会窗口，构建中国自己的管理学学科体系、学术体系和话语体系，引领世界管理学的发展，为"人类命运共同体"的建设贡献中国智慧和中国方案。

改革开放以来，中国管理实践随着中国经济的飞速发展，取得了辉煌的成果。然而，中国管理理论研究却日渐无法满足中国管理实践的需求。近二三十年来，中国管理学研究主要基于西方管理学思想，虽然取得了不少成果，但问题也非常明显。这种研究范式使我们的很多研究成果成为西方管理理论的拓展与注解，同时缺少对中国传统文化的源头活水和中国管理实践鲜活土壤的足够重视，导致不仅难以指导中国管理实践，甚至在解释中国管理实践中的现象方面存在着许多令人不满意的地方。

面对这种状况，中国管理学者也在想各种办法解决。较为主流的办法是倡导进行扎根理论研究、案例研究，强调从中国管理实践中去寻找，去梳理理论。这个思路有助于解决中国管理理论与实践脱节的问题，但其研究成果仍然是碎片化的。要想通过这种思路去构建中国自己的管理理论必然是一个非常漫长的过程。

其实，中国几千年来源远流长的传统文化和传统管理实践才是构建中国管理理论最重要、最核心的资源。只有充分利用这些传统文化资源才能真正实现加快构建中国管理学领域三大体系的要求。但是，中国传统文化博大精深，经典浩如烟海，我们需要选择一个比较好的切入点，才能从中找到构建中国管理理论的思路。经过反复思考，笔者认为，人性论是管理学的基石，通过研究中国传统文化中的人性论，继而构建基于传统人性论的管理理论，可能是加快构建中国特色管理学学科体系、学术体系、话语体系的一条蹊径。

管理的核心是对人的管理，要对人进行管理，就离不开对人性的认识。人性假设是管理理论赖以建立的基石，任何管理学者都不能不认真思考这个问题。西方管理理论在其一百多年的发展历程中，产生了各种人性假设，如经济人假设、社会人假设、自我实现的人假设、文化人假设等，几乎每一种人性假设的提出都会促使一个新的管理理论出现。这表面上好像说明西方管理理论发展迅猛，但是实际上表明西方管理理论界对人性假设的研究还很不成熟。其实，西方哲学界和心理学界对人性都有相当深入的思考，但是西方管理学者对哲学界和心理学界相关研究成果的学习与吸收非常有限。这种情况一方面与西方哲学界、心理学界流派众多，对人性缺乏统一认识密切相关，另一方面也与西方文化强调专业分工的思维方式有密切的关系。

另外，西方管理理论发展过程中工具理性占据主导地位，人在管理活动中的主体地位得不到彰显。在西方管理理论中，管理事务和人的发展经常是对立的，而不是统一的；管理者的自我管理和管理者对他人的管理不是融合的，而是分裂的。西方管理理论对人性的认识虽然在不断发展，但是局限于对人性现状的分析，把人性置于组织效率之下。归根到底就是用行为科学的研究范式去研究人的行为，思考如何设计符合人性现状的管理制度和方法，从而提高组织的效率，而人自身的需求和目的都成为实现效率的手段。在西方管理理论中，作为管理客体的人和物都得到了极大的关注，然而作为管理主体的人却未得到应有的重视。由于西方管理理论研究未能重视管理者的主体性地位，因此西方管理理论研究得出的知识不免缺乏实践操作性，管理的"知"与"行"处于分离状态。这样西方管理理论研究在整体上存在与实践脱节的问题也就不足为奇了。

相比较而言，中国古代的诸多思想家，比如孔子、孟子、荀子、韩非子等，不仅具有深刻的管理思想，也是了不起的哲学家。他们玄妙而高远的哲学思想是他们管理主张的不竭源泉。他们提出的管理思想基本上都有着深刻的人性哲学思考，因而具有旺盛的生命力。同时，中国传统文化强调知行合一，人的主体地位和人性问题在管理理论和管理实践中都得到了贯彻和强调。

如果从传统人性的视角去看传统管理思想，我们会发现传统管理思想有着非常完整而系统的理论体系。它特别重视人的主体地位，强调知行合一，密切结合管理实践，对当代中国的管理实践具有重要的借鉴作用和指导意义。在当代中国管理实践中，已经有很多企业家通过自觉学习中国传统文化经典，运用传统管理思想和传统人性论思想解决了很多具体的管理问题。

因此，梳理中国传统文化中对人性的研究成果，提出基于传统人性论的管理理论，不仅对于加快构建中国特色管理学学科体系、学术体系、话语体系具有重要的价值，而且有助于推动中国管理理论的发展、直面中国管理实践问题、开展管理理论的创新，从而更好地为中国管理实践的发展提供有效的理论指导。

中国传统人性论思想非常丰富而深刻，是构建中国自己的管理理论的重要资源宝库。本书的核心就是构建了一个动态的传统人性论模型。在这个模型中，笔者提出人性具有三个层次，即本性、生性和习性，在人性的不同层次，有不同的具体内容乃至特定的结构和要素。而人性特定的结构和要素形成了一种变化发展的趋势，这种发展趋势在不同环境的诱导下就会有不同的发展变化。只有深刻认识这个传统人性论模型，才有可能真正搞清楚个体思想和行为的变化规律。管理活动是管理者与一个或多个被管理者互动的过程。管理者必须对个体思想和行为的变化规律有全面且深入的了解，这样才能做好对人的管理工作。只有做好对人的管理工作，才能真正做好对组织的管理工作。

本书共分为八章，前三章为基础理论部分，重点阐述传统人性论及其与中国管理理论的关系。第一章讨论人性论相关基本概念，分析人性论研究中存在的种种争议，反思西方管理学人性假设存在的不足，然后

前　言

详细说明深入研究传统人性论对于中国管理学发展的重要价值。第二章主要阐释中国管理的相关概念、中国传统人性论思想的主要内容，然后构建了一个传统人性论模型。第三章详细分析了传统人性论模型的主要内容，包括人性的预成内容和生成内容，并进一步分析了从人性到管理的逻辑。第四章到第六章重点分析中国传统文化中关于个体管理的思想，分别从"心""身""德""才"四个方面对个体管理进行探讨。第四章探讨中国传统文化中对个人心、身进行管理的相关思想。第五章探讨中国传统文化中对个人的德行进行管理的相关思想。第六章探讨中国传统文化中对个人的才能进行管理的相关思想。第七章探讨人际管理与群体管理的思想。人际管理就是对人与人之间形成的各种关系进行管理，本章把人际关系分为人伦关系和人脉关系两大类，分别探讨各自的相关管理思想。而群体管理是建立在个体管理和人际管理基础上的管理活动，本章探讨群体的分类与相关管理思想。第八章探讨传统的组织管理思想。

本书试图构建一个研究如何管人的宏大框架，涉及诸多不同学科的相关知识，但限于作者的个人水平以及时间、精力，必定有诸多不成熟的地方和各种疏漏，期待读者和相关研究者不吝指正，谢谢！

钟尉

目　录

第一章　导论：人性论与管理学 1
第一节　人性与人性论 3
第二节　西方管理学对人性的认识 14
第三节　人性论研究与中国管理学的发展 22

第二章　中国管理与传统人性论 31
第一节　管理与中国管理 33
第二节　中国传统人性论的发展流派 46
第三节　传统人性论模型及其基本管理思路 67

第三章　传统人性论模型及其管理价值 81
第一节　人性中先天预成的内容 83
第二节　人性的发展及其动力机制 97
第三节　从人性到管理 105

第四章　心、身管理 123
第一节　传统文化对心、身的认识 125
第二节　心的管理 126
第三节　身的管理 139

第五章　德行管理 143
第一节　概述 145
第二节　德行与境界 160
第三节　德行的养成 169

第六章　才能管理 181
第一节　才能、人才与德才的关系 183
第二节　人才分类与选拔 195
第三节　识人用人 209

第七章　人伦、人脉与群体管理 223
第一节　人伦管理 225
第二节　人脉管理 243
第三节　群体管理 257

第八章　组织管理 273
第一节　传统组织管理概述 275
第二节　儒家组织管理 285
第三节　非儒家组织管理 317

参考文献 336

第一章
导论：人性论与管理学

第一节 人性与人性论

一、人性的概念

人类自从有了自我意识,便开始询问:我是谁?我从哪里来?我将到哪里去?这一系列问题都可归结为一点,即"人是什么",也就是人性问题。

英语中"人性"一词为"human nature","nature"有自然界的含义,所以"human nature"就衍生出自然形成的意思,接近于汉语中"天生的""与生俱来的""固有的"等含义。《大英百科词典》以更加简明的方式称人性为"人所具有的基本禀赋或特质"。《剑桥英语词典》则将它定义为"绝大多数人共有的自然的行为方式"。另外,"nature"并不仅有"自然"的含义,还有"本质"的含义。所以,有许多西方学者把"human nature"理解为"人的本质",强调人区别于动物或者说高于动物的本质属性。所以,"human nature"也时常指人所独有的、区别于其他生物特别是动物的独特属性。在这个意义上,人性就是指人的本质,或者说人的本质属性。

有人总结过英语中人性的四种含义,分别是:第一,指人所独有的特征和能力,其凸显出人是一种独特的生物,包括其所形成的理性能力、语言能力、刻意行为能力等。正是这些能力作为一个总体,界定了人是一种独特的生物。第二,所有人共有的普遍特性或共同属性,这些属性是普遍的,无论何时、无论何地,都能被发现。第三,人类的生物学或心理学禀赋。第四,人的各种需要,包括生理需要、物质需要以及对自由、平等、社会认同的需要等。

汉语中"人性"一词由"人"和"性"两个字构成,"人"字不必做过多的分析,关键是对"性"字的理解。《说文解字》说:"性,人之阳气性善者也。从心，生声。"《尔雅》说："性，质也。"庄子说："性者，生之质也。"（《庄子·庚桑楚》）孟子说："生之谓性。"（《孟子·告子上》）荀子说："生之所以然者谓之性。"（《荀子·正名》）《吕氏春秋·孟秋纪·荡兵》说："性者，所受于天也，非人之能为也。"相关论述还有很多，从这些论述来看，"性"可以说是物类天生之基本特质。同一物类，其性亦同，若缺乏该基本特质，则不能归为此一物类。物有物性，而人有人性。物性是物类的天生之基本特质，人性是人类的天生之基本特质。

综上所述，从字面意义上来说，人性可以界定为关于人之所以为人的基本属性和特质的一种描述。

谈到人性，我们可能还会遇到另外两个相关的词汇——"兽性"和"神性"。区分"人性""兽性""神性"概念的差异，有助于我们更全面地理解人性。

所谓兽性，可以理解为动物所具有的天生的基本特质，也就是动物性。广义的人性也应该包括动物性。因为人本身也是动物的一种，自然也具有兽性。在普通人所具有的各种基本属性和特质当中，很多内容是人和动物都具有的，比如饮食、睡眠和繁衍后代的行为。如果我们把这些内容也归为人性的话，那就是一种广义的人性概念。

狭义的人性，也就是人区别于动物所独有的基本特质，可能对管理实践更为重要。孟子说："人之所以异于禽兽者几希，庶民去之，君子存之。"（《孟子·离娄下》）这里谈的就是一种狭义的人性论。这种所谓人区别于动物所独有的基本特质，应该不受地理环境和文化环境的影响，在古今中外所有人身上都普遍存在。也就是这种基本特质不会因为时间和空间的变化而发生根本性的变化，是定义人的基本要素。既然是基本要素，那么就不能轻易变化，如果在某个人身上发现它变化了，那么这个人也就不能称之为人了。这种狭义的人性排除了动物性的内容。但是，我们在具体讨论人性问题的时候，还是会经常涉及人和动物都具有的一些特性，如饮食、睡眠和繁衍这些行为都是人类社会生活的重要构成部分，抛开这些行为去谈论人性，将导致很多行为无法解释。因此，管理学研究不仅关注狭义的人性，也关注广义的人性。

同时，狭义的人性排除了神性。但是在古今中外的人类历史中，还是存在一些道德品质极为高尚的普通人，他们在某些特定的场合也会表现出可被解释为神性的行为。从这个角度来说，我们可以把这种神性视为人性的升华，从而将其纳入人性的探讨范畴。而且，它在管理实践中是非常有价值的，基于神性的信仰体系对人们的自律、团队精神或者奉献意识都发挥着影响。

所以，我们把兽性、狭义的人性和神性都纳入广义的人性之中，但是这种纳入并非机械的纳入。我们主要是希望我们界定的人性概念能够解释人类似于动物的一些本能行为和部分具有很高道德素养或者崇高理想的人可能做出的高尚行为。在后面的讨论中，我们将用分层分类的方法对广义的人性概念进行解构，形成一个分层分类的人性模型，继而引入更加精确的概念来分析人性的各个方面。

二、西方人性理论

一般来说，人性论就是针对人性问题提出的相关理论，是人们对人的本质或基本特质的基本观点和系统认识。西方哲学界很早就开始思考人性问题，例如古希腊德尔菲神庙有句著名的铭文——"认识你自己"。人性问题几乎是每一代西方哲学家无法规避的难题。休谟在《人性论》[1]中曾说,一切科学总是或多或少与人性有些关系。"任何重要问题的解决关键,无不包括在关于人的科学中间;在我们没有熟悉这门科学之前,任何问题都不能得到确实的解决。"

那么,人性到底是怎样的或者说人有哪些基本属性和特质呢？古今中外的思想家们提出了很多不同的观点。

西方人性论的发展大体上可以分为六个阶段,其代表性理论分别如下：一是古典形而上学人性论；二是自然状态说；三是基督教的人性论；四是近现代哲学中的人性论；五是现代社会科学中的人性论,包括社会学、心理学、行为科学、语言学、生物学等学科中的人性论；六是现代自然科学中的人性论。[2]

第一,古典形而上学人性论。从柏拉图、亚里士多德一直到休谟以前的西方哲学家,大多数都接受一种关于人的本质的形而上学学说,也可以说是一种典型的本质主义。它认为人的感官所感知到的一系列属性,其背后应该有一个共同不变的"实体"或"本质"来支撑或决定。这个实体或本质,可以称作灵魂或精神实体。柏拉图、亚里士多德都认可灵魂的存在,到笛卡尔发展成为心物二元论。

第二,自然状态说。从霍布斯、洛克、孟德斯鸠、卢梭到苏格兰启蒙学者等,普遍相信不仅存在一种前社会、前文明的人类原始状态,而且正是这种原始状态展现了人性最自然的面貌,构成一切人类社会制度或组织方式的基础,这一理解也非常契合"human nature"(人性)中的"nature"(自然)之义。历史上许多学者曾花许多笔墨来探讨自然状态的人是什么样的。

---

[1] 休谟.人性论[M].关文运,译.北京：商务印书馆,1997：660.
[2] 方朝晖.西方人性论的主要问题与争论焦点——兼论中西人性论异同[J].复旦学报(社会科学版),2022(5)：131-141.

第三，基督教的人性论。有学者认为，基督教人性论的基础是其灵魂、肉体二分说。灵肉二分说可以上溯到柏拉图，对西方人性论传统影响深远，它的最特别之处在于对人性（human nature）与灵性（spiritual nature）的区分。人性是基于肉体的，而灵性（精神性）则是基于圣灵的。这一区分是康德后来区分自然（nature）与自由（freedom）的滥觞。按照这一区分，狭义的人性仅限于感官属性，因为它把灵性排除了出去。结果在西方，至今还有人认为人性只与自然相关，即属于大自然或生物/物理世界，涉及人的自然属性，包括感官嗜好或感性冲动；而灵性来自圣灵，属于另一个世界，因为它体现了上帝的模样，所以高于一切人的自然属性。不过，基督教所谓的灵性与人性可以看作从属于广义人性的概念。

第四，近现代哲学中的人性论。近现代哲学中的人性论有多种，从早期唯理论、经验论围绕人类理智的争论，到19世纪以来的生命哲学（柏格森）、唯意志主义（叔本华、尼采）、存在主义哲学（萨特等）乃至美国实用主义哲学中，都有丰富的人性论思想。存在主义哲学在人性论上可以说是独树一帜，与西方几千年来的人性论哲学传统迥然不同。其最大的特色也许是关注人的心理、情感，关注个别独特的感受，否定一切客观化、普遍化的原理或价值。萨特提出"存在先于本质"，否定人有先验的本质。

第五，现代社会科学中的人性论。在社会科学领域，也许影响最大的人性论就是马克思和弗洛伊德的学说。马克思关于人性最有名的一句话是："人的本质不是单个人所固有的抽象物，在其现实性上，它是一切社会关系的总和。"（《关于费尔巴哈的提纲》）马克思从社会性看人性，相信没有固定不变的个人人性这个东西。与马克思观点迥然不同的是弗洛伊德，他认为人的本性体现在无意识中。他所谓"无意识—前意识—意识"三重意识的划分,之后"本我—自我—超我"的自我三重结构说,以及所谓生本能、死本能学说等,都让我们重新认识人性的复杂奥妙,突破了两千多年来西方理性主义人性观的局限。

此外,皮亚杰的发生认识论、乔姆斯基的语言学、斯金纳的行为主义,以及与实用主义有关的社群主义,都对人性问题有特别的观察和启发。

第六,现代自然科学中的人性论。现代自然科学对人性的解释影响最大的一部分来自达尔文以来的进化论思潮。社会生物学或进化心理学的人性论学说有四个特征:一是唯物论,将一切归之于基因;二是进化论,认为人性是自然选择和进化的结果;三是唯科学主义,以自然科学取代人文和社会科学,进行真正的科学研究;四是相信一切皆有原因,从而否定了意志自由对于理解人性的重要性。其代表人物威尔逊宣称,"生物学是解开人性之谜的一个关键"(《论人的本性》),因为人性的一切特点,包括其在成长、攻击、防卫以及更进一步在性、语言、道德、信仰、社会等一切方面的特征,均可从基因结构来说明:"人类的社会行为立于遗传的基础上,更准确一点说,人类行为乃是由某些基因所组织而成的,这些基因包括人类所特有的,以及人类和几个邻近的物种所共有的。"(《社会生物学:新的综合》)既然只有生物学等自然科学学科才能解开人性之谜,那么人性的问题也没必要听哲学家和人文学者空谈了。

三、关于人性论的争论

千百年来人们对人性有非常丰富的论述和深刻的研究。但是,人性问题非常复杂,可能涉及多个层次、多个维度。比如:理性、道德、欲望、情感等这些都可能是人性的组成部分,但是它们的关系如何?人性是否有先验的内容,还是都是经验的内容?善恶是如何产生的?这就需要对人性的形成等更为本质的问题进行深入的探讨，而这个问题涉及世界观，涉及不少纯粹依靠思辨难以解决的问题。因此，人们对于人性问题产生了很多争论，比如人性的善恶争论、人性的具体内容争论，以及人性是预成还是生成的争论。其中，人性是预成还是生成的争论是西方人性论争论的最重要的焦点，其他方面的争论都或多或少与预成论和生成论的争论有关系。下面我们重点介绍这个争论以及人性的善恶争论和具体内容争论。

1. 预成与生成之争

人性是预成的还是生成的之争涉及对人性概念的界定。前面我们在对人性的概念进行介绍时就说了人性有狭义和广义两种界定。这两种界定实际上背后就有人性的预成派和生成派的争论。

预成派认为人性和人的本质是一个意思。人性是人区别于动物的本质属性。这种意义上的人性是本体领域的而不是现象领域的，是自由意志领域的而不是感官嗜好领域的，是超验的而不是经验的，人的活动及发展由其前在的本质决定。既然人性是超验的、前在的、本质的，那么人性就是先天预成的。实际上，柏拉图哲学中的灵魂、基督教的灵魂以及笛卡尔、洛克、贝克莱哲学中的精神实体，严格来说都是超验的存在。他们的观点得到了历史上很多思想家的认同，即超验的、先天预成的存在才是人的本质属性或者说人性的核心内容。

预成派人性论有以下几个方面的观点。

第一，人的本质是先在的，也就是人性是先验的存在。人的本质先于其存在，在预成派看来，人是一个完成之物。古希腊的哲学以理性追求为旨归，认为理性先于具体个人而存在，有明显的预成派倾向。中世纪的基督教哲学认为，人天生就有原罪。这些都是人性中预先存在的内容，不是后天生成的。

第二，人的本质是固定的。预成派认为，凡是人就一定有本质，不存在无本质的人；人的本质会恒定地伴随人的终生，不会中途改变。尽管人可以变化，但人性一定是亘古不变的。康德将人性看作人"本质上固有的禀性"。这种禀性不是在时间中获得的，"因为我们不能从意念的任何一个最初的时间性行为中，引申出这种禀性或其最高基础"（《单纯理性限度内的宗教》）。康德认为自然遵从因果律，而自由不遵从因果律，遵从先天法则。一个人运用自由时遵从道德律，所以才不像任性或嗜好那样受制于因果律。人为什么能不受任性或嗜好左右，自觉地遵守道德律呢？康德认为这个问题经验无法回答，只能诉诸先验基础，这个先验基础即康德所谓的人性。康德说人的本性是人遵从客观的道德律运用自由的主观基础，人不管在哪里，通常先于一切感觉范围内的行迹而存在。一方面人在变化，另一方面人性却是不变的，这就导致了一种矛盾。这样，预成派人性论就不得不引入信仰体系，把不变的人性当成信仰的对象之一，倡导人在不断的变化中追求永恒的人性。

第三，人的本质是人类共有的。人的本质是人类这种特殊的生物区别于其他生物的共有的关键特征，因此人的本质为人所共有，也是人类独有的特征。具体而言，这种特征是什么呢？不同的思想家有不同的观点，其中比较典型的观点就是理性。比如柏拉图认为人由形体和灵魂两部分构成，灵魂的特征是理性。根据无形的理念统摄有形物体的原则，灵魂统摄着身体，因此理性是人的本质属性。康德继承柏拉图的观点认为："人自身实在有个使他与万物有别，并且与他受外物影响那方面的自我有别的能力；这个能力就是理性。"（《纯粹理性批判》）

综上所述，在预成派看来，人是由本质决定的，本质是先于人而存在的。人的存在和发展均由本质或规律决定，也是一个逐渐"符合"本质或规律的过程。本质是实体性的存在，本质展开就表现为规律。如果说本质决定了人的终点，那么规律规定了人的过程。人生的过程就是按照规律的要求形成本质的过程。本质包含了未来一切发展可能。假若某人的发展不符合本质与规律的要求，那他就会被认定为一个不正常的人而被边缘化。

对预成派人性论的批评主要集中在以下两点。其一，它否定了人性的丰富性。当它肯定人的某个方面为本质时，实际上就排斥人的其他方面成为本质。预成派人性论认为人的本质只有一个，如果该本质是令人欢喜的或者好的，那么，人的消极方面就被忽略了。如果该本质是使人厌恶的或者坏的，那么，人的积极方面就被无视了。到底哪个方面才是人的本质，对此争议不断。其二，它否定了人的能动性。由于本质是预成的，因此个人对其本质无能为力，唯一能做的就是努力去符合本质、顺应本质。这样，人的能动性和创造性就被否定了。

生成派人性论在现代哲学中有不少拥护者，在他们眼中，人性和人的本质并不能完全等同。先验的人的本质没有讨论的价值，可以交给宗教去解决。真实生活中的人性必须是可以经验到的，也就是说，所谓人性是经验的存在，人性的内容存在于经验中，可以从人们的经验中观察总结出来。比如休谟在《人性论》中讨论的人的知性、情感、意志等一系列特征都是人在日常生活中所表现出来的一系列典型特征，它们都属于人性的内容。这种理解普遍盛行于西方学术界，这样人性才能成为心理学、社会学、政治学甚至生物学等学科的研究对象。

存在主义哲学家萨特认为，存在主义的"共同点只是认为存在先于本质"。就是说，人是先存在，后有所谓的本质，所以人性是在存在过程中生成的。萨特区分了"现象的存在"和"存在的现象"，他认为前者是存在本身，是意识所显现的东西，后者就是意识，是使存在得以显现的东西；前者是自在的存在，即不以意志为转移的外部世界的存在，后者是自为的存在，是对存在的否定和超越。简单地说，自在的存在就是客观事物的存在，自为的存在就是人的存在。自在的存在是本质先于存在，所以它是定性的、定型的，而自为的存在是存在先于本质，所以它是开放的、悬而未决的。换句话说，就是首先有人，人碰上自己，在世界上涌现出来，然后才给自己下定义，才能讨论本质问题。所以人性是没有固定本质的，这样，人性就只能是生成的了。

2. 善恶之争

除了预成论与生成论的争论之外，人性善恶之争也是西方人性论争论中一个重要的焦点。不过这个问题在西方得到的关注远远少于中国传统文化。比如基督教认为上帝按照自身的形象造人，这样人性就被赋予了高于动物性的一系列可称为善的特征。同时，基督教又有原罪之说，来解释恶的来源。一些西方思想家从自然状态说出发，也引发出对人性善恶的不同观点及争论。其中霍布斯的人性论似乎接近性恶论，而洛克、孟德斯鸠、卢梭等的人性论则接近性善论。比如孟德斯鸠总结出自然状态下的人性有卑弱和平、寻找食物、彼此爱慕、期望社会生活等特点。卢梭认为人类的文明进步在某些方面是一种退步，因为它使人类远离了自然状态下的纯真和自由。洛克、孟德斯鸠都明确批评了霍布斯的人性论。

3. 具体内容之争

人性的具体内容之争，与人性的概念有密切的关系。如果将人性的概念界定为人的本质属性，那么人性的具体内容就都是先验的、预成的内容。这些内容可能相对来说会比较简单，但是比较抽象，难以被经验到，只能通过哲学反思去体悟，并且有很多形而上的内容会涉及宗教，这必然会带来很多争议。如果将人性的概念界定为人的共同属性，那么就可以从经验中去总结。这种人性界定下的人性具体内容在心理学领域有比较多的研究成果。从经验去总结人性的具体内容时，研究者的眼界和视角非常重要，研究者之间出现严重的分歧也在所难免。所以，心理学的相关研究也是流派众多，众说纷纭。无论人性的概念是狭义的界定还是广义的界定，关于人性的具体内容都免不了出现诸多的争议。

西方哲学的奠基者苏格拉底认为人性的核心是理性，人生的根本目标在于追求正义和真理。基督教神学认为人生来就有原罪，原罪无疑是人性的重要构成部分。尼采则认为人性的核心就是征服他人的权力意志。这明显是从狭义人性论的视角来讨论人性的内容。

柏拉图认为人性主要包括理性、情感、欲望三个部分。三个部分要保持平衡，理性要驾驭情感和欲望。此说法发展为今天我们熟悉的心理学上的"知、情、意"三分说。亚里士多德认为人性具有理性、趋善性、欲望、兽性、社会性等内容，其中理性和趋善性是人性的核心。弗洛伊德则把人性分为"本我""自我"和"超我"三个层次。"本我"指以食欲和性欲为本能的冲动，"超我"指对"本我"进行管制的社会伦理和法律，"自我"则是实现人性理性功利的部分，协调"本我"和"超我"。荣格继承发展了这种观点，提出意识、个体无意识和集体无意识三个层面，同时把人们的心理过程分为外向与内向、感觉与直觉、思考与情感、判断与知觉等维度，并根据这些维度的组合，提出了八种基本的心理类型。显然荣格提出的这些内容也属于人们共同具有的属性，属于人性论的内容。

以上基本是从精神的角度来分析人性的具体内容，实际上还有一些思想家认为必须把肉体因素也纳入人性思考的范畴。比如一个人的性格、情绪等既受精神方面的影响，也受肉体方面的影响。因此，脱离肉体来谈人性的具体内容是不合适的。关于人性的具体内容，我们将在第二章和第三章中详谈。

第二节　西方管理学对人性的认识

管理是人类的一种重要的实践活动。管理这种实践活动从开始到结束，整个过程都离不开人，不存在没有人的管理活动。管理活动的目标也是由人来设定的，并且是为人的目的服务的。因此，在管理学领域，人性论一直都被视为管理思想与管理理论的基石。在管理学中，任何管理理论都是依据对人性的认识而提出的。但管理学一般不说人性论或人的本质，而说人性假设。

西方管理理论在其发展的短短一百多年的历程中，产生了各种人性假设，如经济人假设、社会人假设、自我实现的人假设、文化人假设等，几乎每一种人性假设的提出都伴随着一个新的管理理论的提出。这一方面促进了西方管理理论的不断发展，另一方面也暴露了西方管理学学科基础不牢固的事实。西方管理学中"人性假设"这一称谓的使用本身只能说明西方管理学界对于人性问题没有统一的认识。西方管理学中的诸多人性假设，基本上都可以算是一种预成的人性观，但是人性的具体内容又是经验的，而且对这些可以经验到的人性的具体内容，人们没有统一的认识，因此，只能说是一种假设。这样就导致西方管理学中的各种人性假设都在不同程度和不同方式上具有片面性、静态性和抽象性。

大概只有 1965 年薛恩在《组织心理学》一书中提出的复杂人假设，在一定程度上跳出了片面的和静态的人性观。薛恩认为不能将人性简单地归为经济人、社会人、自我实现的人等，因为人性是多样且动态变化的："人类的需要是分成许多类的，并且会随着人的发展阶段和整个生活处境而变化。"既然人性会随着背景和境遇的不同而出现差异，那么人性就不是统一的、不变的，而是在不断的发展变化中生成的。总体上来说，西方管理学界对人性的认识经历了一个不断发展、不断深化的过程，但目前还缺乏经得起较长时间实践检验的比较成熟的人性理论。下面，我们对西方管理学界常见的几种人性假设和相关管理理论做一个简单的介绍。

一、经济人假设与X理论

经济人也称为理性经济人，是古典管理理论对人的看法，即把人作为"经济动物"来看待，认为人的一切行为都是为了最大限度满足自己的私利，工作的目的只是获得经济报酬。经济人假设的思想基础可以追溯到亚当·斯密的《国富论》，他认为人们在经济活动中是从自身利益出发进行分工和交换的，并且在追求个人利益的同时，通过"看不见的手"促进了社会公共利益的实现。这种对个人自利行为及其社会后果的分析，为经济人假设提供了重要的思想来源。对应经济人假设的管理理论是X理论，X理论的基本观点如下。

第一，多数人天生是懒惰的，他们都尽可能地逃避工作。

第二，多数人都没有雄心壮志，不愿负任何责任，而心甘情愿受别人的指导。

第三，多数人的个人目标都是与组织目标相矛盾的，必须用强制、惩罚的办法，才能使他们为达到组织目标而工作。

第四，多数人工作都是为了满足基本的生理需要和安全需要，因此，只有金钱和地位才能鼓励他们努力工作。

第五，人大致可分为两类，多数人都是符合上述设想的人，另一类是能够自己鼓励自己，克制感情冲动的人，这些人应负起管理的责任。

根据经济人假设而采取的相应管理策略，可以归纳为以下三点。

第一，管理工作的重点在于提高生产率，完成生产任务，而人的感情和道义上应负的责任，则是无关紧要的。简单地说，就是重视完成任务，而不考虑人的情感、需要、动机、人际交往等社会心理因素。从这种观点来看，管理就是计划、组织、经营、指导、监督。这种管理方式叫作任务管理。

第二，管理工作只是少数人的事，与工人无关。工人的任务是听从管理者的指挥，拼命干活。

第三，在奖励制度方面，主要是用金钱来刺激工人的生产积极性，同时对消极怠工者采取严厉的惩罚措施，即"胡萝卜加大棒"的政策。

二、社会人假设

社会人假设是由霍桑实验的主持者梅奥提出的。社会人假设认为人与人之间的关系在激发动机、调动员工积极性上是比物质奖励更为重要的。从社会人假设出发，管理者应采取和经济人假设不同的管理措施，主要有以下几点。

第一，管理者不应只注重完成生产任务，而应把注意的重点放在关心人和满足人的需要上。

第二，管理者不能只注重计划、组织、指挥、控制、监督等，而更应重视员工之间的关系，培养和形成员工的归属感和整体感。

第三，在实际奖励时，提倡集体奖励制度，而不主张个人奖励制度。

第四，管理者的职能也应有所改变，他们不应只限于制订计划、组织工序、检验产品，而应在员工与上级之间起到联络人的作用。既要倾听员工的意见和了解员工的思想感情，又要向上级呼吁、反映。

第五，提出"参与管理"的新型管理方式，即让员工不同程度地参与企业决策的研究和讨论。

社会人假设将管理从以工作任务为中心转变为以员工为中心，在管理思想与管理方法上进了一步。企业实行员工参与管理，满足员工的一些需要，在企业中确实起到了缓和劳资矛盾的效果，提高了劳动生产率。

三、自我实现人假设与Y理论

自我实现人的概念是马斯洛提出来的。马斯洛认为人类需要的最高层次就是自我实现，每个人都有成为自己所希望成为的那种人的需要。"能力要求被运用，只有潜力发挥出来，才会停止吵闹。"这种自我实现的需要就是"人希望越变越完美的欲望，人要实现他所能实现的一切欲望"（《动机与人格》）。具有这种强烈的自我实现需要的人，就叫自我实现人，或者说最理想的人就是自我实现人。

马斯洛通过对社会知名人士和一些大学生的调查，指出自我实现人具有15种特征，比如敏锐的观察力、思想高度集中、有创造性、不受环境偶然因素的影响、只跟少数志趣相投的人来往等。但马斯洛也承认，在现实中这种人极少，多数人不能达到自我实现人的水平，原因是由于社会环境的束缚，没有为人们自我实现创造适当的条件。麦格雷戈归纳总结了马斯洛等的观点，并结合管理问题，提出了Y理论。其基本内容如下。

第一，工作中的体力和脑力消耗就像游戏、休息一样自然。厌恶工作并不是普通人的本性。工作可能是一种满足（因而自愿去执行），也可能是一种处罚（因而只要可能就想逃避），到底怎样，要看可控制的条件而定。

第二，外来的控制和处罚的威胁不是促使人们努力达到组织目标的唯一手段。人们愿意实行自我管理和自我控制，以完成应当完成的目标任务。

第三，致力于实现目标是与实现目标联系在一起的报酬在起作用。报酬是各种各样的，其中最大的报酬是通过实现组织目标而获得自我满足、自我实现。

第四，普通人在适当的条件下，不仅学会了接受职责，而且学会了谋求职责。逃避责任、缺乏抱负以及强调安全感，通常是经验的结果，而不是人的本性。

第五，大多数人，而不是少数人，在解决组织的困难和问题时都能发挥较高的想象力、聪明才智和创造性。

第六，在现代工业化社会的条件下，普通人的智能潜力只得到了部分发挥。

如果对人性持有自我实现人假设的话，那么管理方式将有较大的变化。

第一，管理重点的改变。自我实现人假设把注意的重点放在工作环境上，重视创造一种适宜的工作环境、工作条件，使人们能在这种环境下充分挖掘自己的潜力，充分发挥自己的才能，也就是说能够充分地自我实现。

第二，管理者职能的改变。从自我实现人假设出发，管理者在职能上既不是生产的指导者，也不是人际关系的调节者，而只是一个采访者。他们的主要任务在于为发挥人的智力创造适宜的条件，减少和消除员工自我实现过程中所遇到的障碍。

第三，管理制度的改变。从自我实现人假设来看，管理制度应保证员工能充分地发挥自己的才能，达到自己所希望的成就。

四、复杂人假设与超Y理论

复杂人假设是薛恩于1965年正式提出的。复杂人的含义有以下两个方面：其一，就个体的人而言，其需要和潜力会随着年龄的增长、知识的增加、地位的改变、环境的改变以及人与人之间关系的改变而有所变化；其二，就群体的人而言，人与人是有差异的。1970年，美国管理心理学家约翰·莫尔斯和杰伊·洛希根据复杂人假设，提出超Y理论。该理论认为，没有什么一成不变的、普遍适用的最佳的管理方式，必须根据组织内外环境自变量和管理思想及管理技术等因变量之间的函数关系，灵活地采取相应的管理措施，管理方式要适合于工作性质、成员素质等。超Y理论的基本观点可概括如下。

第一，人怀着各种不同的需要和动机加入工作组织，但最主要的需要乃是满足其胜任感。

第二，胜任感人人都有，它可能被不同的人用不同的方法去满足。

第三，当工作性质和组织形态适当配合时，胜任感是能被满足的（工作、组织和人员之间最好的配合能引发个人强烈的胜任动机）。

第四，当一个目标达到时，胜任感可以继续被激发起来。这样旧的目标已达到，新的更高的目标就又产生。

根据超Y理论分析企业中员工需要的复杂性，可以得出以下五点结论。

第一，人的需要是多种多样的，而且这些需要会随着人的发展和生活条件的改变而发生变化。每个人的需要各不相同，需要的层次也因人而异。

第二，人在同一时间内有各种需要和动机，它们会发生相互作用并结合为统一整体，形成错综复杂的动机模式。

第三，组织中的工作和生活条件是不断变化的，因此会不断产生新的需要和动机。这就是说，在人生活的某一特定时期，动机模式的形式是内部需要与外界环境相互作用的结果。

第四，一个人在不同单位或同一单位的不同部门工作时会产生不同的需要。

第五，由于人的需要不同、能力各异，对于不同的管理方式会有不同的反应。没有一套适合于任何时代、任何组织和任何个人的普遍行之有效的管理方法。

从上述西方管理学出现的几种常见的人性假设和相关管理理论来看，西方管理学界对人性论的研究还不够系统、不够完善，对西方哲学界人性论研究成果的吸收也非常有限，因此，其对管理理论未来进一步发展的支撑作用有限。

五、文化人假设与Z理论

文化人假设认为，人的行为由组织文化塑造，文化是共享的基本假设、价值观和信念。管理需要通过文化建设和符号象征影响员工的认同感。对应文化人假设的管理理论是Z理论。20世纪80年代初，得益于日本经济持续多年的高速增长，日本企业在激烈的国际市场竞争中取得了巨大的成功，使日本企业的管理模式得到学术界的广泛关注。日裔美国学者威廉·大内经过多年研究，于1981年出版《Z理论——美国企业界怎样迎接日本的挑战》一书，其主要研究内容为人与企业、人与工作的关系。

Z理论的基本观点包括以下几个方面。

第一，人的行为及价值选择是由文化决定的，有什么样的文化，就有什么样的人的行为。

第二，组织文化就是以主导价值观为核心的观念系统，以及与之相适应的管理制度和组织行为的总和。

威廉·大内根据他的人性假设和日本企业的管理经验提出了以下常见的管理措施。

第一，长期或终身雇佣，定期考核和逐步提级。组织对员工实行长期或终身雇佣制，并对员工实行定期考核和逐步提级的晋升机制。

第二，员工培训。组织经营者不仅要让员工完成生产任务，而且要注意员工的培训，培养他们适应各种工作环境的需要，从而积蓄组织内部的人才资源，也为有志于得到提升的人员提供机会。

第三，对人的经验和潜在能力进行诱导。管理过程既要有统计报表、数字信息等鲜明的控制手段，也要注意对人的经验和潜在能力进行诱导。

第四，集体研究和个人负责。组织决策采取集体研究和个人负责的方式，由员工提出建议，集思广益，由领导做出决策并承担责任。

第五，上下级关系融洽、平等。组织要形成融洽、平等的上下级关系，管理者对员工处处关心，让员工参与管理。

第六，大胆引进新员工，管理的关键是让员工认同组织文化。大胆引进没有经验的新员工，因为新员工比较容易接受组织文化，不大会产生抵触或者拒绝的态度，而管理的关键就在于让员工认同组织文化。

前面几种人性假设基本都是美国学者提出来的，美国学者提出多种人性假设之后，陆续有很多不同国家的学者沿着美国学者的思路，提出了一些其他的人性假设。国内学者对人性假设也做了大量的研究，提出了诸如理性信息人假设、目标人假设、制度人假设、治理人假设、道德人假设等诸多人性假设，限于篇幅我们不再赘述。

第三节 人性论研究与中国管理学的发展

一、主流管理学对人性研究的不足

管理活动是人的实践活动，管理研究的基础是人，研究清楚人是研究管理活动的前提和基础。人性论是管理学的基石，这是学界的共识。

西方管理学中对人性的研究都称为人性假设。所谓人性假设，本质上也属于人性论的范畴，只不过，它没有关于人为什么会具有所假设的这些基本属性和特质的论证过程，不确定这个观点是否正确，所以就用"人性假设"一词。用"人性假设"而不用"人性论"一词，其实反映了西方学术界一种割裂的思维方式，即人性假设具体内容的论证过程可以留给甚至应该留给哲学家或者其他学科的研究者去论证，而管理学者只需要根据自己对人性的认识提出一个假设，然后应用该假设的内容去分析和解释管理活动就行了。

这种思维方式，在西方管理学发展之初，尚未表现出明显的不足，甚至管理学家们不断提出新的人性假设还推动了管理理论的发展和进步。但是当管理理论发展到一定阶段之后，就会发现很多具体的管理实践现象需要更为复杂且深刻的人性论作为基础才能得到很好的解释。学者们如果没有深厚的哲学或者心理学功底，随便提出一个简单的人性假设，对于管理理论的发展并没有明显的意义。

当前西方管理学主流的研究已经很少讨论人性问题了，这在一定程度上就是上述原因导致的。西方管理学界对于管理学基础理论研究的关注点已经从人性论转向了组织。然而，组织还是由一个个的个体组成的，每个个体都是活生生的人，研究清楚人性问题是研究组织问题的前提。就像我们建房子一样，人性问题是房子的地基，组织问题是房子的楼层。如果对人性问题没有深刻的认识，而去研究组织问题，就像建空中楼阁，就算组织理论有再多的研究成果，都很难避免抽象和脱离管理实践，从而导致其应用价值相当有限。

总体上，当前管理学界对人性的研究还非常薄弱，对于人性到底是什么、人性包含哪些基本维度、人性有没有某种发展演化的机制等问题不仅没有统一的认识，甚至连关注人性论的人也越来越少了。

其实，管理学者们也知道，中西方哲学界和心理学界都有对人性的广泛而深入的研究。要想自己提出的人性假设变得更加可靠、全面和系统，需要借鉴其他学科的研究。所以，哲学和心理学也经常被管理研究者关注。

目前对主流管理学发展影响最大的是西方心理学，特别是西方心理学中的科学主义流派。西方心理学有科学主义和人文主义两大流派，当代主流管理学界受到科学主义心理学成果和研究范式的巨大影响，而对其他领域的人性研究成果和研究范式借鉴较少。然而，科学主义心理学研究在其发展过程中受到了广泛的批评，美国心理学家安思图斯就曾指出："在过去的几十年里，认知心理学替代了行为主义心理学，小白鼠与猫走了，计算机模型进来了，但唯一不变的仍旧是人性的边缘化。"我国学者翟学伟（2017）也指出，"（当代主流的心理学研究）不要说潜意识，连意识作为研究领域也几乎被排挤掉了"，"看起来社会科学是研究人的，社会科学的知识就是关于人的知识，但其实不然。随着各个学科的专业化，人的问题已经被分解了，分解到后来，人不见了"，然而"在许多社会科学的理论当中，人性的假设在很大程度上还是主导着理论、方法论、研究方法和研究结论的推演，甚至也成为人的行为与社会运行的正当性之背后的根据"。从某种意义上来说，现代主流管理学面临的困境，其源头和现代主流心理学遭遇的困境的源头是同一的，都是因为片面倡导科学严谨的定量研究，而忽视了其他领域对人性深刻而系统的研究成果。事实上，西方人文主义心理学就反对盲目崇拜自然科学，反对原子主义、还原主义，重视直接经验和现象描述，强调理解、体悟和现象的意义构建。从马斯洛的自我实现的人，到罗杰斯的机能完善的人，从罗洛·梅的存在分析论到弗兰克尔的意义治疗学，从弗洛伊德的精神分析学到荣格的分析心理学，人性都得到了充分的体现。未来的管理研究者如果能够充分关注和吸收人文主义心理学的研究成果以及东西方哲学中人性研究的成果，就可能使管理理论的人性论基础变得完善，提升管理理论的解释能力和指导能力，甚至产生全新的管理理论。

另外，人性论在以西方管理为主导的管理理论的发展过程中，始终受到工具理性的压制。从西方管理理论与实践发展的过程来看，可以发现存在两条基本线索，一是强调工具理性的"科学管理"，二是强调尊重人性的"人性管理"。西方管理理论基本上就是在这两条线索的推动下不断发展的。但是这两条线索的发展是不平衡的，基本上是科学管理主导着人性管理。科学管理的实质是强调用科学的方法和手段去管理每一个组织活动，侧重于研究管理制度、管理方法和管理行为的规范化，但不太关注人，甚至把人的情感等因素视为管理的障碍。而西方的人性管理也受到这种观念的影响，虽然关注人的现状是怎样的，但不关注人应该怎样，虽然关注应该如何管理被管理者，但不关注管理者自身素质的提升以及管理者和被管理者之间的互动。在西方管理理论中，管理事务和人的发展问题不是统一的，而是对立的，管理者的自我管理和管理者对他人的管理不是融合的，而是分裂的。

西方管理理论中的人际关系学派虽然强调对人性进行研究，但其思考的核心问题始终是如何设计符合人性现状的管理制度和方法，从而提高组织的效率，而人自身的需求和目的都成为实现效率的手段。在这种思维导向下，作为管理客体的人和物都得到了极大的关注，然而作为管理主体的人却完全没有了地位。管理者的主体性地位在管理研究中得不到彰显，就使得管理理论研究得出来的知识缺乏实践操作性，管理的"知"与"行"始终处于分离状态。这样当代管理理论研究在整体上与实践脱节也就不足为奇了。

二、管理研究应回归个体与人性

当代主流的管理研究都是把组织作为基本的研究对象，而对个体的研究较少。然而，个体是组成群体和组织的基本单位，如果个体的问题没有研究清楚，就进一步研究组织的问题，从逻辑上来说，这无异于搭建空中楼阁。

其实，组织理论在发展过程中，一度有一个非常重要却被后人忽视的争论，即组织是真实的吗？如果认为组织内的行为是基于组织的，而不是基于个人的，则实际上就假定了组织是真实存在的。这样的话，研究者就可以在没有弄清楚个体的情况下，直接去研究组织，当代组织理论的很多重要理论才能够建立。但如果认为组织内的行为是基于个人或人际互动的，就预设了组织不是真实的，所谓组织能力或行为不过是个人能力或行为的一种表象。这样脱离个体去研究组织就是在做自娱自乐的游戏，无法得出真正有价值的观点。如西蒙就反对将组织的概念具体化，反对将它作为互动的个人组成的系统之上的某种东西进行研究。布劳在他关于交换理论的重要论述中指出，组织内的个人行为以个人之间直接或间接的交换为基础，即使这种交换是不对称的。本森强调个人的作用，认为真实性就是组织行动者头脑中的社会建构。

当然也有支持组织是真实的这一观点，如 Clegg 和 Dunkerley 等认为，如果组织对个人拥有强大的权力，它就是真实的。Kahn 提出，组织成员对组织内设置的某个职位的角色期待——与某一特定职位相关的规定和限制——在相当大的程度上取决于更广阔的组织环境。组织结构、职能专业化、专业分工以及正规的奖励体系构成给定职位的主要内容。组织成员希望就职者做些什么、同谁一起做、为谁做，取决于组织自身的各种特性。尽管有人在提出希望、进行奖励，但组织的结构特征足够稳定，所以可以认为对设定职位的就职者的希望和奖励与特定的个人无关。Clegg 和 Dunkerley、Kahn 虽然提出关于组织是真实的这一命题的证据，但是他们的论述都有前提条件，即组织结构特征必须足够稳定，组织必须对个人拥有强大的权力，满足这个前提，组织才能被视为一种真实的存在。然而，这个前提并不一定存在。从反面来说，当组织处于变革中时，组织结构特征不断变化或者不稳定，组织就很难被视为真实的存在。当组织的规则不被个体信任，缺乏足够的权威时，组织也不能被视为真实的存在。因此，只有在某种特定的情况下，才可以把组织视为真实的存在，继而用组织研究来取代个体研究。而这种特定的情况对于当代中国，甚至当代世界来说，都不是经常存在的。在经济全球化的当今时代，技术飞速发展，文化激荡无处不在，为了应对不断变化的环境，组织中的管理者，特别是高层管理者必须以改变组织结构和推动组织变革为己任。组织不能有凌驾于其之上的权力，为了战略的推行，契约可以变更，规则要重建，否则就无法进行有效的工作。在战略管理和组织变革过程中更值得关注的是另一种信任，即关系信任，企业员工对于领导者才能、远见和价值观的信任。只有如此，组织才能很好地改变自己，积极主动地应对不断变化的竞争性环境。在这种情况下，组织是真实的这个预设就明显是不合适的。

因此，从某种意义上来说，当代管理理论研究出现越来越抽象、越来越脱离管理实践的倾向，与其把抽象且可能不能视为真实的组织作为主要研究对象，忽视具体的、真实的个体有密切的关系。未来的管理研究如果能够深入做好对个体的研究，并在这个基础上进一步做好对群体和组织的研究，就有可能提出更多有实践价值的、全新的管理理论。

但是管理学研究要回归个体研究并不是一件容易的事情。首先，它意味着研究方法和研究范式的转变，因为主流管理学者熟悉的科学实证的研究方法和研究范式并不是很适合用于进行个体研究。因为个体是具体的、生动的，个体的思想会不断地变化发展，个体的行为会不断地受到个人主观意识和客观环境的影响。而与决定个体行为的基础即个体心理相关的理论和观点也是众说纷纭，莫衷一是。实际上，当代西方心理学的发展情况正好反映了这个困境，科学主义心理学和实证的研究范式之所以能够掌握西方心理学界的话语权，就是因为人文主义心理学在描述个体心理方面过于晦涩难懂且存在诸多难以解决的争议，导致一批研究者抛弃传统的诠释主义研究范式，用自然科学的研究方法和研究范式分析个体心理和行为。但从最近几十年的研究实践来看，这种努力的效果并不是很好。未来的管理研究者可能需要广泛了解人文主义心理学流派提出的各种模型工具和方法，并根据管理研究的需要做好取舍，这样才可能做好对个体的研究。

其实，处于主流地位的西方管理理论并非不知道个体研究的重要性，并非不知道个体研究不充分将导致组织研究有成为空中楼阁的危险。只是个体研究往往会涉及很多形而上的问题以及信仰方面的内容，而西方传统文化在这些问题上缺乏统一观点，并且从个体到组织，中间还存在复杂的逻辑链条，搞清其中的关系也相当困难。所以，现在管理学的很多研究都是根据某个管理现象进行调研，提出一些可能的假设和变量，然后构建模型验证变量之间的关系，最后验证自己的假设。这种研究最多只能解释某个特定时空的现象，不可能对具体的组织管理实践进行指导。而且这样的研究成果基本上都是碎片化的，几乎无法将系列成果整合成为一个系统完善的理论。

三、中国管理研究应重视传统文化

中国有几千年来不中断的博大精深的传统文化，以及在这种文化中孕育出来的古代管理思想和管理实践。中国传统文化是中国管理研究者进行管理理论创新的最丰富的资源。研究中国的管理理论，应该对中国情境有深刻的理解，而要深刻理解中国情境，就必须深入到中国传统文化和管理实践活动中去。中国管理学术界这几年一直强调做"顶天立地"的研究，从研究的逻辑顺序来看，中国管理研究首先应该顶中国传统文化的"天"，立中国管理实践的"地"，然后才是借鉴西方的管理思想和进行管理理论的国际化，否则研究就很容易迷失在西方管理理论丛林中和国际化追求中，丢掉了做理论创新最重要的资源。

目前，国内学术界已经意识到直面中国管理实践的重要性，学术界主流的做法是运用扎根理论进行案例研究和田野研究，使得理论能够密切联系实践。扎根理论强调所研究的问题从实践情境中产生，理论构建扎根于从实践中收集的数据和信息，这无疑是一种解决现有管理研究困境的很好的方法。早期的扎根理论强调研究者在深入具体的实践情境时应该避免任何先入为主的预设或假定，让研究问题从社会过程及对其进行的研究中自然涌现，继而按照不断比较的原则、规范的数据处理方式完成理论的构建。但是，研究者要想做到不带任何先入为主的主观观念进入研究情境不仅几乎是不可能的，而且是不合理的。大体上，扎根研究遵循"深入情境—发现问题—寻找案例—获得数据—初构理论—比较文献—构建理论"的逻辑展开。研究者在进入情境之后，发现问题往往需要特定的视角和预设，没有合适的视角和预设，就无法发现一些细微但重要的问题。发现问题之后，研究者寻找相关案例的解释和构建理论都离不开特定的视角和预设。因此，在扎根研究过程中，研究者所需要做的不是避免任何先入为主的主观观念，而是应该尽量保持开放的心态，去包容和接受实践情境中的各种现象，避免主观臆断，避免对自己所持有的先入为主的主观观念及其产生的影响茫然无知，并时时警惕这种影响可能带来的后果。只有这样才能更有效地从数据中找到规律，继而构建理论。

可见，要运用好扎根理论工具，离不开适合的视角和相关预设。而研究中国管理实践问题，带着中国传统文化中的视角和相关预设进入实践情境，无疑比带着其他视角和预设更加具有优势，更加容易理解情境中的现象和数据背后反映的问题。而且从中国传统文化的特质和思维方式来看，中国传统文化在研究人性和个体方面有独到之处。中国传统文化重视价值理性的彰显，强调对人性和个体的分析，重视管理者的主体性，强调管理者的内省功夫和人格境界的提升，这些都是当代西方管理理论比较欠缺或者忽视的。西方传统文化注重抽象的逻辑思维方式，强调分析与综合，排斥情感介入理性思维，这种思维方式在分析规律性特别强的自然物质世界时效果很好，但是在分析复杂多变的社会人文世界时效果就有些不尽如人意。而中国传统文化注重具体的悟性思维方式，强调内省、譬喻以及推己及人，把情感融入理性思维，形成了一种情理结合、由情入理的思维方式，这种思维方式非常适合分析复杂多变的社会人文世界的现象和问题，深刻地影响着当代中国管理者。因此，回归中国传统文化可以帮助我们获得解释中国管理实践问题的合适的视角和相关预设，帮助我们更有效地从实践案例和数据中找到管理者的思维和行动逻辑，从而为我们提出新的管理理论奠定坚实的基础。

第二章
中国管理与传统人性论

第一节 管理与中国管理

一、不同文化中的管理概念

1. 管理概念的翻译

概念是一种反映客观事物本质属性的思维形式，概念都有内涵与外延。经典科学要求所使用的概念必须是明晰的，即构成概念的内涵与外延必须是精确无歧义的。在翻译界，把一种文化下司空见惯的某个概念翻译到另一种文化中去时，常常会遇到一个很头疼的问题，那就是如何保证其内涵的准确性，保证不被误解。一般而言，大多数翻译都存在着一定程度的不准确性，一种文化中的某个词汇，往往很难在另一种文化中找到一个与其意义完全相同的词汇。有的翻译学家甚至认为，这样的词汇只有不翻译才能保证其概念正确地被另一种文化下的人们所理解。事实上也是如此，例如在将中文中的"风水""道"等词汇翻译成英文时基本上就采取了音译的方法。再举一个相反的例子，比如龙在中国传统文化中是一种神圣的动物，甚至可以算是一种神灵，它拥有各种法力，并主管人间的降雨，为人们所喜欢和崇拜，故此，中国人自称"龙的传人"。而在将"龙"翻译成英文的过程中，翻译者却用了"dragon"一词来指代，这样一种翻译不仅不能反映出中国人心目中龙的形象，更让龙所蕴含的神圣、尊贵内涵消失殆尽。英文中"dragon"一词对应的是西方人观念中的一种邪恶的怪兽，住在山洞里，有翅膀能飞，口能喷火；西方英雄往往以杀死恶龙为伟大的壮举。这种翻译差异，在一定程度上给跨文化交流带来了阻碍。部分西方人对中国龙文化缺乏深入了解，仅凭西方文化中"dragon"作为邪恶怪兽的固有印象，着实难以理解中国人为何以"龙的传人"自居。

而对于"管理"这样比较抽象的词汇而言，更是存在这样的问题。

德鲁克就曾经说过"management"是美国人特有的单词,很难译成其他语言,甚至很难准确地译成英国的英语。其实,中文的"管理"一词也是一样。在跨文化管理研究过程中,我们需要明白的是"管理"活动无论在中国还是在西方都是自古以来就有的活动,但是在中国文化中人们对"管理"一词的理解和西方人对"管理"(management)一词的理解是存在巨大差异的。大部分国外学者以及相当一部分国内学者对"管理"下的定义,其实并非对中文词汇"管理",而是对英文词汇"management"下的定义。

要了解中文"管理"一词的内涵,必须从多个角度考察中国人对"管理"的理解,提出符合中国人的语言文字习惯和文化传统的"管理"概念。同时,我们还要把中文"管理"的概念和英文"management"的概念进行分析和比较,从而为中西管理思想和理论的交流与对话提供基础。

2. 美国文化中的管理

在英语中,除了人们最常用的"management"一词可以被翻译成汉语词汇"管理"之外,还有"administration"一词也可以被翻译成汉语词汇"管理"。著名管理学者法约尔在《工业管理与一般管理》一书中就是使用"administration"一词表示管理,还有学者认为"administration"是"management"的执行部分。在管理学领域,一般都认为"administration"一词主要指行政管理,属于"management"的一部分。

目前,在西方管理学界,对管理的界定五花八门,难以给出一个统一的定义来。比如泰勒认为"管理就是确切地知道要别人去做什么,并使他用最好的方法去干";法约尔认为"管理就是实行计划、组织、指挥、协调和控制";西蒙提出"管理就是决策";孔茨和韦里克认为

"管理就是设计并保持一种良好的环境，使人在群体里高效率地完成既定目标的过程"；唐纳利则肯定"管理就是一个或更多的人来协调他人活动，以便收到个人单独活动所不能收到的效果而进行的过程"。

几乎每一个学者都有自己的观点，尽管可以对这些管理概念界定做一些归类比较，但是要想统一管理的概念却难以做到。《管理学报》（2013）曾经专门撰文指出，西方管理学界对管理的定义至今未能统一，主要源于管理学的研究对象的不统一，管理学的研究对象主要有三类，即组织、管理活动和人。第一类定义是把组织作为管理研究的基本对象。这种观点一般认为管理是通过对组织资源的调整，有效果、有效率地实现组织目标的过程。这种观点带来的一个大的疑问就是如果不存在组织，那么管理是否就不存在，独立的个人是否可以成为管理的基本研究对象。第二类定义是把管理的研究对象界定为管理活动本身，把管理活动当成与技术、市场、财务、安全、会计活动并列的企业中的一种活动。这种观点把管理和企业（或组织）的其他活动分开了，但是在实践中，要想把管理和其他活动分开是非常困难的。第三类定义是把组织中的人作为管理的研究对象。这种定义实际上是第一种定义的狭义化，同样存在相应的问题。

国内学者杨志勇（2010）指出："作为管理学科发源地的美国，管理的含义及其包含的内容本身就不统一，management 一词与其他学科不同，它来自日常用语，不是专门创造的词汇，也不带有学科标示的'–logy'，它是一种工作、一门学问、一种专业，是理论也是实践，是科学也是艺术，集众身份于一体，这就注定了它的混乱。将这种知识与学科引进国内，又面临着文化与语汇的对接问题。"他甚至认为，面向实践界最好不要单独使用"管理"二字，指明企业职能的特定方面才不会给人产生不够全面的印象。当然他这种想法是不可取的，学者不去改变理论上的缺陷，反而要求人们改变日常语言习惯无疑是削足适履，只会使理论和实践更加脱节。

可以看到，美国学者所说的"management"（管理）一词，实际上从一开始就是含糊不清的，人们对其内涵各执一词。正是这种含糊不清，导致了管理学科体系的混乱。中国如果继续沿着美国人的路子走，一方面理论上和学科边界上会继续与经济学、社会学等相关学科纠缠不清，另一方面，还会陷入理论与实践脱节的泥潭中无法自拔，以至于处于学术研究被人嘲讽为自娱自乐的尴尬境地。

3. 中国文化中的管理

要讨论中国管理理论中的基本概念"管理"是什么，可以从中国的历史文献、中国人的日常语言特点、思维习惯以及中国管理现实中一些特有的现象等几个方面进行分析探讨。

首先，我们从历史文献来看中文"管理"的概念。《说文解字》对"管理"的"管"字的解释是："管，如篪，六孔，十二月之音，物开地牙，故谓之管。"可见，"管"本义是指一种有六个孔的，可以发出特定音律的管状乐器，它发出的声音还有特殊的引申意——"十二月之音，物开地牙"，清代段玉裁解释说，"牙"通"芽"，十一月物萌，十二月物芽。正月物见也。"管"发出的声音象征植物经过了萌发阶段之后，开始从地面上长出嫩芽的过程。可见，"管"可以象征事物萌发到展现的中间过程，因此，"管"字有促进和协调某种事物朝着良好的方向不断前进和发展的含义。

另外，从"管"字的字形来看，它由"竹"字和"官"字组成。"竹"是中国传统文化中的所谓"岁寒三友"之一。竹子有根有节，纵而不张，疏而不流。宋代徐庭筠在《咏竹》一诗中赞美道："未出土时先有节，便凌云去也无心。"因此，"竹"可以象征高尚的品德和节操。

"竹"与"官"结合，无疑是在要求拥有"管"的权力的官员必须具备高尚的个人节操，虚怀若谷地听取百姓的心声，体贴百姓的疾苦，处理事务客观公正，廉洁自律。这也是儒家对君子的要求，即既有德行，又有才能。

同时，古代曾将文字记录在竹子做成的竹简上，因此，"竹"字头还可以表示各种成文的规章制度，也就是说，"管"应该是在规章制度下的"管"，没有成文的规章制度的"管"，不是真正的"管"。

"管"字的下半部分是一个"官"字。"官"字的上面是"家"字头，下面是两张"口"相连，表明做官的人应该把下属或老百姓当成家人一样来关怀和帮助，同时，官员的主要工作就是不断地与人进行沟通和交流。如果一个管理者只知道按规章制度发布命令，不关心下属，不关心老百姓，很少与他们沟通，那么这种人就不是合格的管理者，就不配做官。

这样，我们大体上可以对"管"的内涵做一个概括："管"就是在各种成文的规章制度的规范下，让有德行、有才能的官员和被管理者进行充分的沟通，协调被管理者之间的工作，使得被管理者在完成工作的同时也能够感到家庭的温暖。

我们再看"理"字。"理"字从玉，从里，"玉"和"里"结合起来表示"玉石内部的纹路"。《说文解字》说："理，治玉也。"清代段玉裁解释说："郑人谓玉之未理者为璞。是理为剖析也。玉虽至坚，而治之得其理以成器不难，谓之理。凡天下一事一物，必推其情至于无憾而后即安，是之谓天理，是之谓善治。"又引先贤的话说："理者，察之而几微必区以别之名也，是故谓之分理，在物之质曰肌理，曰腠理，曰文理。得其分则有条而不紊谓之条理。""理也者，情之不爽失也，未有情不得而理得者也。"

可见，在中国传统文化中，"理"是考察事物发展的内在规律，根据其规律采取不同的方法处理，使得事物朝着良好的方向发展。此外，"理"不仅可以指自然事物之理，还可以指社会与人性之理，当"理"是社会与人性之理时，"理"和"情"是紧密结合在一起的，按照"理"来处理与人相关的问题时，要由情入理，不能只讲理性不顾感性。因此，中文的"理"字并非仅仅指理性，也包含着人的感性在内，也就是人性的全部。

这样，对于中文"管理"一词的内涵，大体上就可以概括为，根据事物发展的规律和人性的规律，制定合理的相关规章制度，然后让有德行、有才能的人成为管理者，由他们与相关人员进行广泛的沟通和协调工作，使得被管理者能够按照理性的安排完成本职工作，同时，也能在情感上得到满足，感受到家庭的温暖。

其次，从中国人的日常语言特点和思维习惯来看，中文"管理"一词还应该包含更为广泛的内容。在中国人的日常生活中，人们讲到"管理"一词时，脑子里想到的不一定是企业管理，也可能是政府管理，还可能是对家庭的管理，甚至是对管理主体自身的自我管理等，比如"管理好你自己""管理好自己的生活""管理好你的家庭""管理好你的人际关系"等都是中国人日常语言中非常普遍的表达。从某种程度上来说，在中国人的语言习惯中，所有可以"管"或者"理"的人或事物，对其"管"或者"理"的行为都可以算作管理行为。这表明中国人对"管理"的理解比西方人对"管理"的界定要宽泛得多。中国人的这种观念可能与中国几千年来儒家文化推崇的"修身、齐家、治国、平天下"思想有关。在任何文化中，治理国家都被认为是一种管理活动，这是毫无疑问的，而"修齐治平"在儒家观念中乃是不可分割的具有逻辑递进关系的一个整体，既然"治国"是一种管理活动，那么"修身""齐家"和"平天下"无疑也应该是管理活动，不然以修身为本，继而齐家，然后方可以治国，最后才能平天下的逻辑就难以成立。

因此，我们不应根据西方学者对"management"的定义而说自我管理、家庭管理、人际关系管理等活动不能算管理，这样做会彻底打乱中国人的语言习惯和思维习惯，造成我们与文化传统之间的割裂。虽然自我管理、家庭管理、人际关系管理等活动不是西方学者脑子里的"management"，但它们一定是我们中国人心中的"管理"。因此，中文"管理"的内涵远比"management"的内涵更丰富。

最后，从中国管理现实来看，由于受中国传统文化的影响，中国管理面临着许多西方管理实践中没有的特殊问题，比如近几年来管理学界研究的一个热点问题——"关系"。西方人也发现中国人的"关系"不能用"relationship"或其他的英文单词来表示，于是在英文管理文献中就有了专门对"guanxi"的研究。研究者发现，中国人往往将建立各种"关系"作为做人做事的出发点和归宿。在"关系"面前，组织中的许多规章、制度由刚性变成了柔性，甚至由柔性变成了"虚设"。在强大的关系网络中，甚至组织本身在中国人眼中也成为一种抽象的存在。如果个体在组织中不能融入一个关系网络，或者虽然个体自身已经拥有了一个强大的关系网络，但这个关系网络与组织缺乏足够的交集时，那么个体就不会对组织产生归属感，也就降低了为组织的目标努力工作的意愿度。在许多中国管理者眼中，组织也大都可以被拆解为单个的个体与人伦关系网络。他们考虑如何解决组织中的问题时，往往不会从组织的目标、使命、制度、结构等方面来思考，而是习惯于从人伦关系网络中来寻找解决的方法。

还有中国人的中庸态度、面子问题等，都是中国管理实践所必须面对的，而西方管理理论却很少涉及。这些中国管理实践特有的问题，大体上都与人的思维方式和群体生活习惯有关，集中体现在管理主体与客体之间的伦理关系和互动中。如果管理概念中缺乏这方面的内容，将会造成管理理论的解释力被削弱。

二、中国管理概念界定

西方管理理论源于西方的企业管理实践，对"management"的研究最初就被局限于企业这种特殊的组织，后来才向一般的组织拓展，因而西方管理理论始终带着企业管理的烙印。企业最关心的是如何提高生产效率和如何提高市场竞争力，因此，追求经济效率和赢得市场竞争地位被认为是管理活动最重要的目的。为此，他们提出了一系列假设、工具、方法和理念，从而形成了一个个管理理论。在包括科学管理理论、人际关系理论、系统管理理论、战略管理理论、权变管理理论等在内的几乎所有的西方管理理论中，几乎所有的方法和理念都是指向经济效率和市场竞争的。简而言之，在西方管理学中，管理乃是以企业组织为原型的管理，管理中涉及的人，基本上是在企业组织工作的人，并且当他们的行为会影响企业的效率和竞争力时才会被关注，而这些人在组织之外的生活则是不被关注的。这样，个人的家庭生活、人际关系、伦理道德、价值观乃至人生终极问题等都不是学者们关注的对象。从某种程度上来说，西方管理理论中讨论的基本上都是抽象的组织和作为组织成员的人，而很少有针对具体的活生生的人的分析和论述。

而中国的管理思想最初源于对人生的思考，包括对人生价值的追求和对整体社会存在与发展的价值思考。因此，人自身的价值追求和人与人之间的伦理关系是中国管理思想永恒的主题。为了解决人生价值追求问题，中国的古圣先贤们通过内在的心灵修行，提升了自己的智慧和生活的境界，然后根据他们自身的体悟，提出了基于圣贤智慧的管理理论体系。这个管理理论体系的核心就是要解决人生的种种烦恼，追求幸福的人生。因此，在中国传统管理典籍中，我们很少看到如何提升效率、提高竞争力的观点，更多的是关于各种伦理道德以及人生观、人生境界与修为功夫的思想。从哲学上来看，人生价值追求和社会价值本质上是伦理问题，因此，在中国古人看来，构建积极合理的伦理体系解决人生问题才是管理活动的根本目的。效率只是目的之一，或者说是一个为伦理目标服务的手段。

因此，中国管理的概念涵盖的范围远远超过"management"，只要与人的生活密切相关的事物都可以成为管理研究的对象。大体上，我们认为个人身心、人生规划、人际关系、家庭、社会群体等都可以成为管理的对象。这种管理活动不同于西方管理活动，中国管理的范畴远远大于西方管理的范畴，几乎涵盖所有的人类实践活动。综上所述，"中国管理"不能简单地看成由"中国"一词加上"管理"一词构成，而应该把中国管理的概念看成根植于中国传统文化的管理概念，它具有极其丰富的内涵和外延。

我们认为，中国管理（根植于中国传统文化的管理概念）指的是人们在工作和生活过程中，追求有效完成特定的事务或者提升人的素质或者构建、优化群体秩序等目标的相关实践活动，以及指导这些活动的相关观念、方法和工具。

这个界定有以下四个特点。

第一，把管理理论与管理实践相结合，防止理论与实践的脱节。从实践形态上来说，管理是有特定目标的人类活动，管理活动必然具有人类有目的的实践活动的所有要素，如有实践的主体、实践的对象（客体）、实践的环境、实践的内容与方法、实践的目标等要素。从理论形态上来说，管理理论是指导管理实践活动的一套观念、方法和工具。

第二，把工作中的管理和生活中的管理相结合，保证管理的系统性和全面性。

第三，前面所述的中国管理概念的丰富内涵和外延基本上也可以包含在如何提升人的素质以及如何构建和优化群体秩序的活动中。

第四，把中国管理与西方管理相结合，使得中西管理理论具有沟通的基础。

中国管理活动追求以下几个基本目标：一是追求有效完成特定的事务，这是西方管理理论关注的重点；二是追求提升人的素质，这是中国传统管理思想中"修身"关注的内容；三是追求构建和优化群体的秩序，这是中国传统管理思想中"齐家、治国、平天下"关注的内容。

这样对中国管理概念进行界定，就基本上可以覆盖中西管理概念的内涵和外延，同时也可以进一步明确中国管理理论研究的具体内容。

三、中国管理理论研究

当代的中国管理理论研究，最早的成果应该是1976年苏东水先生提出的"东方管理学"，这是中国管理理论研究的里程碑，并逐步形成了一个"以人为本，以德为先，人为为人"的较为完整的理论体系。而在管理实践界，影响力最大的则应该是曾仕强先生在1979年提出的"中国式管理"。曾仕强不仅对中国传统文化有非常深刻的研究，而且有丰富的管理咨询经验，因此，他的中国式管理理论得到了很多企业家的认同。此后还有诸如胡祖光、杨先举、黎红雷、张福樨、张阳、李雪峰等一批学者研究中国管理理论，并产生了一批优秀的研究成果。

进入21世纪之后，徐淑英等海外学者对中国管理研究产生了很大影响，形成了有别于以往的新的研究范式。老一辈学者们的研究基本上都是直接把传统文化与中国管理实践相结合，而新的研究范式追求规范化、定量化，强调科学严谨，重视国际期刊论文发表，也就是学术研究要与国际接轨，满足国际期刊要求的范式。

但是，这种研究范式的弊端也很快显现，那就是很容易脱离中国管理实践。于是，国家自然科学基金委员会管理科学部提出"直面中国管理实践"的议题，有不少期刊都设有专栏来推动"中国管理研究"，中国管理研究得到了快速发展。同时，每年都有专门的学术会议促进中国管理研究，如2010年创办的"中国·实践·管理论坛"、2014年创办的"中国本土管理研究论坛"和2017年创办的"中国管理50人论坛"。一直以来，在学术界和管理实践界，针对"中国管理研究中是否存在中国特色管理理论"的研究议题始终存在着分歧，并产生了激烈的争议与探讨。因此，学者们不再聚焦于"中国特色"的争论，转而致力于"中国学派"的建构，"中国管理学"概念遂被提出。

大体上，中国管理理论的概念可定义为以中国传统文化为根基，直面中国管理实践，采用中国特有的逻辑框架或范式构建的管理理论或管理研究成果，旨在有效地解决中国管理面临的问题，更好地解释和指导中国管理实践。[1]因此，致力于研究有中国社会和文化特点的管理实践活动，提炼适用于中国管理实践的有效理论是中国管理理论研究的重要意义。

中国管理理论具有四大特征，即立足中国独特的空间范畴、浸润于中国文化的深厚土壤、借由丰富的中国故事予以呈现、运用中国语言体系加以凝练，简而言之，就是中国空间、中国文化、中国故事和中国

---

[1] 张兵红（2021）根据2004—2019年期刊网文献和相关著作进行数据分析，提炼了五个认同度较高的指标，即"扎根于中国管理实践研究、有效解释和指导中国管理实践、构建原创理论、采用中国的逻辑思维、以中国文化为根基"，以此来界定中国管理理论的核心内涵。

语言。

第一，中国空间。中国管理理论创新与构建中的"中国"，首先是一个地域概念，即管理理论创新是面向中国特定空间的，要服务中国管理实践和经济发展。因此，当前阶段中国管理理论应该是在中国空间内形成的。学者开发和构建的中国管理理论，要以服务中国社会和经济发展需要为出发点和终极目标，研究成果主要是发表在中国中文期刊上，也包括国外期刊中少量使用中文的期刊。

第二，中国文化。中国管理理论必须是基于中国文化的。首先，中国文化包括源远流长、博大精深的中华优秀传统文化，其蕴含着丰富的管理思想和深刻的人文精神，如"天人合一""和而不同""天下为公"等观念，为当代中国发展提供了深厚的文化底蕴和精神滋养，也为中国管理理论提供了坚实的哲学基础。其次，中国文化包括中国共产党领导中国人民在革命斗争中创造的红色革命文化，其体现了中国共产党人的初心使命和理想信念，为当代中国发展注入了红色基因和革命精神，也为中国管理理论赋予了鲜明的特色。最后，中国文化还包括当代中国在社会主义建设和改革实践中形成和发展起来的，以马克思主义为指导，以社会主义核心价值观为灵魂，以服务人民为根本宗旨的社会主义先进文化，其指引着中国管理理论创新发展的方向。

第三，中国故事。中国管理研究必须聚焦中国管理情境中的管理现象、管理实践和管理问题，旨在解释中国管理现象，指导中国管理实践，解决中国管理实践面临的问题。一个好的中国故事也要满足好故事的"重要的、新颖的和令人好奇的"三个基本衡量标准。好的中国故事可以是基于华为、海尔、阿里、腾讯等领先企业的实践，也可以是基于小米等独角兽企业的实践，这些企业的管理实践及企业家的故事都会是一个好的中国故事。归纳起来，要挖掘中国企业的优秀实践，从中发现中国好故事，然后讲好中国故事，诠释好中国故事背后的逻辑关系和一般管理规律，这样才能构建中国管理理论。

第四，中国语言。中国管理研究必须在中国文化语境和学术氛围下开展。因此，构建中国管理理论要采用中国式的研究思维，中国的语言风格、概念和框架等。可以暂时确定为符合中国的研究范式，即从整体思维角度用中国语言、中国社会流行的或常见的概念、中国统一的一套逻辑或范式来构建理论。

根据中国管理的概念和中国管理理论的内涵，我们认为中国管理理论研究应该追求三方面的目标。

第一，追求有效完成特定的事务，这是中西管理理论都关注的领域，目前西方管理理论有大量的研究，比如工程项目管理、财务管理、物流管理等都是针对各种具体事务的，追求的是完成事务的效率。这部分内容受文化的影响不大，很多研究成果可以通用，因此，不是中国管理理论研究的重点。

第二，追求提升人的素质，这是中国传统管理思想中"修身"关注的内容。人的素质的提升本质上就是要在充分了解人性的基础上去发展人性、提升人性，所以这部分内容与人性论有密切的关系。只要人性的核心内容不变，这部分内容的研究成果就能够经受历史的考验，哪怕几千年前的观点放到今天也依然有效。因此，这部分内容是中国管理理论研究需要重点关注的内容。

第三，追求构建和优化群体的秩序，这是中国传统管理思想中"齐家、治国、平天下"关注的内容。"齐家、治国、平天下"是以"修身"为基础的，所以这部分内容在某种程度上可以看成"修身"的延续和拓展。但是，在当代人们的心中，家庭、家族以及国家、天下等概念已经与过去有了很大的变化，所以这部分内容需要做较多的修正甚至是重构，才能应用于当代中国的管理实践。因此，这部分内容是中国管理理论研究需要关注并长期研究的内容。

第二节　中国传统人性论的发展流派

中国传统管理思想和西方管理思想一样，都是建立在人性论基础之上的。中西管理思想家对人性问题都非常重视，然而，他们之间有一个明显的差异，那就是中国古代管理思想家诸如孟子、荀子、韩非子等不仅具有深刻的管理思想，也是了不起的哲学家，对人性问题都有非常深入的思考和研究。管理思想和人性哲学在他们那里从来就不曾分离，他们玄妙高远的人性哲学为其管理思想的发展提供了不竭的源泉。可以说，管理思想建立在深刻的人性哲学思考基础之上，是中国古代管理思想能够延续数千年而长盛不衰的根本原因。

一、早期的人性论观点

中国古代很早就有对人性的思考，并且思考得非常深入。由于上古的典籍不多，且很多文字晦涩，不容易理解，所以我们在这里只选择一小部分作为代表。

上古时期最有代表性的人性论思想是《尚书·虞书·大禹谟》提出的："人心惟危，道心惟微，惟精惟一，允执厥中。"这十六个字相传是尧帝在传位给舜帝时告诫舜帝的关于治世之道的核心，被称为儒学的"十六字心传"。其大体意思是，人心是危险难安的，道心却是微妙难明的，只有精心体察，专心守一，才能找到不变的本质或者合理的正确路线。我们详细解释一下这十六个字。

首先,这里提出了"人心"和"道心"两个概念,二者都是心。既然都是心,就都包含人性的内容,只不过层次不同。这种双层的人性论在后世得到了众多思想家的继承和发扬。

"人心惟危"即人心是危险难安的。"人心"就是普通人的心灵,普通人的心灵是躁动不安的,很容易去追求各种即时的享受。我们每个人都有追求快乐的本能,但是普通人很容易沉溺于各种即时的享乐,比如我们在玩游戏、刷视频、打麻将时,往往感觉非常轻松愉快,流连忘返。而当我们工作或者学习的时候,往往感觉非常辛苦。俗话说"学好三年,学坏三天",也正是说"人心惟危"。所以,面对"人心惟危",我们要学会自律,学会抵制即时享乐的诱惑,学会改变自己的心灵,这样才能追求到高层次的快乐。

把"人心"转变成"道心"就是一个修行的过程,就是提升自己的人性的过程。这个过程主要就是做"惟精惟一"的功夫。什么是"精"?什么是"一"?

"精"字的本义指经过加工、挑选、提炼的东西,如精米、精盐、精矿等,表示纯度高,质量好。《说文解字》中,"精"是择米的意思。所以"惟精"就是要对人心进行加工提炼,也就是要提升心灵的品质。为什么我们的心灵品质需要提升呢?

我们普通人的心灵除了昏沉睡眠的时候,几乎是时时刻刻都在运作、在妄想,总是处于一种躁动不安的状态。所以,我们几乎无法控制我们的心灵,虽然我们是用心灵来认识世界的,但是我们实际上却被心灵牵着走,我们根本不是心灵的主人,几乎可以说是心灵的奴隶。比如我们很多人都有过失眠的经历,失眠的时候,我们希望早点睡觉,但是大脑却无法停止,仍在胡思乱想,这些胡思乱想导致我们无法入睡。如果我们是心灵的主人,为什么我们希望入睡时,它还在拼命地运作呢?

再加上现在社会生活节奏快，通信工具发达，人们面对着各种信息的干扰和诱惑，这样，我们的心始终难以静下来。所以，"惟精"就是要学会控制我们的心灵，做心灵的主人，而非心灵的奴隶，不能被心灵牵着走。

"惟一"就是要能够"专心守一"。所谓"专心守一"，就是要能够非常专注地做唯一的一个事情。需要注意的是，这个事情必须是非常简单的不需要思考的事情。因为比较复杂的事情往往就需要思考，如果需要思考，就得把一个事情拆分成多个步骤、多个事情，这样就不能算"一"了，这种情况下即使是非常专注地做这个事情，也不能算"惟一"。

经过"惟精惟一"功夫的训练，"人心"就会逐步地符合"道心"，继而能够做到"允执厥中"。《说文解字》中，"允"是信的意思，此外，"允"还有能的意思。《诗经·鲁颂·泮水》中说："允文允武。昭假烈祖。"这里的"允文允武"，就是能文能武的意思。"执"的本义是捕，引申为守住。"厥"的意思是其、那个。《说文解字》中，"中"是内的意思，引申为本质，故《中庸》说"中也者，天下之大本也"。这样，"允执厥中"就可以解释为能找到或抓住不变的本质或者"天下之大本"。

这个不变的本质或者"天下之大本"是什么？就是前面说的"道心"。

"道心惟微"，道心是微妙难明的。若一个人的心总是躁动不安，就把"道心"给遮蔽了。但是"道心"还是会在"人心"中时不时地表现出来。在特定的情况下，甚至会被明显地诱导出来。具体什么是"道心"，有多种理解。

第一，是自己的良心。我们只有在特定的情境下，才会感受到良心的力量。良心经常被我们的私心、各种欲望杂念所掩盖，但是它始终存在。

第二，是我们的真心。也就是没有各种欲望和胡思乱想的那种心境。真心是清明的，如果仔细反省就能够发现。

第三，是天道之心。老子说"道生一，一生二，二生三，三生万物"，天道之心就是能够衍生万物的力量。这种力量我们也有，所以我们能够"赞天地之化育"。如果我们"惟精惟一"的功夫做得好，就能见到这个天道之心。

上述对"道心"的理解，其实可能是同一个东西，只不过赋予的名词不同而已。正因为"人心惟危"，后世儒家才必须强调修身的重要性，才必须礼法结合、教化和诛伐结合。正因为"道心惟微"，后世儒家才发展出"明明德，亲民""格物、致知、诚意、正心、修身、齐家、治国、平天下"等系列理论。其本质都是做"惟精惟一"的功夫，在不断的修行中去发现与天道相合的"道心"，从而进入"天人合一"的境界。

除《尚书》之外，《礼记》中也有很多人性论思想。《礼记·礼运》提出了人之"七情"以及人之"大欲"和人之"大恶"。这无疑也是对人性的一种重要探索。《礼记·礼运》说："何谓人情？喜怒哀惧爱恶欲七者，弗学而能。"意思是，什么是人情？喜、怒、哀、惧、爱、恶、欲这七种不学就会的感情就是人情。不学而会，说明是天生的，显然是人性的一部分。

《礼记·礼运》还说："饮食男女，人之大欲存焉；死亡贫苦，人之大恶存焉。故欲恶者，心之大端也。""饮食男女"在《孟子》中又被概括为"食色"，所谓"食色，性也"，用来泛指各种生理欲望和物质欲望。死亡贫苦，则是人人都讨厌的，没有人喜欢死亡贫困。这两个方面就是最基本的人性，对人心的影响最大，所以就叫"心之大端"。《礼记·礼运》中说的人之"大欲"和人之"大恶"无疑构成了推动人性后天发展变化的两股强大动力。

另外，《司马法》虽然被一些学者视为战国初期的作品，但是该书保留了许多夏商周三代的哲学思想，这是不争的事实，其中也有很多关于人性的观点。比如："人方有性，性州异；教成俗，俗州异，道化俗。"意思是，人人天生都有人性，但是人性因地域的不同而有差异。人们从小受到的教化可以造就一定的风俗习惯，不同地方的人们接受的教化不同，因而风俗习惯也不同。各地的风俗习惯有些比较好，符合道义的要求，但也有一些地方的风俗习惯不太好，使得管理当地的人们非常困难。管理者可以运用道义的力量去改变一个地方的不良风俗习惯。《司马法》的这句话，很好地把人性、文化与管理密切关联了起来。

二、诸子百家时期的人性论观点

春秋战国时期，百家争鸣，他们对人性问题进行了大量的思考，提出了很多特色鲜明的人性论观点。其大体上可以分为两类，即善恶视角的人性论和非善恶视角的人性论。

（一）善恶视角的人性论

1. 性善论

性善论的主要代表人物是孟子。孟子认为人性是善良的，他说："人性之善也，犹水之就下也。人无有不善，水无有不下。"（《孟子·告子上》）孟子用水往低处流这一自然现象来论证人性趋善的必然性。但孟子所说的人性并不是指人生来就有的一切本能，而是指人与其他动物不同的，使人成其为人的那些特性。这些东西是善的。具体来说就是只有人才具有的恻隐之心、羞恶之心、恭敬之心（有时称为辞让之心)、是非之心。他说:"恻隐之心,人皆有之;羞恶之心,人皆有之;恭敬之心,人皆有之;是非之心,人皆有之。恻隐之心,仁也;羞恶之心,义也;恭敬之心,礼也;是非之心,智也。仁义礼智,非由外铄我也,我固有之也,弗思耳矣。"(《孟子·告子上》)就是说人生来就具有仁义礼智四种善良的天性,这四种天性是"不学而能""不虑而知"的"良知""良能"(《孟子·尽心上》)。孟子举例说:"今人乍见孺子将入于井,皆有怵惕、恻隐之心。非所以内交于孺子之父母也,非所以要誉于乡党朋友也,非恶其声而然也。由是观之,无恻隐之心,非人也;无羞恶之心,非人也;无辞让之心,非人也;无是非之心,非人也。恻隐之心,仁之端也;羞恶之心,义之端也;辞让之心,礼之端也;是非之心,智之端也。人之有是四端也,犹其有四体也。"(《孟子·公孙丑上》)意思是,如果今天有人突然看见一个小孩要掉进井里面去了,必然会产生惊惧同情的心理而伸手救援。这不是因为要想去和这孩子的父母结交,不是因为要想在乡邻朋友中博取声誉,也不是因为厌恶这孩子的哭叫声才产生这种惊惧同情心理的。由此看来,没有同情心,简直不是人;没有羞耻心,简直不是人;没有谦让心,简直不是人;没有是非心,简直不是人。同情心是仁的发端;羞耻心是义的发端;谦让心是礼的发端;是非心是智的发端。人有这四种发端,就像有四肢一样。

因为人存在这种先天就有的"不忍人之心",说明人性善良。不善的症结在于人,而不在于"性"。人的不善行为应归咎于后天的各种原因掩盖了原本善良的天性。孟子强调,人之所以不能发挥自己天生的善良本性,完全是受了外界不良因素的影响,恢复人善良本性的途径是通过道德教化的力量,使其彰显出来。

孟子还认为人性是同一的,"凡同类者,举相似也"(《孟子·告子上》);人近于禽兽的自然属性不足以区分人兽,只有人独有的仁义礼智等社会属性才是人性的本质方面。人性之所以是善的，是因为人生来就具有天赋的"善端"，这也是人异于禽兽、高于禽兽的本质特征。如果能够不断扩充、发展善端而成为仁义礼智的"四德"，人就可以成为圣人、君子，即孟子所谓的"人皆可以为尧舜"（《孟子·告子下》）。从这个意义上说，人人都是相同的、平等的。有的人不注意修养、扩充善端，就变恶了。而且，孟子非常坚定地认为"人皆可以为尧舜"，之所以没有成为尧舜，根本原因是受欲望的蒙蔽"不愿""不肯"，而绝非不能："凡有四端于我者，知皆扩而充之矣，若火之始然，泉之始达。苟能充之，足以保四海；苟不充之，不足以事父母。"（《孟子·公孙丑上》）"子服尧之服，诵尧之言，行尧之行，是尧而已矣；子服桀之服，诵桀之言，行桀之行，是桀而已矣。"（《孟子·告子下》）"自暴者，不可与有言也；自弃者，不可与有为也。言非礼义，谓之自暴也；吾身不能居仁由义，谓之自弃也。仁，人之安宅也；义，人之正路也。旷安宅而弗居，舍正路而不由，哀哉！"（《孟子·离娄上》）

可以说，孟子的全部管理思想都是建立在人性本善的基础上的。性善论是孟子管理思想的基本出发点与依据。孟子的性善论突出了人作为社会动物具有相互依存、利他性的一面，这种对人性的积极乐观的态度，影响到孟子管理思想的基本面貌。

2. 性恶论

性恶论在中国古代思想中是比较少见的，主要表现在《荀子》的《性恶》篇[1]中。

荀子的观点和孟子相反，他说："今人之性，生而有好利焉，顺是，

---

[1] 当代有不少学者认为该篇内容不能完全代表作者荀子的思想，甚至有人认为该篇内容不是荀子所作。

故争生而辞让亡焉。""生而有耳目之欲，有好声色焉，顺是，故淫乱生而礼义文理亡焉。"(《荀子·性恶》) 意思是说：人性生来就好利，因此，小时候不用学就会争斗，辞让不过是教育的结果；人生来就有各种欲望，喜欢声色犬马，不用学就会，礼仪不过是教育的结果。所以他得出结论："人之性恶，其善者伪也。"(《荀子·性恶》) 人性本来是恶的，必须通过教育来消除人性之恶，不然这个世界就会乱套。

荀子还通过区别"性""情""欲"三个概念的不同来论证其观点。他说："性者，天之就也；情者，性之质也；欲者，情之应也。"(《荀子·正名》)"性"指人的自然性，"情"即喜、怒、哀、乐等，是"性"的本质内容，"欲"是与外界事物发生交感之后而产生的心理倾向或追求。荀子认为，由于人的这种自然的本性，生而好利多欲，为了满足这种利欲故必争斗，所以人的本性是恶的。

在荀子看来，"性者，本始材朴也；伪者，文理隆盛也"(《荀子·礼论》)。即"性"为"本有"，而"礼"为"伪有"。"本有"就是人生来就有的生理本能或生理欲望，"夫人之情，目欲綦色，耳欲綦声，鼻欲綦臭，心欲綦佚"(綦：极，穷尽之意)(《荀子·王霸》)，"饥而欲食，寒而欲暖，劳而欲息，好利而恶害，是人之所生而有也，是无待而然者也"(《荀子·荣辱》)，"目好色，耳好声，口好味，心好利，骨体肤理好愉佚，是皆生于人之性情者也，感而自然，不待事而后生之者也"(《荀子·性恶》)。人的这种好、恶、喜、怒、乐的情感，就是人性本有的内容。这些情感与外界的事物发生交感时，便产生欲望，而在欲望的驱动下，就要产生满足这些欲望的行动，于是争斗就发生了，这就是荀子所说的性恶。"伪"指人为的，是因为后天的礼法教化对人之本性的干预和改造。

荀子还说："今人之性，生而离其朴，离其资，必失而丧之。用此观之，然则人之性恶明矣，所谓性善者，不离其朴而美之，不离其资而利之也。"(《荀子·性恶》)意思是，人先天具备的资质是不会失去的。如果善性能够失去，那么人性先天并不是善的，而是恶的；或者说，善性失去之后，人性表现出来的就是恶的。所谓的性善论，不过是把先天的资质加以美化或者发挥利用罢了。基于此观点，荀子提出了改善人性的方法，"今人之性恶，必将待师法然后正，待礼义然后治"(《荀子·性恶》)，"性也者，吾所不能为也，然而可化也……注错习俗，所以化性也"(《荀子·儒效》)。荀子认为，人性先天的恶性要通过后天的师法教化和礼义的规范才能得到改善和端正。在他看来，人性是人所不能决定的，但是可以通过教化等后天的努力来改善人性的恶，荀子将其概括为"化性起伪"。他说："故圣人化性而起伪，伪起而生礼义。"(《荀子·性恶》)"化性""起伪"都是指通过教化改善人的本性或恶性，强调后天的修养及管理。荀子从人性的另一个角度说明了后天修炼对于改善人性的积极意义。

（二）非善恶视角的人性论

1. 性自利论

性自利论是一种影响很广，也非常符合人们直觉的人性论。该理论反对从善恶角度看待人性，提出人性的本质就是"趋利避害"。在中国古代，这种人性论思想主要体现在《管子》和《韩非子》等具有法家、道家倾向的著作中。

《管子》关于人性的论述散见于《权修》《禁藏》《侈靡》《形势解》《版法解》等篇章中。管子认为："凡人者，莫不欲利而恶害。"(《管子·版法解》)《管子·禁藏》也说："凡人之情，见利莫能勿就，见害莫能勿避。"即凡人之常情，见利没有不追求的，见害没有不躲避的。"趋利避害"是人们所共有的心理特征，是人性最基本的内容，不因时间、地点和人物的不同而发生变化。"凡人之情，得所欲则乐，逢所恶则忧，此贵贱之所同有也。"(《管子·禁藏》)即无论富贵贫贱均不能例外。管子还说："民，利之则来，害之则去。民之从利也，如水之走下，于四方无择也。"(《管子·形势解》)意思是，人民，有利则来，有害则去。人们趋利，就像水往下流一样，不管东西南北。

管子还认为趋利避害的人性具有强大的动力，人们的各种行为都是在这种人性的驱使下进行的。"民之情，莫不欲生而恶死，莫不欲利而恶害。"(《管子·形势解》)《管子·禁藏》中还有例证："商人之通贾，倍道兼行，夜以续日，千里而不远者，利在前也。渔人之入海，海深万仞，就彼逆流，乘危百里，宿夜不出者，利在水也。故利之所在，虽千仞之山无所不上，深源之下无所不入焉。"意思是，商人做买卖，一天赶两天的路，夜以继日，千里迢迢而不以为远，是因为利在前面。渔人下海，海深万仞，在那里逆流冒险航行百里，昼夜都不出来，是因为利在水中。所以，利之所在，即使是千仞的高山，人们也要上，即使是深渊之下，人们也愿意进去。既然自利是人性的必然，是一种客观存在，那么，管理者就不能违背这个客观规律，而只能去顺应它、利用它，这也就成为管子治国思想的基础。

韩非子作为法家集大成的代表人物，对人性的看法与《管子》基本一致。韩非子用了很多案例来论证人性是自利的，并且对性善论和性恶论进行了批驳。韩非子认为人性是好利恶害的，人人都喜欢得到利益而希望躲避灾祸，这是不言而喻的，处处可以看到实际案例，但我们不能由此推导出人性善或者人性恶。他说："故王良爱马，越王勾践爱人，为战与驰。医善吮人之伤，含人之血，非骨肉之亲也，利所加也。故舆人成舆，则欲人之富贵；匠人成棺，则欲人之夭死也。非舆人仁而匠人贼也，人不贵，则舆不售；人不死，则棺不卖。"(《韩非子·备内》)这

55

段话的意思是，所以王良爱马，越王勾践爱民，就是为了打仗和奔驰。医生善于吸吮病人的伤口，口含病人的污血，不是因为有骨肉之亲，而是因为利益所在。所以车匠造好车子，就希望别人富贵；棺材匠做好棺材，就希望别人早死。并不是车匠仁慈而棺材匠狠毒：别人不富贵，车子就卖不掉；别人不死，棺材就没人买。"夫卖庸而播耕者，主人费家而美食、调布而求易钱者，非爱庸客也，曰：如是，耕者且深，耨者熟耘也。庸客致力而疾耘耕者，尽巧而正畦陌畦畤者，非爱主人也，曰：如是，羹且美、钱布且易云也，此其养功力，有父子之泽矣，而心调于用者，皆挟自为心也。"（《韩非子·外储说左上》）意思是，雇用工人来播种耕耘，主人花费家财准备美食，挑选布匹去交换钱币以便给予报酬，并不是喜欢雇工，而是说：这样做，耕地的人才会耕得深，锄草的人才会锄得净。雇工卖力而快速地耘田耕田，使尽技巧整理畦埂，并不是爱主人，而是说：这样做，饭菜才会丰美，钱币才容易得到。主人这样供养雇工，爱惜劳力，有父子之间的恩惠，而雇工专心一意地工作，都是怀着为自己的打算。韩非子认为，这种利己之心不只存在于雇工和雇主之间，就连父子家庭关系也是这样。"人为婴儿也，父母养之简，子长而怨；子盛壮成人，其供养薄，父母怒而诮之。父、子，至亲也，而或谯或怨者，皆挟相为而不周于为己也。"（《韩非子·外储说左上》）父子之间也都以对方对待自己的态度来决定如何对待对方，一般社会成员之间的关系也都是建立在互利的基础上的。

不过，韩非子关于人性自利的观点有其片面性和局限性，基本排斥了人的道德行为和道德情感因素。他说："父母之于子也，产男则相贺，产女则杀之。此俱出父母之怀衽，然男子受贺，女子杀之者，虑其后便，计之长利也。故父母之于子也，犹用计算之心以相待也，而况无父子之泽乎？"（《韩非子·六反》）意思是，父母对于子女，生了男孩就互相庆贺,生了女孩就把她杀掉。子女都是从父母的怀抱中出来的,然而男孩受到庆贺,女孩却被杀害,是因为考虑到以后的便利,从长远利益打算的缘故。所以父母对于子女,尚且是用算计的心思来对待他们的,更何况其他人。韩非子用这种极端的情况来说明人性自利无疑是夸大其词了。总之,韩非子过于夸大人性的自利因素,忽视了人与人之间的亲情和道德情感,使得大家都生活在一个危机四伏的环境中。也正因为如此,韩非子认为人性的善良面是靠不住的,即使是平时看起来很善良的人,在利益的诱惑下也可能做恶事。所以韩非子认为,君主治国要懂得运用权势和严刑峻法来遏制人们自私自利的行为。同时,还要学会各种权术来防范身边所有的人,包括自己的父母、妻子以及亲友等,以应对各种可能的威胁。

2. 性朴论

性朴论也是中国古代一种比较流行的人性论,这种人性论认为先天的人性中本来没有所谓的善与所谓的恶,受后天导向的影响才有善恶之分,其也可以称为人性无善恶论,代表人物是告子。《孟子》中曾经引述告子的观点:"性,犹杞柳也;义,犹桮棬也。""性犹湍水也,决诸东方则东流,决诸西方则西流。人性之无分于善不善也,犹水之无分于东西也。"(《孟子·告子上》)。除了告子之外,《荀子》和道家也有很多性朴论的观点。

《荀子》虽然明确提出了性恶论,但是书中也有明显的性朴论思想,这种矛盾的表现,显示出《荀子》一书可能并非一人所作。《荀子·礼论》说:"性者,本始材朴也;伪者,文理隆盛也。无性,则伪之无所加;无伪,则性不能自美。性伪合,然后成圣人之名,一天下之功于是就也。""性者,本始材朴也",朴之性不能说是善的,也不能说是恶的,而是中性的。朴之性不够完美,但如果以"恶"概括之,那就言过其实；朴之性可能隐含着向善发展的潜质，但如果以"善"名之，那也名实不副。显然，性朴论既不同于性善论，也不同于性恶论。性朴论也有别于性有善有恶论。善恶兼具论认为有现成的善和恶这两面包含在人性之中，而性朴论认为人性中包含着向善或向恶发展的潜质，但不主张人性中有现成的善或恶的成分。

道家的性朴论思想也非常突出，在老子、庄子等道家代表人物看来，人之朴之天性是绝对完美的原初状态。对这种状态的赞美、向往，成为道家的一个主调。老子提出"复归于婴儿""复归于朴"（《老子》第二十八章），并说"含德之厚，比于赤子。毒虫不螫，猛兽不据，攫鸟不搏。骨弱筋柔而握固。未知牝牡之合而朘作，精之至也。终日号而不嗄，和之至也。知和曰常，知常曰明。益生曰祥。"（《老子》第五十五章）老子用婴儿、用赤子之心来象征人性之朴，婴儿或赤子身上有着很多美德，如天真无邪、洁正无伪、自足无贪、自然无忧等，这些美德都可以归结为"朴"，也意味着真。《庄子》也说："既雕既琢，复归于朴。"（《庄子·山木》）

《庄子》还讲了一个关于浑沌的寓言："南海之帝为倏，北海之帝为忽，中央之帝为浑沌。倏与忽时相与遇于浑沌之地，浑沌待之甚善。倏与忽谋报浑沌之德，曰：'人皆有七窍以视听食息，此独无有，尝试凿之。'日凿一窍，七日而浑沌死。"（《庄子·应帝王》）浑沌是朴的象征，而凿窍是人为的象征。浑沌之死这种悲惨的结局表明了人为之可怕。在道家看来，从婴儿到少年、青年、壮年的过程，就是见闻日多、道理日广、不断做加法的过程。在这个过程中，人越来越远离朴、远离真，越来越假。道家的性朴论强烈地推崇求真避伪，返朴归真。返朴归真的基本方法就是做减法。老子说："为学日益，为道日损。损之又损，以至于无为。"（《老子》第四十八章）把身上已有的东西不断打掉，负担就越来越轻,伪的东西就会越来越少,离赤子之真朴就会越来越近。

大体上,道家的性朴论和荀子的性朴论是有明显差异的。荀子主张人为,他批评庄子"蔽于天而不知人"(《荀子·解蔽》),提出"化性起伪""隆礼重法"等修身、治国的重要方法,这些都是需要人为。人为是"继天而进"的力量,而不是与天相敌对的力量。人为的作用,正如仁义礼乐的作用一样,可以使朴性更完美。可见,虽然他们关于人性的观点接近,但发展人性的方法大相径庭。

3. 好德归利论

《六韬》是一部具有浓厚道家思想的兵书,相传是姜太公的作品。该书提出了一个非常深刻的人性论思想,即"凡人恶死而乐生,好德而归利"。根据这样一个人性观,《六韬》提出了相应的治国之道,即"能生利者,道也。道之所在,天下归之"。同时,人性好德利,因此,"擅天下之利者"必定会使天下人都反对他,"则失天下",而"同天下之利者",把利益拿出来让大家分享的,表现出自己的仁爱之心,这样天下人就都会拥护他,就可以获得国家的稳定和团结。

从某种程度上来说,"好德而归利"的人性论能够很好地解释人的善行和恶行,相当于把性善论和性自利论进行了整合,但又不是善恶视角的人性论。而且"好德而归利"描述的都是人性的一种倾向而非静态的内容,人性没有善恶,只是有两种倾向,这两种倾向就像两股阴阳之气一样相互博弈,这样人性就可以时而表现出善,时而表现出恶,并且还可以不断发展进步。《六韬》提出的这种人性论观点可以说既简洁又很有解释力,非常符合人们的直觉。但是,这种人性论有二元论的倾向,既然"好德"和"归利"经常是矛盾的,它们又是如何统一在人性之中的呢?这说明"好德"和"归利"可能只是人性的表象,并非人性的本质内容。

三、秦以后的人性论观点

秦以后的思想家大多数都承认人性当中有善恶倾向,因此,开始思考如何构建能够完美解释人性善恶倾向的人性模型。其中最有名的当属性三品论了。

1. 善恶兼具论

西汉思想家扬雄认为先秦诸子提出的性善论和性恶论都非常有道理,所以把二者整合起来提出人性是善恶兼具的。他在《法言·修身》中说:"人之性也,善恶混。修其善则为善人,修其恶则为恶人。气也者,所以适善恶之马也与?"意思是,人的天性中善恶两种因素混杂,成为善人或恶人取决于后天的修养,如果人修习善就会成为善人,修习恶就会成为恶人。而一个人具体的善恶情况与气有关。他认为人和万物都来自阴阳二气,并由阴阳二气结合而生,其中阳为善,阴为恶,故由阴阳二气结合而生的人便含有善、恶之性。气质在一定程度上影响着人对善恶的倾向,但并非决定性因素,关键仍在于后天的修养和选择。善恶兼具论与人们的现实生活经验很吻合,但是存在严重的理论缺陷。

首先,按照扬雄的观点,"修其善则为善人,修其恶则为恶人",那么,具体什么是善?什么是恶?界定善恶就缺乏人性论基础。也就是说,善恶是比人性论更为基础的东西。这样就与前面的好德归利论一样,陷入了二元论。善与恶这样矛盾的东西如何统一在人性之中就是一个很难说得清楚的问题了。同时,善恶兼具论可能会导致道德相对主义泛滥。比如一个人做了坏事,他很可能会以"人性本就有恶的一面"为借口来减轻自己的责任,从而模糊了善恶判断标准。另外,善恶兼具论也会使得代表至善的圣人缺乏存在的基础。这样传统文化中对圣贤的信仰也就失去了相应的人性基础。

2. 性三品论

《论语》中，孔子说："中人以上，可以语上也；中人以下，不可以语上也。"又说："唯上智与下愚不移。"孔子的这两句话，成为后世性三品论的重要依据。性三品论在中国传统人性论发展中的影响非常大，其主要代表人物有西汉董仲舒、东汉王充、唐代韩愈等。

董仲舒是首先提出性三品论的代表人物。他首先对"性"的概念进行了界定，他在《春秋繁露·深察名号》中说："今世闇于性，言之者不同，胡不试反性之名？性之名，非生与？如其生之自然之资，谓之性。性者，质也。"意思是，现在大家不明白什么叫"性"，讲"性"的各不相同，为什么不尝试着回归到"性"的名称上去探讨呢？"性"的名称不就是从"生"字来的吗？像天生的自然本质，就叫作"性"。"性"就是本质的意思。

董仲舒又谈到了与"性"紧密相关的"心"和"身"，他说："栣众恶于内，弗使得发于外者，心也，故心之为名栣也。人之受气苟无恶者，心何栣哉？吾以心之名得人之诚。人之诚，有贪有仁，仁、贪之气两在于身。身之名，取诸天。天两有阴阳之施，身亦两有贪、仁之性。天有阴阳禁，身有情欲栣，与天道一也。"（《春秋繁露·深察名号》）意思是，从内部禁止一切恶，使其不能向外发展，这是心的作用，所以"心"的得名是由"栣"（即禁止）而来的。人所禀受的气质如果不包含恶的成分，心还禁止什么呢？我由"心"的名称可以知道人的真实情况。人的真实情况，是有贪性和仁性。仁和贪两种气质，在人的身上都存在着。"身"的名称，是由"天"而得来的。天兼有阴、阳二气的实行，人身也兼有贪、仁两种本性。天道中的阴气需要加以禁止，人身上的欲望也需要加以节制，这与天道是一致的。

董仲舒认为，"性"有善质，但那不完全就是"善"，需要经过圣人教化才能达到完全的"善"。他说:"故性比于禾,善比于米:米出禾中,而禾未可全为米也;善出性中,而性未可全为善也。善与米,人之所继天而成于外,非在天所为之内也。天之所为,有所至而止,止之内谓之天性,止之外谓之人事,事在性外,而性不得不成德。"(《春秋繁露·深察名号》)意思是,"性"好比禾苗,"善"好比大米:大米是从禾苗来的,但禾苗并不完全是大米;"善"是从"性"来的,但"性"也并不完全就是"善"。"善"和"米"都是人们秉承着天的创造,又另外加工而成的,不是在天所创造的范围以内的。天的创造,是有一定限度的,限度内的叫作天性,超出这个范围的叫作人事,就是由于人事是在天性之外的,因而使得天性不能不成长为道德。

董仲舒把人性划分为三等。上等的人性是"圣人之性"。"圣人之性"先天就是善的,不需教育。下等的人性是"斗筲之性",这种人性即使经过教育,也是难以转化为善的。不过,具有这两种人性的人都是非常少的。因此,一般谈论人性时,都可以暂时把他们排除在外。大多数人的人性是"中民之性"。中民是需要教育的,所以董仲舒指出:"王承天意,以成民之性为任者也。"认为君王承天命,教育人民养成善德。

董仲舒的人性论思想最终归结到教化上。他在《春秋繁露·深察名号》中说:"天生民性有善质而未能善,于是为之立王以善之,此天意也。民受未能善之性于天,而退受成性之教于王,王承天意,以成民之性为任者也。"意思是,天赋于人民的"性"中有"善"的资质但还未能成"善",于是就设立圣王,通过教化使人民达到"善"的境界,这是天意。人民从天那里接受了还未能成"善"的"性",然后从圣王那里接受使"性"得以健康成长为"善"的教化,圣王秉承天意,以促成人民的"性"成长为"善"为责任。

东汉王充在《论衡·本性》中对以往各种人性论进行了系统梳理与

深入评析后，提出了自己的性三品论。

王充在《论衡·本性》中首先批驳了孟子的性善论，他认为有的人生来就是恶的，无法改造，比如尧、舜的儿子丹朱、商均，他们的父亲是"圣君"，周围又有很多"善人"和"贤臣"来影响他们、教化他们，可是，在这种情况下，都无法让他们成为善人。除了他们生来性恶之外，很难有其他的解释。所以，孟子的性善论立不住脚。王充还用此论据来批驳告子的性无善无恶论，说明人性并不是像告子说的"决诸东方则东流，决诸西方则西流"，而是"丹朱、商均已染于唐、虞之化矣，然而丹朱傲而商均虐者，至恶之质，不受蓝朱变也"。王充认为告子讲的性无善无恶论只适应于"中人之性"，没有顾及"上智"和"下愚"这两种极端情况的人，因此是不全面的。

王充还批评了董仲舒的阳善阴恶论和刘向的性阴情阳论。董仲舒认为性生于阳，情生于阴，而阳气善，阴气恶，因此性善情恶。王充认为性情"同生于阴阳"，因而性情都有善有恶，董仲舒将性、情分开来分别对应于阳（善）、阴（恶）的考虑很不周全。王充又批评了刘向"性阴情阳""性为未发、情为已发"的观点，他认为，"性"也有属阳的一面，也能与外界接触。他说："造次必于是，颠沛必于是。恻隐不忍，仁之气也；卑谦辞让，性之发也，有与接会，故恻隐卑谦，形出于外。谓性在内，不与物接，恐非其实。"王充在依次批评诸家观点后，提出自己的性三品论，他说："孟轲言人性善者，中人以上者也；孙卿言人性恶者，中人以下者也；扬雄言人性善恶混者，中人也。"王充认为上品之人纯善无恶，下品之人纯恶无善，中品之人则有善有恶，善恶混在一起。

唐代韩愈承袭董仲舒和王充的一些观点，进一步丰富了性三品论。他在《原性》中对"性"与"情"进行了界定："性也者，与生俱生也；

情也者，接于物而生也。"然后，提出"性"有五种内涵，即"仁、义、礼、智、信"；"情"有七种状态，即"喜、怒、哀、惧、爱、恶、欲"。上品之人纯善无恶，论"性"，则五性之中不管任何一性在起主导作用，其他四性都同时具足相应，论"情"，则在具体行为处事中七情都能表现得最合宜；中品之人有善有恶，论"性"，则五性中任何一性失位，虽然通过教导可以复位，但对其他四性的健全发挥会有负面作用，论"情"，则在具体行为处事中七情总有一些"过"与"不及"的表现，需要通过学习、改善去实现合宜的理想状态；下品之人纯恶无善，论"性"，则五性中任何一性失位，即便通过教导而复位，但其他四性又乱象丛生，最终使得任何一性都很难完全复位，论"情"，则具体行为处事中七情都放荡不羁、一片混乱，成事不足，败事有余。

总体上，性三品论对先秦诸子的人性论思想进行了有深度的梳理和整合，并提出了人性应善的观点，为构建动态的、发展的人性论思想提供了坚实的基础。

不过，性三品论引入了阴、阳、性、情、七情、五常、天人合一等诸多复杂概念，几位思想家之间也对诸多观点相互不认同，显然说明这个理论还需要进一步的发展。另外，性三品论把人性分为上、中、下三品也有多元论的嫌疑，上品之人的人性还能叫人性吗？还是叫神性更合适呢？而下品之人的人性也许叫兽性更合适。而且上品之人和下品之人本身为数极少，在管理实践中未必能够遇到，大多数情况下，人们遇到的都是中品之人，因此把人性分成三品对具体的管理实践意义就不大了。人们更加需要的是了解中品之人的人性特质，这样才能为管理活动的开展找到合理的人性依据。

3. 双层人性论

双层人性论是宋儒张载、程颐、朱熹等提出来的，即认为人性有两个层次，分别是"天地之性"（或天命之性）与"气质之性"。

宋儒张载把人性分为两个层次，即"天地之性"与"气质之性"，认为"天地之性"是本，"气质之性"是末。他提出："形而后有气质之性，善反之则天地之性存焉。故气质之性，君子有弗性者焉。人之刚柔、缓急、有才与不才，气之偏也。天本参和不偏，养其气，反之本而不偏，则尽性而天矣。性未成则善恶混，故亹亹而继善者斯为善矣。恶尽去则善因以成，故舍曰善而曰'成之者性也'。"（《正蒙·诚明篇》）也就是说，人类真正的"先天之性"只有"于人无不善"的"天地之性"，"气质之性"是后天形成的。由于每个人所禀受的气有刚柔、缓速、清浊、通塞、厚薄之分，所以才造成了人有美恶、贵贱、夭寿、智愚之别。因此，尽管每个人都无法决定自己出生之时所禀受之气如何，但是可以在后天之中通过"知礼成性变化气质之道，学必如圣人而后已"来实现生命的不断提升、提纯，最终成就先天至善的"天地之性"。张载认为，在"天地之性"未成之时，人都局限在"气质之性"中，可以说是"善恶混"的，而要"成性"，必须通过圣贤教育来让"天地之性"做"气质之性"的主宰。任何人，即便遭受再大的苦难与不幸，自身先天具足的"天地之性"都绝不可能殄灭，任何时候只要坚信这一点，并努力通过圣贤教育来变化气质，最终一定能够成就自己的"天地之性"。

程颐承接张载的思想，以先天具足的"天地之性"为本、为体，而以后天禀受的"气质之性"为末、为用，解释了一些人对这种人性论的责难，比如有人以孔子的"性相近也，习相远也""唯上知与下愚不移""中人以上，可以语上也；中人以下，不可以语上也"等观点来质疑张载和程颐的人性论观点。程颐认为，这三句语录说的都是"才"（气质之性），而不是"性"（天地之性），并进一步认为这与告子的性朴论、扬雄的性善恶混论、韩愈的性三品论是一回事，都是指后天所禀受的"气质之性"："扬雄、韩愈说性，正说着才也。""气清则才善，气浊则才恶。禀得至清之气生者为圣人，禀得至浊之气生者为愚人。"只有孟子的性善论才讲的是"性"的根本。"性相近也，此言所禀之性，不是言性之本。孟子所言，便正言性之本。""言性当推其元本，推其元本，无伤其性也。""孟子之言善者，乃极本穷源之性。""性无不善，而有不善者才也。性即是理，理则自尧、舜至于涂人，一也。才禀于气，气有清浊。禀其清者为贤，禀其浊者为愚。"程颐明确指出任何人得之于天的"大本不失"，"下愚"只要愿移、肯移，自然是"可移"的。

大体上，在宋儒看来，孟子的性善论，可以说是"论性不论气"，是一种不够完善的人性论，而荀子的性朴论、韩非子的性自利论，可以说是"论气不论性"，是没有明白什么是真正的人性，而扬雄的性善恶混论、王充与韩愈的性三品论，虽然同时从"性"和"气"两个角度来思考人性，但他们没有把"性"和"气"两个概念明确区分开，一开始就堕入了"后天之气"中。只有张载、程颐、朱熹等宋儒提出的"天地之性"（天命之性）与"气质之性"的人性论兼顾了以上各方面。因此，宋儒的人性论并非性二元论，本质上是以性善论为体、以性朴论和性三品论为用的人性论，性自利论、性善恶混论等内容都已被扬弃于其"用"之中。可以说，这是一种综合前人优点，有着两种人性概念和体、用两个层次的逻辑严密且符合直觉的双层人性论，这种人性论无疑值得后人学习与深思。

宋儒的双层人性论与性三品论有很多相似之处，但是又有很大的不同。性三品论中，人性只有一个层次，这就导致性三品之人的割裂，而无法统一。宋儒的双层人性论则把人性分为两个层次，上一个层次嵌套进下一个层次，这就使得人性具有了发展的可能，也就是下层的人性可以通过后天的塑造回归先天的人性。这也为我们纳入习性作为广义的人性，提供了思路。

宋儒之后，中国传统思想史上还有很多其他的人性论思想，限于篇幅我们不再赘述。

第三节 传统人性论模型及其基本管理思路

一、传统人性论的整合

性三品论和双层人性论是古人从多个维度、多个层次去分析人性的最典型的研究成果。我们认为宋儒提出的双层人性论是儒家人性论思想的集大成者，非常深刻，我们可以在宋儒双层人性论的基础上，从管理视角出发，整合其他的典型人性论思想做一个综合比较分析，为构建更为深刻的、可以作为中国管理学理论基础的人性论模型奠定基础。

宋儒把人性分为"天地之性"（"天地之性"落实到人就是人的"天命之性"，所以也称为"天命之性"）和"气质之性"是非常有道理的。宋儒认为"天地之性"人人都有，而且内容完全相同，这一点与孟子提出的性善论是一致的。"天地之性"解释了人们善的心理和行为的来源，同时，可以为人性的发展提供依据和归宿。

大体上，儒家人性论的主流观点可以概括为人性有一个从先天走向后天的自然发展过程，还有一个后天教化和自我管理的自觉发展过程。儒家管理之道的核心就是要发展人性，人性的发展必须以符合"天地之性"为原则，以回归"天地之性"为归宿。总之，把人性分为两个层次，并对"天地之性"进行深刻阐释是宋儒双层人性论的主要亮点。先秦诸子的人性论和其他思想家的人性论，基本上都可以用宋儒的双层人性论来解释。双层人性论对诸子人性论的整合，可以参考表2-1。

表2-1 双层人性论对诸子人性论的整合

		孔子/《中庸》	孟子	荀子	韩非子	荀子的性朴论	道家的性朴论
人性	性	天命	性本善				关注先天之性
	气	性相近、习相远		性恶	自利	关注后天之气	

不过，宋儒对于"气质之性"的论述，还有值得商榷和进一步深化的地方。"气质之性"和"天地之性"一样，人人都具有，但是具体来说每个人禀受的气质有所不同，使得人们出生时就有了一些差异。当然这种差异在最初的时候并不大，所以，孔子才说"性相近"。而后天个人接受的教育和个人的经历会加大这种差距，这就是孔子说的"习相远"。

一个禀受气质不太好的人，如果接受了很好的教育，就有可能改变气质，所以，荀子特别强调后天的教化。这样看来，我们在分析人性问题时，不仅应该谈论个体出生时禀赋的"气质之性"，还应该谈论因后天教化和个人经验形成的后天习性，这样才能全面地认识具体的个人。而我们的管理实践面对的正是一个个具体的人，如果我们仅仅谈论先天的"天地之性"和出生时禀赋的"气质之性"，无疑很难指导具体的管理实践。

因此，从管理学的角度来说，一个人的后天习性是至关重要的，管理理论不仅应该建立对人的先天的"天地之性"和出生时禀赋的"气质之性"的认识，还应该深入研究人的后天习性，这样才能有一个坚实的理论基础。管理过程在本质上也是一个塑造管理者和被管理者的后天习性的过程。

后天习性相对来说非常复杂，不仅与人们出生的禀赋有关，还与人们所处的文化情境，包括民族文化、家庭家族文化、组织文化等有着密切的关系。当然在具体的研究过程中，我们不可能去研究每一个具体的人的后天习性。古人说"物以类聚，人以群分"，我们只需研究常见的不同类别人的习性，然后将具体的个人进行归类，最后结合具体的情境，分析应该如何管理这个人。

总结起来，如果我们研究严格定义上的人性，我们只需要研究人的先天的"天地之性"和出生时禀赋的"气质之性"就可以了。但是，如果我们要把人性理论落实到管理实践中去，就必须把人的后天习性也纳入人性研究的范畴。而且，我们把后天习性纳入人性研究的范畴之后，我们就可以形成一个动态发展的人性论模型。从严格意义上来说，人性是不能发展的，因为如果人性可以发展，那就说明这个人性不是人的基本性质了。基本性质是不能变的，也就是不能发展的，人的基本属性变了，就可能导致不能再被定义为人了。但是，当我们引入习性之后，这种广义的人性概念就是一个可以发展的人性概念了。人性发展的本质是塑造习性的过程，是人的习性向着至真至善靠拢的过程、向着"天地之性"靠拢的过程，从而实现人的境界"天人合一"。

所以，只有把后天习性纳入人性的概念，人性才能是发展的。人性（人的后天习性）可以向着"天人合一"的方向，向上发展；也可以放纵自己的贪婪和欲望，向着禽兽之性的方向，向下发展。

这样就形成了本书的核心理论，即管理学视角的三层次动态人性论模型，即先天的天地之性/天命之性、出生时的气质之性和后天的习气之性。

这个人性论模型的三个层次与《易经》的"三易"思想是完全一致的，即：天命之性人人相同，永恒不变，是为"不易"；而气质之性人人接近但不完全相同，相对稳定，比较容易为人们所掌握，是为"简易"；习气之性受多种因素影响，人们之间的差异很大，且不断演变发展，是为"变易"。

孔子所说的"唯上知与下愚不移"之中的"上知"和"下愚"指的就是习气之性。因为人们只有后天成长起来之后，才会显现出"上知"和"下愚"，出生时是无法看出来的。"上知"之人拥有极为丰富的知识经验和开阔的视野，自然不会被一些低层次的思想观念和行为模式影响。而"下愚"之人后天长期被不良的习惯和环境熏陶，使得他们的某些错误思想观念和行为模式变得非常坚固，从而不愿意接受更为先进高明的思想观念和行为模式，所以也"不移"，究其本质就是一种强大且自我封闭的习气。

二、人性论的三层次模型

下面，我们从管理学的视角来总结中国传统人性论思想。根据上面的分析，我们可以把人性分为三个层次，即先天的天命之性（简称本性）、出生时的气质之性（简称生性）和后天的习气之性（简称习性）。

第一，本性层次的人性概念。本性层次的人性内容属于先验的、形而上的，是无法直接观察到的。虽然无法直接观察到，但又是所有人内心深处都具有的特性。这种特性普遍存在，但只能通过不断的反思、反省以及践行去体悟。如果没有本性概念，人性预成论就失去了存在的依据。

本性层次的人性概念可以用于构建管理的信仰体系，西方道德哲学中的道德律令、绝对命令，中国传统文化中的良知、良能、良心等概念都与这种先验的、形而上的人性概念有关。不同的民族文化在认识这个层次的人性时，往往会用不同的概念或者预设的表述，甚至在此基础上建立起复杂多样的信仰系统，很难强求一致。但是，本性层次的人性一定能够通过自我反省和实践体悟到，否则就是纯粹的预设和信仰，不能算人性的一个层次。

显然，对这个层次人性的认识对于不同民族文化传统、信仰和价值观的形成具有极大的影响，继而深刻影响着不同民族的管理思想。不过，讨论本性概念往往需要涉及信仰问题，这是崇拜工具理性和科学主义的研究者所不愿意接受的，而西方管理思想界历来就有浓厚的工具理性和科学主义传统，因此，他们很难接受人性预成论，也基本上不去讨论先验的本性问题。这正是管理的价值理性和信仰体系在西方管理理论中没有获得应有的重视的根本原因。

而在中国传统管理思想体系中，本性层次的人性概念，如良知、良心、性本善等一直都是处于极为重要的位置，从而使得中国传统管理思想可以摆脱科学和信仰的分离，价值理性和工具理性始终都是统一的。

第二，生性层次的人性概念。生性指的是人们生来就普遍具有的一些特质，比如人有身心两个方面，人的身体基本上都是差不多的结构，人的心理也有差不多的结构，人的心理都有知、情、意三个方面。又如，心理上人人都追求幸福，没有人会追求痛苦。当然，就个体而言，人的生性还是存在不少差异的，甚至是非常明显的差异，比如时常报道有一些天才具有一些常人所不具有的能力。但是，这些差异往往是量方面的差异，而非结构方面的差异。

总体上而言，大多数人的生性的基本结构、基本运作机制是一样的。而且既然都称之为人，就应该有一些普遍性的标准，可以稍微偏离这个标准，但如果完全违背这个标准就不一定能够算人了，至少不能算普通人了。我们称一些人为天才或怪才，就是表明我们认为此人偏离了正常人的标准。

因此，生性层次的人性的主要内容是根据具有相同生性的绝大多数人的情况进行分析和归纳而形成的。西方管理学中的相关人性假设，比如 X 理论和 Y 理论等基本上都是使用归纳法对绝大多数人的情况进行分析和描述而形成的。但这种分析与归纳缺乏一个具体的分析框架和思路，导致最后得出来的结论存在诸多纰漏，缺乏系统性和完善性，所以，只能称之为人性假设而非人性论。相比之下，中国传统人性论对于这个层次的内容的分析，有非常明确的分析思路和分析框架，能够得出相对系统完善的结论。

第三，习性层次的人性概念。前面我们笼统地用了习性这个词，但是，习性其实有个体习性和群体习性之分。人性论习性层次上的概念，主要是指个体习性。个体习性建立在生性基础之上，受到生性的各种规律的制约。个体习性的构成要素包括个体人格、德行和才能等方面。而群体习性，主要表现为文化，比如团队文化、组织文化、民族文化等，社会的伦理道德乃至法律规章等都是群体习性的一种表现。

群体习性虽然不属于人性概念的范畴，但群体习性是人性论与管理之间的重要桥梁。管理者的一个重要工作就是以本性为信仰，以生性为基础，以个体习性为起点，去构建组织成员群体的特定的习性，使之能够更好地为管理目标服务。

全面了解本性、生性、习性（个体习性）、群体习性等因素，对于管理理论研究是不可或缺的。比如我们研究中国管理理论时，不仅要研究人性论，还要研究中国传统文化，因为这是形成中国人的群体习性的一个非常重要的因素。如果具体地研究中国某个组织的管理，就还要进一步研究该组织的文化、组织内部不同群体的习性，只有这样才能拿出有针对性的管理方案。

大体上，人性的三个层次之间是一种层层嵌入的关系，即本性嵌入生性，生性嵌入习性。习性以生性为基础，离开生性，习性就成了空中楼阁，生性也不能离开本性，否则生性的很多内容就很难解释。它们三者之间的关系可以用图 2-1 表示。

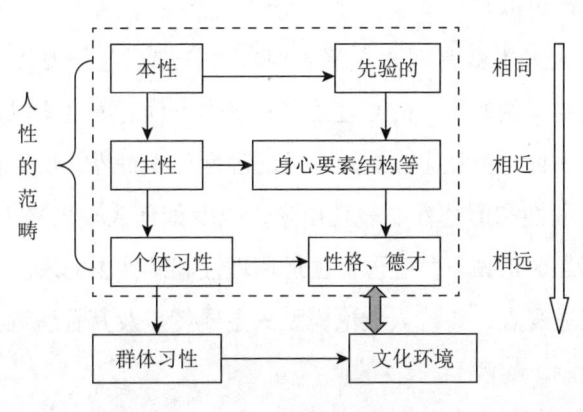

图 2-1　人性三个层次之间的关系

人性的三个层次中，生性层次的人性概念处于中间位置，承上启下，对管理理论的构建与发展来说显得至关重要。因为它是可以被直接经验到的，是论证本性的依据，同时也是习性生成的基础。生性相对于习性来说是简易的，相对于本性来说又是可以直观观察到的，因此是最容易把握的。所以，我们可以看到很多思想家的人性观都是主要讨论人性的生性层次的内容。

根据上述分析和我们对中国传统管理思想的把握，我们认为对管理理论的发展而言，人性的生性层次至少有三个方面比较重要。

第一，人天生有自利性。因为在物竞天择的自然界，人作为一种生物,如果不懂得自利,几乎就无法生存。韩非子曾经深刻地论述了人的自利性。西方科学家达尔文、社会学家霍布斯、政治思想家马基雅维利等也有类似的观点。人这种天生就有的自利性也可以称为私心。

第二,人天生有道德性。儒家思想家对此有很多论述。这个观点虽然没有人天生就有自利性这个观点那么直观,但也是不容置疑的,而且这种观点在西方哲学和伦理学领域也是主流的观点。人这种天生就具有的道德性,也可以称为良心。

第三,人天生就有理性、感性和自由意志。这是现代心理学的观点,这三个要素构成了人的心理发展的基本方面。人之所以为人,就是人能够拥有一种自由意志去运用自己的理性认识世界、反省自身。

人的自利性和道德性要表现出来,以及如何表现出来,如何变化,归根结底都是要依靠自由意志,去运用理性和感性去完成。

综合上述观点,传统人性论模型的主要特点及其管理意义可以归纳如表2-2所示。

表2-2 传统人性论模型的主要特点及其管理意义

概念	层次	时间	性质	西方人性论视角	价值	与管理的关系	类似概念	衍生概念	发展倾向
人性	本性	先天	本、体	预成	建立信仰和人发展的归宿	建立管理伦理和目的	良心、真诚	天理、道德、善、智慧	回归本性,发展道德
	生性	后天	相、用	预成和生成	分析现状和人发展的起点	确定管理的基本思路和手段	私心、欲望	人欲、习惯、恶、聪明	维护自身利益,满足自身欲望
	个体习性	后天	末、用、相	生成	分析人的现状,预测未来行为	选用具体的管理思路和手段的依据	德行、才能、性格	思维方式、思维定式、格局	定义什么是幸福和自我实现,并为之努力

三、基于传统人性论的两条基本管理思路

从人性论的角度来看，中国古代管理思想家的管理思路主要有两条，即以儒家管理思想为代表的、弘扬人性道德性的管理思路和以法家管理思想为代表的、利用人性自利性的管理思路。在中国的历史长河中，前者占据了主流，但操作难度较大，经常流于形式；后者由于涉及一些阴暗的权术，很少被宣传，但是一直被统治者暗中使用。

1. 弘扬人性道德性的管理思路

弘扬人性道德性的管理思路可以概括为"以仁为本"（以下简称"仁本"），一般要求管理者崇尚仁爱精神，把人的目的，包括人的尊严、人的发展、人的幸福作为组织和一切事务所必须保证和追求的目标。如果管理者只是口头上、表面上崇尚仁爱精神，在实际行动中仍然采取与这种精神背离的管理手段和行为，则应该归为利用人性自利性的管理思路。

管理者要弘扬人性的道德性，其管理目标和基本原则不仅要指向实现自己的幸福和发展，也要指向让周围的人也获得幸福和发展，最终推动整个人类社会的和谐与发展。中国人常说的"己所不欲，勿施于人""己欲立而立人，己欲达而达人""老吾老以及人之老，幼吾幼以及人之幼"等儒家格言，就是这一价值观的具体表现。中国古代儒家的管理思想是弘扬人性道德性的管理思路的代表。

值得注意的是，儒家所强调的"仁本"管理思想与现代管理理论中提倡的"人本"思想还是有一些不同的。现代管理理论中的"人本"思想是为了使事情能够更好地完成而提出来的一种管理手段，虽然也表现为尊重人、关心人，鼓励满足员工的需求和提升员工的素质，但其根本目的是使事情圆满完成，提升做事的效率。换句话说，西方文化主导的现代管理理论的管理目标始终都是指向效率或者抽象的组织发展。例

如，奠定了人际关系理论学派基础的霍桑实验，其研究过程自始至终都集中在组织如何获得劳动效率上，即便在实验最终获得突破性的发现，产生了著名的人际关系理论后，该研究也从未真正关注过那些实验的参与者——工人。研究者只知道那些参与实验的工人因为受到研究者的关注而大幅度提高了劳动效率，却并不关心劳动效率提高之后，他们是否因此而获得了成就感，提升了幸福感，他们的成就感和幸福感与他们的工作动力、工作效率之间的关系如何，哪个应该放在首位。而具有"仁本"价值观的管理者则完全相反，他对于员工幸福感的关注要胜过对于效率的关注，如果效率的提升带来了幸福感的下降，他宁可不要效率。因为，人的尊严、人的发展、人的幸福才是管理的终极目的。

上面是从管理者自身的角度来谈，如果从管理对象和管理手段方面来说，管理者崇尚道德，则他对被管理者的基本管理手段就是两个。

第一，"崇善"，即弘扬管理者和被管理者的道德性。在管理过程中，如果所有参与者的道德良知都被弘扬、都被激发，甚至道德境界都得到了提升，那么，大家就能够和睦相处，遇到问题时大家能够齐心协力去解决，分配利益时大家也不会去斤斤计较。那么，组织的管理就会变得越来越容易，管理者的工作也会变得更加轻松。具体而言，"崇善"首先要求管理者对伦理道德的价值有深刻的体悟，对管理的伦理道德精神有深刻的理解；如果管理者自身缺乏这方面的素质，就不能真正做到"崇善"。因此，使用这个管理手段就要求管理者修身，经常学习和反省，提升自己的思想水平和道德境界，甚至通过内在的修炼，把自己提升到圣贤的境界。其次，"崇善"要求管理者不断地对下属干部进行教育和培训，提升他们的思想水平和道德境界，让他们能够很好地领悟上级制定的各项政策和命令背后的伦理道德精神和道德价值，从而把这些价值观层层传递给组织各级员工。最后，"崇善"要求管理者把伦理道德精神融入管理制度和日常管理行为，让普通员工能够在充满伦理道德精神的环境中不知不觉地接受伦理道德精神的熏陶，提升思想素质和道德水准，而不仅仅是做表面上的伦理道德教化工作。

第二，"抑恶"，即抑制管理者和被管理者的自利性，使得人性自利性这一面的力量始终弱于人性道德性的力量。在管理过程中，如果所有参与者的道德境界都比较低，自私自利，那么管理一定会变得极为困难，管理者要花费大量的时间来处理内部矛盾。对于这一点，孟子曾经尖锐地指出"上下交争利而国危"。因此，抑制人性的自利性可以减少组织内讧的发生，降低管理成本和管理难度。具体而言，"抑恶"就是管理者要对违反组织伦理道德的行为零容忍，坚决打击这种行为，让这种行为很容易被发现，而且一旦发现，其付出的代价非常惨重，远远高于收益；同时，还要完善管理制度，在制度上消除诱发人们做坏事的漏洞。

2. 利用人性自利性的管理思路

利用人性自利性的管理思路可以概括为"善于算计，善于趋利避害"。一般要求管理者善于分析"利"与"害"，通过分析被管理者的"利害"观，从而制定各种管理制度和机制，让被管理者在"趋利避害"的自然人性力量的驱动下，选择自己所希望的目标和行为。

利用人性的自利性实际上是最为常见的管理观念。因为，人性的自利性是不用教就会的，而人性的道德性则需要进行不断的教化和自我反省。管理者如果想用人性的道德性进行管理，则不仅需要对被管理者进行长时间的道德教化，而且还需要改变自身，通过不断学习和实践来提升自己的思想境界和道德素质。而利用人性的自利性进行管理则不一定需要这些。

不过需要说明的是，"利害"观不仅是生性层面的人性问题，也可以被后天的价值观所塑造,也就是说,"利害"观是同时存在于人性的生性层次和习性层次的,在一定程度上是可以被塑造的。面对同一个问题,人们持有不同的自利观点时,所表现出的行为会完全不同,甚至完全相反。从马斯洛的五层次需求模型来看,对于低层次的生理需求和安全需求,人们比较容易得出一致的"利害"判断,比如基本的生理需求可以被满足是"利",不能被满足是"害",而对于高层次的需求,特别是自我实现层次的需求,人们往往不容易形成一致的"利害"判断。人性的自利性在伦理学上也称为利己主义。利己主义者以实现个人的利益最大化为个人追求。人们在行动时只顾自己的利益,总是做最符合他们自己利益的事情。不过什么样的结果才符合自己的最大利益或最大幸福呢?这与人们的文化信仰、理性能力以及对行为后果的预测能力都有密切的关系。因为,对最大利益、最大幸福的计算,与对时间长度的设定有密切的关系。有些行为在短期看是对自己不利的,但从长期看是非常有利的。是要考虑符合自己眼前的最大利益或最大幸福?还是要考虑符合自己一年内的最大利益或最大幸福?还是要考虑符合自己一生的最大利益或最大幸福?所以,利用人性的自利性进行管理也可能会有大量的教化工作要做,通过教化来灌输有利于管理的"利害"观。

就具体的管理手段而言,在利用人性自利性的管理思路的指导下,常见的管理手段主要有以下几种。

第一,严刑峻法的威慑。管理者制定残酷且严格的法律法规,通过严刑峻法来威慑被管理者,一方面防止他们觊觎上级的权力,另一方面防止被管理者的过度内讧,影响组织的正常运作。以暴力统一中国的秦朝,当时主要就是依靠这种手段来统治全国。

第二,设计相互制约的管理制度以及严密的监督机制。具体而言,相互制约的管理制度分为两种:一种是对所有管理者都普遍进行分权和制约，另一种是只对部分管理者进行分权和制约。严密的监督机制也分为两种：一种是情报网络的监督，即建立强大的情报网络，对官吏和民众进行监督，比如明朝时朝廷建立的东厂、西厂、锦衣卫都有庞大的情报网络，一方面起着监督作用，另一方面还有皇帝在正规法律之外授予的执法权，可以威慑官吏和民众。另一种是群众和舆论监督。这方面中国古代管理思想和西方政治管理思想还有不同，西方政治管理思想主要提倡普遍的群众监督和开放透明的舆论监督；中国古代管理思想主要强调内部监督和部分群众监督，比较典型的手段如中国古代的上密折告密的制度。

第三，使用谋略，即管理者利用被管理者的自利性或其性格上的一些弱点，来达到管理者的目标或者组织的目标。也就是说，管理者对自己和对被管理者的要求是完全不一致的，这样的管理者可能表现为言行不一，富有谋略，善于利用他人的特点或弱点来为自己的目标服务。

第四，实施具有引导性质的精神影响策略，即管理者利用被管理者对于未知力量或者死亡的恐惧，提倡一套与之相关的、带有神秘色彩的理念体系，让他们有所敬畏，从而在一定程度上自律。

上述管理手段在中国古代的墨家管理思想、法家管理思想、纵横家管理思想、兵家管理思想中都比较常见。在管理实践中，崇尚法家帝王之术的管理者经常使用上面的第一、第二和第三种管理手段。

第三章
传统人性论模型及其管理价值

第一节 人性中先天预成的内容

一、本性与生性

本性就是先天预成的最基本的东西。本性到底有哪些内容很难说得清楚，因为本性层次的内容是无法直接经验到的，所以不同的文化、不同的群体对本性会有不同的认识，有的甚至忽视或者否定本性的存在。

虽然我们无法直接从本性的角度来谈本性，但是我们可以从后天的生性角度来谈本性。也就是说，我们可以采取倒推法，通过观察生性来推导本性的内容，凡是生性中人人都具有，并且几乎没有差别的东西，我们认为都来自本性。

本性和生性的关系非常密切，生性建立在本性的基础上，先天本性的各种基本特性都会在生性中有所表现。当然，这种表现可能不是原汁原味的，可能是变形的，可能只是偶尔表现，经常隐藏不表现出来。

生性中那些人人都具有，但是有一定差别的东西，就属于生性独有的内容。比如父母都是一样的，但兄弟姐妹的天赋、性格以及身体素质等往往会有不少差异。子女可能在某些方面具有极佳的天赋，但是他们的父母不见得具有这个天赋。这些都是生性独有的内容，与本性没有直接的关系。这些东西在后天会发展成为个体的人格、才能和德行。

二、生性之心的内容与结构

前面我们提出传统人性论三层次模型时，谈到生性层次至少有三个方面。

第一，人天生有自利性，也称为私心。这是人作为自然界的一种生物所必须具备的一种特质。"物竞天择，适者生存"，如果不懂得自利就无法生存。

第二，人天生有道德性，也称为良心。

第三，人天生就有理性、感性和自由意志。这是现代心理学的观点，这三个要素构成了人的心理发展的基本方面。人之所以为人，就是人能够拥有一种自由意志去运用自己的理性认识世界、反省自身。

我们认为，人们在生性层次的道德性是不言而喻的，这种道德性源于我们内心深处，实际上源于本性层次对生性层次的嵌入。这样，我们就可以建立本性善这种先验的人性预设，为人性的信仰与发展方向的建立提供依据。而人们在生性层次的自利性也同样是不言而喻的，在一个资源相对有限，而生活需要各种资源维持，欲望也需要各种资源来满足的环境下，自利性为我们维持自己的生命，提升物质生活的品质提供了基本的动力。如果一个人不懂得自利，那么，在一个资源匮乏、道德堕落的环境中将难以生存下来。人性在生性这个层次的两个特点早就被《六韬》概括为"好德归利"。这个概括无疑是非常符合人们的直觉判断的。这两个特点能够很好地解释人们的善恶行为的产生。当人们的道德性心理能够战胜自利性心理时，人们就会表现出善的一面；反之，人们就会表现出恶的一面。当人们的道德性心理能够稳定地保持对自利性心理的压倒性优势时，人们就会持续地表现出善的行为，我们就会认为他是一个善人、好人；反之，就会认为他是一个恶人、坏人。而一个人在生性层次的这两个特点会如何发展，比如说这个人在现阶段是道德性更强，还是自利性更强，未来会怎样，最终他会达到一个什么样的境界，则需要分析个体的理性能力、情感能力和意志力的强弱。用现在比较流行的语言来说，就是此人的智商如何（理性能力）、情商如何（情感能力）和逆商如何（意志力）。从管理的角度来说，对人们生性的判断结论，可以作为针对具体的管理问题确定具体的管理思路和手段的依据。

所以，我们认为人性在生性层次最为重要的就是存在这样一个结构，即人具有良心、私心、感性、理性和意志力。这个结构是先天预成的，它由五个要素构成，每个要素的量的差异，构成了人们在生性层面的差异。在后天的发展过程中，这种差异还将不断扩大，也就是这些要素的量的变化会随着人的生活经历而不断变化。这就使得人性的很多内容是可以在后天生成的。这样人性就是一个可以动态发展的东西。

1. 私心

私心的本质特点就是利己，其源于我们的肉体，源于人作为一种生物体要生存、要发展的本能。我们这个世界的生物体只有不断地从外界获取资源，才能生存和发展。这个世界的资源是有限的，但生物体获取资源的本能动力是无限的，都是希望越多越好。这样就会出现达尔文所说的"物竞天择，适者生存"的情况。动物们为了生存和发展，都在自然选择中进化出各种不同的能力来保障自己生命和种族的延续。而人作为一种生物体进化出来的根本能力就是理性思考能力。所以，理性和私心可以说是天然地结合在一起的。人类就是用自己的理性思考能力发明了各种工具，成为万物之灵，成为地球上其他生物都畏惧的存在。而在人类社会内部，理性思考能力也是一个人取得成功的重要因素。

因此，我们可以根据理性思考的水平把私心分为四个层次。

第一，短视的私心，也可以称为本能的利己主义，也就是很少与理性结合的私心，这种私心往往被身体本能和个人的不良习气所驱动，最容易带来各种恶行。

第二，理性的私心，也可以称为开明的利己主义，这是在理性指导下的一种私心，能够更为长远地看待自己的利益，懂得通过帮助他人来获取自己的利益。但是，这种私心也可能让一个人变成一个伪善者。

第三，与信仰结合的私心，其本质上也是在理性指导下的私心。

第四，被良心所驾驭的私心。前面我们说私心的本质特点是利己，但是这种私心已经被良心所驾驭，克服了利己主义的倾向，其产生的行为不再是算计式的，而是在良心指导下的行为。因此，私心如果经常处于这个层次就已经实现了人性的超越。

2. 良心

良心是本性在生性中的表现。由于本性是至善的，因此，良心是一个人后天的善念和善行的来源。良心不需要理性思考就会对道德问题做出反应，它通过感性表现出来，属于一种道德情感。如果人们做了违背良心的事情，在自己内在的情感上就会感觉不舒服。做了符合良心的事情，就会得到自己内在的道德情感的赞许，会感觉非常愉悦。甚至有人认为受到良心的谴责是最痛苦的一件事情。巴金先生说："良心的责备比什么都痛苦。"人活着，无论遇到多大的磨难和挫折，都不可怕，最可怕的就是良心受到谴责。做了错事、坏事，或许可以逃过别人的眼睛，甚至逃过法律的制裁，但是唯一逃不过的，是自己心灵的谴责。孔子说："君子坦荡荡，小人长戚戚。"（《论语·述而》）一个人只要行得端、走得正，不做亏心之事，坦坦荡荡做人，就没有任何心灵上的负担，就能获得长久的幸福。因为只有心安，生活的美好才会精彩呈现；也唯有心安，人生的幸福才能从容静享。

只要良心能够战胜私心，人们就会出现善念，在特定的情景下，善念就会转化为善行。当然，大多数人在遇到事情的时候，往往都是一会儿良心战胜私心，一会儿私心战胜良心，或者这次良心战胜私心，下次私心战胜良心。只有圣贤之人才能长期稳定地让自己的良心战胜私心。

所以，我们可以根据一个人良心战胜私心的情况，换句话说，就是他的内心良心和私心的力量对比来把他的良心分为三个层次。

第一，基本的良心，特点是能够做到"己所不欲，勿施于人"。这句话也被称为道德金规则，是社会公德构建的基础，是最低层次的良心。如果做不到这一点，那么就可以判断这个人的道德品质总体上比较差，他很容易变成一个恶人、坏人。

第二，中等的良心，特点是能够做到"老吾老以及人之老"。它要求人们能够推己及人，不断地发展自己的良心。要做到这一点非常不容易，需要不断地反省自己，让自己的良心不被私心蒙蔽，从而能够得到不断的发展。儒家自我管理提倡"内仁外礼"，就是一方面让自己不断地倾听良心的声音，按照良心的要求去行动，另一方面用"礼"的要求来规范自己的行为，防止自己的良心被私心蒙蔽。

第三，高等的良心，特点是能够做到"己欲立而立人，己欲达而达人"。它要求人们做事情的时候能够先人后己，如果能够做到这一点，那么就说明自己的良心已经完全驾驭了私心，这就已经走在成为圣贤的道路上了。这种层次的良心，按照现代社会的说法就是大公无私了。

3. 理性的结构要素分析

在构成生性基本结构的五个要素中，理性代表了人的思辨能力。理性能力的强弱就是思辨能力的强弱。思辨能力强的人，可能成为专家、成为领导、成为君子，也可能成为大奸大恶之人。

另外，理性可能还有一些先天预成的结构。如果没有先天预成的结构，人们的理性思考可能就失去了基础。用康德的话来说，理性是建立在一些先验的范畴之上的，这些先验的范畴构成了理性的结构，也就是思维的运作框架。无论思维如何运作，都跳不出这个框架，都是依靠这些范畴进行的。康德提出了"十二范畴"，作为理性思考的基本框架。这"十二范畴"是从形式逻辑的判断分类里引出来的，康德对形式逻辑的判断形式，也就是我们下判断的方式进行了一番分类。康德将其分为四类，一个是量，一个是质，一个是关系，还有一个是模态。每一类有三个范畴。具体如下。

量的范畴有三：单一性，指事物在数量上的单一性质；复多性，指事物在数量上的多样性质；全体性，指事物在数量上的整体性质。

质的范畴有三：实在性，指事物的实际存在和属性；否定性，指事物的非存在或属性的缺失；限制性，指事物属性的限制或约束。

关系的范畴有三：依存性与自存性，指事物之间的依赖和独立关系；因果性与隶属性，指事物之间的因果关系和从属关系；共联性，指事物之间的相互作用和联系。

模态的范畴有三：可能性与不可能性，指事物存在的可能性或不可能性；存在性与不存在性，指事物的实际存在或非存在；必然性与偶然性，指事物发生的必然性或偶然性。

康德认为，"十二范畴"是人为自然界立法的根本。天地万物都可以纳入这一套体系，没有超出这十二类范畴的。人类的知识体系由此构建，它是自然科学的形而上学的基础，未来的自然科学也将纳入这个范畴体系。

理性除了内在的结构问题，还有指向性问题。马克斯·韦伯把合理性分为两种，即价值（合）理性和工具（合）理性。价值理性强调的是动机的纯正和选择正确的手段去实现自己意欲达到的目的，而不管其结果如何。而工具理性是指行动只由追求功利的动机所驱使，行动借助理性达到自己的预期目的，行动者纯粹从效果最大化的角度考虑，而不考虑人的情感和精神价值。学术界一般认为只要有一种价值理性的存在，就必须有相应的工具理性来实现这种价值。没有工具理性，价值理性的实现就是水中捞月。

但是，价值理性比工具理性更为本质。因为，工具理性是为价值理性服务的，现代化社会对工具理性的过度追求，日益引起人们的反思。工具理性和价值理性之争也被一些学者认为是中国传统文化和西方文化的一个重要区别，中国传统文化更加重视价值理性，而西方文化更加重视工具理性。

我们认为除了工具理性和价值理性之外，人们在人际交往过程中也存在着理性，这种理性往往被称为情商，也就是人们在人际交往中对于他人的价值观、心态和情绪的把握和应对能力。越能发现自我和他人的情绪变化，并且能够很快地调节自我的情绪，找到应对或引导对方情绪的方法，则情商越高。这种理性不宜归为工具理性或者价值理性，我们可以称之为交互理性。这种理性代表理性和感性融合的能力。

另外，在中国传统文化强调的修身活动中也需要理性，这种理性往往是要反思其他的理性活动和感性活动，强调对自己内心的观察。这种对自己的言行以及内在思维活动包括念头观察的能力，我们可以称之为内省理性。这种理性与意志力往往有密切的关系。

综上所述，我们就有四种理性。

第一，工具理性，指的是在研究事物的规律、研究实现目标的手段过程中的思辨，是指向工作效率的理性。工具理性在心理学上往往表现为智商。

第二，价值理性，指的是研究价值观，研究行为本身所能代表的价值，即是否实现社会的公平、正义、和谐、荣誉等，而不是看重所选择行为的结果的一种思辨。价值理性从某些具有实质的、特定的价值理念的角度来判断行为的合理性。如果一个人能很快发现某个事情在不同的时间长度和不同的空间范围影响的不同以及这种影响对其所关注相关对象的价值大小，则说明其价值理性的水平高。

第三，交互理性，指的是一个人对于人与人之间关系和情感变化的一种思辨感知能力。

第四，内省理性，指的是一个人自我反思和向内观察的能力。内省理性一方面强调要善于对自己的言行是否合理进行反思，从而让自己的言行更符合自己的目标；另一方面强调要破除内心无价值的各种妄想杂念，从而提高心灵的品质。

所以，内省理性是其他理性的基础，一个人只有提升了自己的内省理性能力，他的思考能力才能得到提升，才能站在更高的角度看待价值问题，从而做出更深刻、更长远的价值判断。有了合理的价值判断，才能够开始用工具理性去实现价值这个过程，否则就有南辕北辙的危险。而在实现价值的过程中，一定会涉及其他人，需要与他人进行交流沟通，这就需要交互理性发挥作用。因此，四种理性之间是有一个递进发展的逻辑关系的。

4. 感性的内容与层次分析

中国古代就把人的情感进行了分类，比如《礼记·礼运》说："何谓人情？喜怒哀惧爱恶欲七者，弗学而能。"也就是把人的情感分为七种。这些情感也都是人人都有的，只不过人们在不同情感上的程度和频率存在差异。这些都属于感性先天预成的具体内容。

感性按照其稳定性可以分为四个层次。

第一，非常不稳定的感性，我们称之为情绪。情绪总是同人的需要和动机有着密切的关系，如人的某种需要得不到满足时，他将会产生不愉快的感受。情绪一般都会影响身体，同时，身体出了问题也会产生相应的不良情绪。情绪问题是管理者必须研究的重要问题。

第二，不太稳定的感性，我们称之为心情。心情和情绪类似，但是强烈程度相对弱，持续时间长，稳定性较强。我们一般可以一天心情很好或者不好，但是很少一整天都在某种情绪中。在没有情绪的时候，我们也都会有某种心情。

第三，相对稳定的感性，我们称之为心态。心态是由长期的心灵修养和理性思考而逐渐形成的一种中长期、相对稳定的感性状态，但背后一般都与理性、与三观的形成有密切的关系。

第四，非常稳定的感性，我们称之为境界。境界是心态在长期生活实践中的进一步提升，是一种长期的、稳定的，带有内在体验的心理状态。这种心理状态与理性、良心以及意志力等都有密切的关系，是一种感性和理性平衡与统一的状态。

大体上，心态和境界已经不是一种纯粹的感性状态，而是生性中多个要素相互融合作用而形成的一种稳定心理状态。这种心理状态一般都以基于良心的道德情感为核心。普通人的道德情感是属于心态层次的感性。而境界层次的感性是必须长期对内在的心灵进行观察和管理之后才能达到的。

5. 意志的层次

意志是控制心灵能量的一种能力。我们所能控制的心灵能量的多少反映了意志力的强弱。心灵能量其实相当强大，但是我们可以控制的心灵能量非常少。心灵中很多的能量都被各种情绪和胡思乱想消耗掉了。比如睡觉虽然是在补充能量，但是补充心灵能量也仅仅是在深度睡眠的短短几十分钟，而我们做梦的时候基本上是在大量地消耗我们的心灵能量。所以，晚上睡觉如果梦特别多，那么早上起来往往精神状态都不会太好。而我们有意识地主动做各种事情更是要消耗心灵能量。如果被情绪、欲望和各种胡思乱想消耗掉的心灵能量太多，也就是所谓内耗严重，那么我们做正儿八经的事情时能够获得的能量就会不足，导致工作时精力不充沛、注意力难以集中等诸多问题。

所以，我们要重视提升自己的意志力，努力掌控自己的心灵，让自己的心灵能量不被各种无意义的情绪和想法消耗掉。

根据意志对心灵能量的掌控能力，我们可以把意志分为若干层次。

第一，散漫意志。这是大多数普通人的状态，意志的力量比较薄弱，对心灵能量缺乏掌控，很多时候都是被动思考，主动分析问题的情况比较少，甚至大多数人对自己的所思所想和所作所为都没有主动掌控的意识。在这种状态下，心灵能量都被各种胡思乱想以及各种情绪等消耗掉了，没有得到很好的利用。此时人的意志可以算是一种自由散漫的状态，自我意识只能照亮自己和自己明显的行为，只有在特定的情况下遇到极大的冲击时，才会去反省自己。

第二，独立意志。在这种状态下，意志能够掌控一部分心灵能量，也就是具有较强的自我控制能力，会经常地反省自己的所思所想和所作所为，对自己的思考习惯和行为习惯都有相当的了解，继而能够不断地改进。能达到这个层次的人，基本上都能够有一番事业。他的自我意识能够照亮自己的思想和行为，从而发现自己的问题，继而主动改变自己的思想和行为。

第三，自控意志。在这种状态下，意志已经找到了掌控心灵能量的办法，继而能够不断地自我强化，从而获得更加强大的意志，形成一种积极向上的良性状态。这种人能够比较清楚地知道自己的起心动念，从而能够逐渐改变自己的所思所想，建立良好的思考习惯。这是拥有强大意志力的表现。各种自动出来的散漫想法和念头，都能被觉察，这样这些念头就没办法获得心灵能量，继而没办法影响人的思想。而本应该被这些胡思乱想耗费的心灵能量，就会成为意志所能够掌控的力量。处于这个层次的人，意志力非常强大，甚至可以控制自己的一些生理状态。

第四，自由意志。在这种状态下，意志具有强大且稳定的力量，能够完全掌控心灵能量。这种人能够控制自己的起心动念，斩断自动模式下的各种感觉、情绪和念头，从而获得心灵的自由，这也是圣贤的境界。

6. 结构要素的相互结合与作用

生性基本结构中的五个要素往往不是单独发挥作用的，而是相互结合而发挥作用的。比如良心天然地就很容易与感性结合在一起，因为普通人良心的运作主要依靠直观的情感，是一种潜意识的运作，往往在不知不觉中良心就体现出来了。正如孟子所说："人之所不学而能者，其良能也；所不虑而知者，其良知也。"(《孟子·尽心上》)如果不按照良心的要求去行动，那么在情感上会感觉很不舒服。如果我们想让良心与理性结合，就要进行专门的训练，这就是王阳明所说的"致良知"的过程。在"致良知"的过程中，必须学会自我反省：什么情况下什么样的行为会让自己的良心不安？什么情况下什么样的行为会得到自己良心的褒奖？所以，"致良知"的过程不仅是一个理论学习的过程，更是一种"知行合一"的实践。而实践必须有意志力的参与。因此，"致良知"乃是一个以良心为核心，由感性、理性和意志力同时参与，并融入潜意识的一种心灵和行为的练习。

私心则天然地容易与理性结合在一起。因为私心的运作本质上就是依靠理性的分析算计进行的，只不过分析算计的目标指向是自己的切身利益。有一些私心来自身体的本能，比如有的人平时表现得比较有公心，但在危机到来的时候，他可能不假思索就会选择先保护自己的利益。

无论是良心还是私心，都得依靠意志力才能变成实际的行为。

所以，生性基本结构中的五个要素是密切关联、相互配合作用的。

7. 其他内容

生性的五个要素构成了人性发展的基础结构，但仅仅依靠生性的五个要素还是有很多现象无法解释，肯定还有一些先天预成的东西在推动着人性的发展。

首先，追求幸福和快乐是一种人人都有的普遍心理，也属于生性层面先天预成的内容。这一点应该所有人都会认同。

其次，我们认为人人都有好奇心，人人都有惰性，这也是一种普遍现象，它们也是生性层面先天预成的东西。但不同的人的好奇心和惰性在量上还是有比较大的差异的，有的人好奇心很重，有的人好奇心比较弱，有的人惰性很强，有的人相对比较勤快。

另外，孟子说："食色，性也。"（《孟子·告子上》）食欲和性欲也属于生性层面的范畴，属于先天预成的内容。但是，食欲和性欲都属于身体的本能，是通过身体对心理产生影响，并非心理生来就有的内容。我们谈人性主要侧重于心理方面，关于身体方面，我们在下一节再专门讨论。"食色"对人们的心理影响巨大，也是推动人性发展变化的重要因素。

可能还有其他一些生性层面先天预成的心理方面的内容，限于篇幅和笔者的水平，这里不再赘述。

三、生性之身的内容与结构

1. 生性、身体与管理

一般情况下，我们研究人性都是从心理方面去认识，很少涉及对身体的认识。因此，主流的管理学研究也不怎么涉及对身体的认识和管理。

但是，在中国传统文化中身心关系密切，我们很多的心理现象实际上与身体的本能、欲望以及身体的健康状况密切相关。比如食欲和性欲对很多管理活动都产生了极大的影响。古人说"仓廪实而知礼节，衣食足而知荣辱""民以食为天"，很多具体的管理手段必须在保证人们的饮食需求得到满足的情况下才会有效。还有，很多组织如果内部男女员工比例相差悬殊，管理人员往往需要考虑帮助员工解决婚姻问题，不然非常不利于员工的稳定。而员工的身体健康也是很多组织都会考虑的，特别是对于一些核心人员，一旦他们因为健康问题而倒下了，将对组织造成极大的损失。而且一个人没有生病也不代表他就非常健康，健康也有程度的差异，也就是身体素质有好有坏。身体素质会对人的性格和精力产生影响，从而间接影响管理。身体素质好的人，往往精力充沛，容易形成乐观主义精神，凡事容易往好处看，容易相信人性本善。而身体素质不好的人，往往精力不行，对很多繁重的工作就无法胜任。某些体质的人还很容易悲观，遇到一些负面事情容易敏感、抱怨，容易相信人性本恶，继而造成管理困难和团队矛盾。

因此，在中国传统文化中，对身体的管理也是管理者必须考虑的问题。比如儒家有修身思想，《孝经》说"身体发肤，受之父母，不敢毁伤"，要通过爱护自己的身体来培养自己的孝心。儒家还有"儒者不通医，是为不孝"的说法。因为父母年龄大了，特别容易生病，如果父母生病了，自己不懂得医道，那么，请医生给父母治疗时，就无法判断请来的医生水平如何。如果请来的医生是一个庸医，就相当于害了自己的父母。所以，自己必须懂医道，这样不仅可以判断请来的医生水平如何，还可以在疾病没有出现或者刚刚萌芽时就及时治疗，从而避免病情加重，给父母造成巨大的痛苦。中国古代有很多儒者会专门去学习医道来表达自己的孝心。中医经典中有一部比较有名的经典就叫《儒门事亲》。此外，道家更加重视对身体的管理，老庄道家希望长生，希望逍遥自在，如果没有健康的身体，这些肯定谈不上。而黄老道家则有"身国同治"的思想，很多治国理念都是从对身体的管理中推导出来的。

所以，在中国传统文化中，管理者应该懂得身体的基本结构和基本运行规律，懂得保护好自己的身体健康，这样才能有良好的心态和充沛的精力去从事各种工作。而管理者爱护自己的身体就是培养自己德行的过程，也是体悟管理之道的过程。

2. 身的内容与结构

生性包括"身"和"心"两个方面，我们已经从"心"这个方面全面剖析了生性的结构，下面我们从"身"这个方面来谈生性的结构。

我们每个人生来的身体结构都差不多，如果稍微细化一下，则所有男人的身体结构基本相同，所有女人的身体结构也基本相同，只不过在一些量上有差异。既然人人都差不多，也就属于先天预成的内容，所以身体结构也可以算人性中先天预成的内容。现代科学在研究身体结构时，主要围绕解剖学结构以及基因结构展开。关于这方面的内容，在很多非常专业且规范的教材和专著中已经进行了论述，在此不做赘述。我们主要从更宏观的生命系统的视角来谈身体结构。

从生命系统的视角来看，人体是一个动态变化的复杂系统。人体的每一个部分都紧密相连，并且是不断变化的。我们知道物质有三种状态，即固态、液态和气态。人体作为一种物质体，也是由固态、液态和气态三种状态的物质构成的。人体的固态物质最为直观，外部有头面、四肢、躯干等，内部有五脏六腑、骨骼等。像皮、脉、筋、骨、肉以及各个实质器官这些固态部分，必须进行新陈代谢，否则就失去了生命的活力。而这些固态物质的新陈代谢，需要依靠人体的液态和气态物质来帮助进行。

现代科学认为，人体经过千百万年的进化，具备自我保护和自我修复的能力。比如当我们受了外伤或者被细菌病毒感染了，只要不是太严重，我们都能够自愈。但如果受伤太严重或者细菌病毒太厉害，把我们的固态物质结构破坏得非常厉害或者内部的液态物质流失得太严重，这个时候就很难自愈了。

人体的这种自愈能力，一方面依赖于有形的物质结构，另一方面与人体内的能量有密切的关系。在人体结构受损害不太严重的情况下，只要人体内部有充足的能量，同时人体还能够源源不断地从外界补充物质，那么，人体各种器官的新陈代谢就能正常进行，人体就能够维持正常功能，继而逐步恢复健康。

总之，人体是一个系统的结构。这个结构以固态物质（皮脉筋骨肉、各个实质器官）作为基础设施，由液态物质负责新陈代谢，由各种形式的能量负责推动液态物质循环，从而形成一个动态的物质能量系统。

第二节 人性的发展及其动力机制

一、习性

习性是个体生性预成的内容在个体的后天生活经历中发展出来的东西。个体的后天生活经历有一部分是其独有的，有一部分是与某些群体共有的。个体独有的生活经历对个体人性发展产生的影响，所形成的相对稳定的习性特征，称为个体习性；而群体共有的生活经历对个体人性发展产生的影响，所形成的相对稳定的习性特征，称为群体习性。

个体习性建立在生性的基础之上，受到生性各种规律的制约。个体习性的主要构成部分包括人格、德行和才能等方面。这些内容都与人性的生性层次有密切的关系，特别是人格，要想在后天进行塑造和改变难度很大，往往只能顺势而为，因此，我们可以把人格也看成是人性的一部分。大体上，个体在后天的生活和教育经历中会首先形成自己的人格，然后逐渐发展出自己的德行和才能。显然这三者都是人性中生成的内容。不同的个体在人格、德行和才能方面往往存在着巨大的差异，这种差异不仅与个体的生活经历有关，更与个体生性中某些要素在量方面的差异有关。生性中某些要素在量方面存在差异，就是孔子说的"性相近"，虽然人与人的生性非常相近，但还是有差异。这个差异在个体后天的生活过程中，就会发展出个体人格。比如一个家庭有多个孩子，这些孩子受到的教育和所处的生活环境都很接近，但是孩子们之间的性格、天赋等方面往往可能有很大的差异。显然，对于这些差异，用后天的生活经历是很难解释的。人格受到个体生性中某些要素在量方面的差异的影响可能更大，相比之下，德行和才能虽然也受到个体生性中某些要素在量方面的差异的巨大影响，但也受到个体后天生活经历相当大的影响。

群体习性由很多个密切相关的个体的共同习性构成，并且会以群体文化的形式反过来影响个体习性，让个体习性不断靠近群体习性。文化相对主义者往往把群体习性与个体习性甚至生性的概念混同，导致很多错误的结论。我们知道文化有层次性，比如不同的民族文化背景下会形成不同的民族群体习性，不同的组织文化背景下也会形成不同的组织群体习性，还有行业文化、职业文化、部门文化、团队文化等都是群体习性的影响因素。因此，不同群体之间的习性差异往往非常大。群体习性以个体习性为基础，而个体习性则是建立在本性和生性基础之上的，离开了本性和生性，个体习性的形成也就成了空中楼阁。

无论是个体习性还是群体习性，都是可以塑造的，但是个体习性有其内在的心理和生理基础，有些内容是先天预成的，难以改变，因此塑造难度比较大，有时候甚至无法做到。但群体习性的塑造则相对容易，因为人们在群体中会发生相互作用，形成群体的压力和群体的文化，从而带动整个群体的变化。管理工作在某种意义上来说，就是在塑造群体习性，使之有利于管理目标的实现。

儒家管理思想在本质上就是要用周礼来塑造人的习性，通过塑造个体习性，把普通人变成君子，甚至变成圣贤；通过塑造群体习性，把普通群体变成和谐温暖、积极向上的群体。关于群体习性的塑造，我们将在第七章详细探讨。

二、人格

作为现代心理学术语，人格特指人的思维、情感和行为的典型模式，具有客观性和稳定性。前面我们说了，个体习性包括人格、德行和才能等方面。相比之下，人格是更能代表个体习性的因素，不容易被后天塑造。而德行和才能受环境影响大，容易被后天塑造，是管理者可以改变的因素。德行和才能的内容相对复杂，我们在后面会专门各用一章进行探讨。人格对管理活动意义重大，一方面人格是难以改变的，管理者在管理活动中需要理解人格、尊重人格，而不能指望改变人格，否则就很容易遭到挫折，另一方面人格对个体德行和才能的形成有巨大的影响，管理者的识人、用人、育人等工作都离不开对人格的深刻理解。

一般认为，人格是人类独有的、由先天获得的遗传素质与后天环境相互作用而形成的、能代表人类灵魂本质及个性特点的性格、气质、品德、品质、信仰、良心以及由此形成的尊严、魅力等。一个人的人格是在遗传、环境、教育等因素的交互作用下形成的。人格是由多种成分构成的一个有机整体，具有内在统一性，受自我意识的调控。人格统合性是衡量心理健康的重要指标。当一个人的人格结构在各方面彼此和谐统一时，他的人格就是健康的；否则，可能会出现适应困难，甚至出现人格分裂。人格决定一个人的生活方式，甚至决定一个人的命运，因而是人生成败的根源之一。当面对挫折与失败时，坚强者能发奋拼搏，懦弱者会一蹶不振，这就是人格功能的表现。当人格功能发挥正常时，就会表现为健康而有力，支配着人的生活与成败；当人格功能失调时，就会表现为懦弱、无力、失控甚至变态。个体在行为中偶然表现出来的心理倾向和心理特征并不能表征他的人格。俗话说"江山易改，秉性难移"，这里的"秉性"就是指人格。当然，强调人格的稳定性并不意味着它在人的一生中是一成不变的，随着生理的成熟和环境的变化，人格也有可能产生或多或少的变化，这是人格具有可塑性的一面，正因为人格具有可塑性，才能培养和发展人格。

西方的人格理论据说可以追溯到古希腊希波克拉底时期就有的人格的气质体液说。现代西方人格理论比较有名的有奥尔波特的人格特质理论、卡特尔的人格特质理论、大五人格理论、MBTI人格理论等。

MBTI人格理论是根据西方著名心理学家卡尔·荣格（Carl Jung）的研究成果建立的，是关于生性在心理层面上如何运作的一种很有洞见的观点。

荣格通过研究人们在认知和心理功能上的偏好，提出了描述不同的人格类型的八个维度、四对功能：外倾（E）与内倾（I）、感觉（S）与直觉（N）、思维（T）与情感（F）、判断（J）与感知（P）。

外倾（E）：外倾型的人倾向于将注意力和精力投注在外部世界，如社交场合、与人交往等活动中。他们通常比较开朗、活跃，喜欢成为焦点。

内倾（I）：内倾型的人则更关注自己的内心世界。他们在社交场合可能会比较安静，他们往往喜欢独处，喜欢通过安静的思考、阅读等活动来自我充电。

感觉（S）：感觉型的人注重通过五官（视觉、听觉、触觉、嗅觉、味觉）来获取信息。他们更关注具体的、实际的细节。他们也倾向于依靠已有的经验来解决问题。

直觉（N）：直觉型的人更侧重于抽象的、概念性的信息，关注事物的可能性和未来的趋势。他们能够快速地洞察事物背后的模式和意义。

思维（T）：思维型的人在做决策时，主要依据逻辑和客观的分析。

情感（F）：情感型的人在决策过程中会更多地考虑他人的感受和价值观。

判断（J）：判断型的人喜欢有计划、有条理的生活。他们倾向于快速做出决定，并且按照计划行事。

感知（P）：感知型的人则更灵活，他们喜欢保持开放的状态，对新的信息和变化持接受态度。

通过这四对功能的不同组合，可以得到 16 种人格类型，这就是 MBTI 人格理论。16 种人格就是 16 种典型的人的心理运作习惯。这种习惯对于一个人发展德行和才能具有重大的影响。对于其他人格理论，限于篇幅，我们不做介绍。

在中国传统文化中，人格具有很强的道德意蕴，以综合的形态展示人的价值取向、内在德行、精神品格。比如儒家的理想人格君子，就是知、仁、勇的统一体，既有仁爱的情感以及坚定、自主的意志，又与自觉的理性相融合，因而完美的人格表现为知、情、意的统一。

不过，中国古代很多经典虽然都涉及人格理论，但是基本上都与德行、才能搅在一起谈，像西方心理学那样单纯论述人格特质的很少见。

三、人性发展的动力机制分析

人性的发展变化，一方面受到外在环境的影响，另一方面也是有先天预成的动力机制来驱动的。当然，这个内在的动力机制是以生性层面先天预成的五要素结构为基础的。从管理学的角度来说，认识这个内在的动力机制是更加重要的，如果不了解这种内在的动力机制，那么人性的发展就会缺乏方向性和可预测性，对人的管理也会变得难以把握。

1. 对幸福和快乐的追求

我们前面谈到人性中有一个预成的内容，就是人人都追求幸福和快乐，这构成了人性发展的最基本的动力。并且，人们不仅会追求幸福和快乐，还会希望自己的幸福和快乐能够持久，能够最大化。幸福和快乐有所不同：快乐是比较短暂的情绪体验，常源于具体的事情，比如看一场喜欢的电影、吃美味的食物能让人感到快乐；幸福则是更持久、更深刻的情感状态，比如拥有亲密的家庭关系、实现自己的价值等都让人有幸福感，这种感觉相对稳定，是对生活整体的一种满足。

但是，人们对于幸福和快乐的认识往往有较大的差异。而且，人们只能了解自己体验过的幸福和快乐的感觉，对于自己从未体验过的幸福和快乐的感觉是很难衡量与评价的。比如儒家的孔颜之乐，这种幸福和快乐是大多数人从未体验过的。孟子说："反身而诚，乐莫大焉。"（《孟子·尽心上》）什么是"反身而诚"？如何做到"反身而诚"？没有"反身而诚"的功夫，就很难体会孟子说的那种"乐莫大焉"的感觉。

正因为有一些幸福和快乐感受是人们从来没有体验过的，所以人们如果想让自己的幸福和快乐最大化，就需要增加自己的见识，丰富自己的体验。这样才知道什么东西是值得追求的，什么东西是不值得追求的，什么东西是够用就好，什么东西是越多越好。这样人们才有可能制订出一个相对合理的，真正有可能让自己的幸福和快乐最大化的行动计划。

在没有对世间所有的幸福和快乐有所体验时，人们对幸福和快乐的理解本质上就是三观问题。例如，对于信奉儒家思想的人来说，幸福和快乐最大化的方法就是内圣外王，即成就圣贤人格，获得不依赖外界事物的内在的幸福和快乐境界，同时，成就一番有利于社会的事业。

在管理活动中，统一人们对幸福和快乐的理解是非常重要的。只要把人们追求幸福和快乐的这种本能调动起来，管理活动就会变得自动且高效。

2. *需求的层次*

人们追求幸福和快乐有一个重要的规律，就是人们对幸福和快乐的感受与人们当下的需求有密切的关系。比如一个人在沙漠中非常渴的时候，得到一杯水带来的幸福和快乐感受肯定远远超过平时得到一桶水带来的幸福和快乐感受。关于人的需求，在管理学中有一个马斯洛需求层次理论，可以帮助我们分析人的需求的变化规律。

马斯洛认为人有五层需求。第一，生理需求。生理需求包括对食物、水分、空气、睡眠等的需求。生理需求往往与肉体有密切的关系。对于意志力薄弱的人来说，生理需求具有强大的力量。第二，安全需求。安全需求包括追求稳定和安全的生活，希望自己能够得到保护，免除恐惧和焦虑等。第三，社交需求。社交需求也被称为归属和爱的需求，包括一个人不愿意孤独，希望与其他人建立亲密感情的需求，比如交朋友、追求爱情。第四，尊重需求。尊重需求包括希望获得他人的尊重，能够有尊严地生活，为此自己需要有成就，能够独立，能够掌握一些资源或技能等。第五，自我实现的需求。这个需求相对复杂，分为四类：一是认知需求，比如满足好奇心，去探索未知，寻求人生意义；二是审美需求，比如欣赏和寻找美，获得快乐、内在愉悦、平衡等；三是实现世俗的理想的需求，比如人们追求实现自己的能力或者潜能，并使之完善；四是实现超越的理想的需求，比如一个人有着超越个人自我的价值观，其动机体现在拥有神秘的经历，以及在自然体验、审美体验、为他人服务、追求科学等方面获得某些独特的感受和经历。

前面的生理需求和安全需求一般被认为是相对低级的需求，后面的

103

需求是相对高级的需求。一般情况下，人们首先追求低级需求的满足，低级需求满足之后，人们才会去追求高级需求的满足。中国古代也有类似的说法，比如《管子·牧民》说"仓廪实则知礼节，衣食足则知荣辱"，实际上就是把人的需求简单地分成了低级和高级两个层次。一般情况下，低级需求的满足具有优先性。

低级需求相对简单，基本上都是物质层面的，比如饿了要吃饭，冷了要穿衣服，晚上要有地方睡觉等，这些需求基本上都可以从物质方面予以满足。但是高级需求就相对复杂了，特别是自我实现的需求，其与人们的三观有密切的关系，有的人需要有权才能满足其自我实现的需求，有的人则需要出名才能满足其自我实现的需求。人们先满足自己的低级需求，然后去追求自己更高级的需求只是就一般情况而言，如果高级需求特别强烈，人们也可能只要部分满足低级需求，就会去追求高级需求。比如，有的人为实现自己的理想，不怕牺牲，只要饿不死就会全力以赴地去追求自己的高级需求，对生理需求和安全需求的要求非常低，可以轻易满足。还有的人自我实现的需求是成为某个领域的权威专家，为了满足这个需求，他可以放弃社交，降低对生理需求和安全需求的要求。

马斯洛对自我实现的需求特别重视，他认为个体之所以存在，之所以有生命意义，就是为了自我实现。他研究了很多名人，提出人们在自我实现的过程中往往会产生一种所谓的高峰体验。人们只有在生活中经常产生高峰体验，才能顺利地完成自我实现。马斯洛说这种体验是瞬间产生的、压倒一切的敬畏情绪，也可能是转瞬即逝的、极度强烈的幸福感，甚至是欣喜若狂、如痴如醉、欢乐至极的感觉。许多人都声称自己在这种体验中仿佛窥见了终极的真理、人生的意义和世界的奥秘。人们好像是经过长期的艰苦努力和紧张奋斗而到达了自己的目的地。

3. 其他动力

人性中先天预成的好奇心和惰性，也是人性发展的重要动力。好奇心是指个体对自己不了解的事物感到新奇而产生兴趣、进行探究的一种心理倾向。比如小孩子看到之前没见过的小昆虫，就会凑过去观察，这就是好奇心的体现。好奇心是人的本能。从进化角度看，原始人类需要不断探索环境来寻找食物、住所，躲避危险。这种探索的欲望经过漫长的进化，成为人的本能。而且大脑的结构也支持好奇心，对新事物的好奇能激活大脑的相关区域，激励人们去学习新知识、探索新环境。比如一些科学研究者，即使他所在的单位没有给予他任何激励，他也会主动去进行研究探索，这背后就是好奇心在驱动。

惰性是一种心理上的状态，是指因主观上的原因而无法按照既定目标行动的一种倾向。具体表现为拖延、懒散，不愿主动去做事情或者不愿意付出努力改变现状。可以说人人都有惰性。这是因为人的本性倾向于选择轻松、舒适的方式。从生理角度讲，大脑会偏好节能模式，尽量减少能量消耗。不过，不同的人的惰性程度不同，有些人能够依靠强大的意志力和自我管理能力去克服惰性，而有些人则可能比较容易受惰性影响。

第三节　从人性到管理

一、从人性到个体心理与行为

人性论和管理之间的关系是本书的核心。从人性论如何发展到管理理论，这里必定存在一个逻辑链条，如果不能明确这个逻辑链条，我们就很难精确地把人性论思想运用到管理实践中去。

首先，我们管理的对象是人，具体而言就是人的思想和行为。而人的思想和行为受到内外两方面因素的影响。如果从向内看，人的思想和行为自然是受到人的心理和生理的影响，而心理和生理都是建立在人性的基础之上的。所以，我们先要认识人性，认识人的基本特性、所有人的共性，了解人普遍具有的心理结构和生理特征。通过这些，我们才能够全面系统地理解人的基本心理和生理。

全面系统地理解人的基本心理和生理之后，我们就认识了人与人之间的共性，接着就要了解人与人之间的差异了。人与人之间的差异在生性层面就有基础，但在人们的生活与工作中，差异将不断地发展变化，从而形成明显的差异。我们把人与人之间后天可以被经验到的差异，称为习性差异。因为它主要是后天习惯造成的。

习性差异分为个体本身独有的生性差异发展而来的习性差异（即个体习性差异）和个体在群体生活中因正式或者不正式的教化和学习而形成的群体习性差异。也就是说，人与人之间的差异如果排除生理方面的差异，比如男女的差异、年龄的差异、身体素质的差异等，就主要表现为个体习性差异和群体习性差异。换句话说，人的生性多数是相同的，但人与人之间还有不少生来就有的差异，这些差异在后天个体的生活中会不断发展，形成个体习性的差异。个体习性的差异一方面是生性的差异在个人生活中不断发展而形成的，另一方面也与其受到的教育和所处的文化环境有关。前者所形成的差异，是真正的个体习性差异。人们的个体习性差异大多可以归纳为有限的几种或者十几种不同的类型，在心理学上称为人格理论。而后者实际上是一种文化现象，是一种群体习性差异。

个体在后天的生活中不仅会形成自己的人格，还会发展出自己的德行和才能。人格决定了个体习惯的从心理到行为的生活模式。德行代表了他的内心是否容易平和、宁静、快乐，对他人和社会是有更多建设性还是更多破坏性。而才能则决定了他在什么领域容易获得成就。三者都是个体习性的重要构成部分，相互影响，又相互独立。相比之下，人格具有相对的稳定性；德行可以不断发展，也可以倒退；而才能是可以不断发展的。

管理者如果能够全面了解被管理者的人格类型、德行和才能，就能把被管理者放在合适的位置上，从而让其发挥出最大的作用。同时，全面了解一个人的人格类型、德行和才能，还能在特定的情境下分析其可能出现的心理和行为。

一个人从心理活动到采取行动，大体上存在三个阶段，每个阶段都存在生性结构要素的相互作用。

第一阶段：认知与学习阶段，解决"是什么"的问题。这个阶段主要是人的理性在主导。理性发展到什么程度，认识水平就能达到什么程度。这个阶段也伴随着感性的参与，而且感性还会经常先于理性发生作用，比如看到一个事情、一种现象，我们往往不是马上就进行理性的分析，而是先出现喜欢或不喜欢的感觉。

第二阶段：情感与评价阶段，解决"要不要""该不该"的问题。这个阶段主要是思考是否值得做的问题。理性和情感同时在主导这个过程。因此，人们容易陷入纠结，比如理性觉得应该这样做，但情感上无法接受；或者情感上很喜欢，但理性告诉自己不应该这样做。

第三阶段：意志与行动阶段，解决"如何做""自己具体该如何行动，如何落实"的问题。经过情感与评价阶段之后，人就开始决策自己下一步应该采取什么行动了。前面两个阶段都是在个体心中进行的，而在这个阶段要行动了，自己的行为很可能对周围的人产生影响。因此，个体必须评估自己打算做出的行为对其他人的影响。如果个体的这种评估能力很差，那么这种人在群体中将很容易被排挤和打压。因此，这个阶段不仅是一个将思想落实到行为的阶段，也是个体与群体相互影响的阶段，个体只有不断地在个体视角、他人视角和群体视角之间进行转换，才能让自己的行为获得一个自己期望的结果。也就是说，个体将不得不考虑其他人对这个事情的情感和评价是怎样的，他们会对自己的行为做出什么反应等。所以，在这个阶段，还会不断地返回上面两个阶段进行深入的认知与学习、情感与评价等活动，直到个体经过评估，认为自己采取某种行为带来的正面收益大于负面后果，这时才会采取行动；反之，个体则不会采取行动。

因此，个体在情感与评价阶段即使对某个事情很认同，有意愿做出某些行为，但是最后也可能没有产生这些行为；或者对某个事情并不认同，不想做出某些行为，但是最后也可能产生了这些行为。情感与评价阶段中明确肯定的想法与最后产生的行为不一致的情况有很多，大体上可以分为以下几种。

第一，从众行为。也就是看别人如何做，自己也跟着做。之所以产生从众行为，也有多种情况。最常见的就是个体的理性能力不足，自己无法判断，但又必须有所行动，这时最容易从众。普通民众面临一些比较重大的决策时，因为眼界和接触到的信息有限，自己往往很难判断，从众就成为最简单有效的选择。但是，从众的结果也可能会让自己后悔。要解决这个问题，必须进一步发展个体的理性能力。另外，在情感与评价阶段，当理性分析和道德情感有冲突，个体陷入纠结时，往往也容易产生从众行为。

第二，能力不足。个体可能主观上愿意做出某种行为，但发现自己的行为没办法产生预期的效果，继而选择了不作为。也就是个体在前面两个阶段已经想明白了，确信自己想做出某种行为，但是，可能是自己的体力或能力不足，或者无法组织团队、无法获得资源，或者屈服于外界的压力，比如上级或者重要权威人士的压力等，导致自己没有做出想做出的行为。

第三，事不关己，高高挂起。当个体认为这个事情不是很重要或者价值不够大时，个体可能就仅仅停留在想想而已的阶段。也就是有一定的想法，也有一定的意愿，但不去行动。

第四，本能行为。在遇到一些紧急情况时，人下意识做出的本能行为可能与平时的想法完全不一致。还有在喝了酒之后，人们的行为也可能与平时理性思考和判断之后做出的行为完全不一样。

第五，潜移默化的伦理道德文化的影响。比如下班后身体疲惫的年轻人在公交车上看到老年人或小孩子时，没有立刻起身让座，但受到尊老爱幼这一传统伦理道德文化的影响，短暂犹豫后还是选择让座。

第六，个性。比如冲动鲁莽的性格会使人们不思考就直接做出某些行为，之后又后悔，觉得自己如果好好思考本来是不会这样做的。

从上述导致个体的思想与行为不一致的几种可能原因来看，大体上可以分为内因和外因。比如个性、本能、态度、能力等都属于内因，而从众行为则属于外因。

二、人性、价值观与伦理道德

从上一节对个体心理与行为的分析来看，个体从心理过程到采取具体行为的整个过程都是受到个体的价值观和伦理道德影响的。个体的价值观和伦理道德虽然与后天的教育以及工作生活经历有密切的关系，但它们都是建立在人性基础之上的。偏离人性的价值观和伦理道德是不可能长期有效的。

价值观是人们对事物价值大小的一种认知和判断。伦理道德是价值观在个体行为规范上的体现。个人的价值观可以是多元的，但是在一种文化背景下，社会往往会有主流价值观或者官方倡导的价值观。常见的价值观有四类。

第一，人生价值观。人生价值观是关于人生的目的、意义等方面的观念。比如有人认为人生的价值在于奉献，也有人觉得人生的价值在于追求个人的快乐和享受。在中国传统文化中，儒家认为追求内圣外王才是人生最有意义的事情。当代一些人的人生价值观可能是出人头地，成为某个领域的成功人士等。

第二，道德价值观。道德价值观包括对善恶、对错、公正与偏私等道德观念的看法。常见的道德价值观有六种，我们将在后面做详细的介绍。

第三，社会价值观。社会价值观包括个人对社会制度、社会秩序、社会角色等诸多方面的价值判断。比如由于对社会责任的认知不同，有人积极参与社会事务，觉得自己应该为社会的进步添砖加瓦，而有人却对社会事务比较冷漠。党的十八大提出的24字社会主义核心价值观，即"富强、民主、文明、和谐，自由、平等、公正、法治，爱国、敬业、诚信、友善"，就属于社会价值观。

第四，职业价值观。职业价值观是人们对待职业的一种信念和态度。比如，有人看重职业带来的成就感，如科学家以取得科研成果为荣耀；有人则更注重职业的经济回报，如一些销售人员把获得高收入当作职业的主要追求目标。职业价值观与职业道德有密切的关系。社会对某些职业有较高的职业道德期待或要求，比如从事医生职业的人应该具有救死扶伤的使命感，从事教师职业的人应该具有学高为师、身正为范的个人品德等。

人性是个体和群体的伦理道德形成的基础。而个体和群体的伦理道德贯穿了管理的全过程，既是管理的重要基础，又是管理的重要工具，还是管理的重要目标。可以说，伦理道德是人性与管理之间的基本桥梁。因此，理解伦理道德与人性以及管理之间的关系非常重要。

个体和群体的伦理道德与个人生活经历以及文化环境有密切的关系。不同的社会文化往往会有不同的伦理道德观念。常见的伦理道德观念基本上都可以用六种价值观来解释。这六种价值观也可以称为伦理道德判断的六种不同工具。

1. 利己主义

利己主义的基本特点是以自我为中心，以个人利益作为思想、行为的原则和道德评价的标准。从利己主义的角度来看，判断一个行为是否符合道德，就看这个行为是否能给行动者带来最大利益或最大幸福。然而，什么样的结果才符合行动者的最大利益或最大幸福呢？人们的价值观、文化传统以及人们对行为后果的预测能力都会影响这种判断。最大利益、最大幸福的计算还与对时间长度的设定有关。有些行为在短期看是对自己不利的，但从长期看却是非常有利的。如果一个人的各种行为只为追求自己眼前能够看到的、比较确定的利益或幸福的最大化，就必然导致自己在追求利益或幸福最大化的过程中很容易与他人的利益或幸福发生冲突，而这种冲突往往会在中长期伤害行动者自身的利益或幸福。因此，从本质上来说，短视的利己主义并非真正的利己主义，而是一种缺乏理性的行为。

伦理学上的利己主义都是指开明的利己主义。开明的利己主义者重视两方面的平衡。第一，个人短期利益和中长期利益的平衡。为了自己的整个人生都能够实现利益或幸福的最大化，他们可以牺牲自己的短期利益，可以为了自己将来的利益而选择利他的行为。因此，开明的利己主义者可以在很大程度上避免出现损人利己的行为。第二，个人物质利益和精神追求的平衡。人们在物质层面的需求可能每个人都差不多，每

111

个人都需要吃饱穿暖、住舒适的房子等。而在精神层面的需求上，人与人之间的差异非常大。需要注意的是，利己主义中的"己"不一定就是单独的个人，如果一个群体有着较强的凝聚力，也有可能像单独的个体一样进行利己主义的决策。

由于人们有内在的动力去追求自身的最大利益或最大幸福，所以利己主义很容易被人们接受。而且，通过对自己与他人相互依存关系的分析，人们很容易摆脱极端利己主义思想的束缚，而不至于去做损人利己的事情。

然而，奉行利己主义的个体，虽然可能表现出利他与合作的行为，但他们最终要实现自身利益的最大化。他们不会选择那些从短期和中长期来看，都对自己不利，但是对他人或社会有利的事情；如果他们认为一件损害他人或社会的事情从短期和中长期来看都对自己有利，或者综合计算短期和中长期利益后发现能使自己的总体利益实现最大化，那么他们就会做这件损人利己的事情。

2. 功利主义

功利主义把产生大的功效或利益的行为视为善，产生小的功效或利益的行为视为恶。功利主义对一个行为是否道德的评价原则是：一个行为在道德上是正确的或者是正当的，当且仅当该行为能够给全体利益相关者的最大多数人带来最大利益。诸如"两利相权取其重，两害相权取其轻""实现最大多数人的最大幸福"等理念都属于功利主义思想。功利主义注重决策行为的最终结果，并对这种行为结果所产生的功效或利益进行量化，同时加以道德判断。

功利主义作为社会或组织中各个利益集团公开博弈时普遍认同的原则，是非常合理而积极的。各个利益集团在追求自身利益时，如果能够考虑最大多数人的最大利益，无疑是有利于整个社会的发展和进步的。

此外，作为个人私德的功利主义，也有其存在的价值。它会使一个人做出对团队、对组织工作尽心尽责的行为。因此，很多人非常赞同功利主义，在很多情况下，人们也确实会按照功利主义的原则去行事。

但不是所有人都能够认同功利主义的基本理念。首先，因为功利主义要求，为了有利于最大多数人的最大幸福，个人在必要的时候应该自我牺牲；而在实践中，往往只有一小部分道德高尚的人才能做到。功利主义还要求人们在自我幸福和他人幸福发生冲突时，应当采取中立的态度，保持不偏不倚，看看谁的幸福更大，进行取舍；但实际上，在很多情况下，人们很难做到中立客观。比如有一个著名的伦理学问题，其内容是：假设你驾驶一辆自己无法使其停下来的有轨电车，即将撞上前方轨道上的5个检修工人，他们根本来不及逃跑，除非你改变轨道。但是，备用轨道上却有1个人，那么，是否可以通过牺牲这一个人的生命而拯救另外五个人？大部分人往往会回答"是"。然而，把题目做些变化，比如，一侧是著名科学家爱因斯坦，另一侧是5个检修工人，或者一侧是自己的父亲，另一侧是5个乞丐。这时，先前回答"是"的人，就不一定能够坚持自己以前的选择了。

其次，最大多数人的最大幸福几乎是无法计算的。因为人们的诉求并不一致，根据马斯洛的五层需求理论，每个人的需求层次存在差别，有的人可能追求物质条件，有的人可能追求被尊重，还有的人可能追求自我实现，等等。不同层次的需求得到满足的幸福感可能无法换算。有时候人们对最大幸福的认知可能是完全错误的。比如，怎样看待人们在相互歧视或者损害别人的自由以提高自己的尊严中得到快乐的行为。判断一个行为产生的结果是否符合最大多数人的最大幸福是非常困难的。人与人之间的行为会互相影响，存在无法预测的蝴蝶效应；所有的人都可能成为某件事情的利益相关者。

再次，即使最大幸福可以计算，合理分配也是非常困难的。追求最大多数人的最大幸福，不仅应该包含为最大多数人争取幸福或利益的行为，也应该包含分配这种幸福或利益的行为，不然就不能算是追求最大多数人的最大幸福。然而，这个过程极其困难。

最后，功利主义可能导致允许社会上多数人或者以多数人的利益为名去侵害少数人的利益。在一些功利主义者看来，为了多数人的利益，牺牲少数人的利益是合理的。如果我们以旁观者的身份来看这个观点，可能会觉得这种观点具有一定的合理性。但是如果我们就是那些将要被牺牲的少数人，我们可能就会觉得很不公平，为什么是牺牲自己，而不是他人。

3. 道义论

道义论把"权利""义务"或"职责"等概念作为判断行为或决策是否道德的核心，主张判断人与行为是否道德，依据的不是行为的结果，而是行为本身或行为所依据的原则。西方道义论的代表人物是康德。康德认为人之所以会讲伦理道德，是因为人生来就有善良意志。善良意志是超越常人的、具有普遍性的特殊意志。善良意志会对人发出命令，这就是绝对命令。绝对命令有三种基本规则。第一，主观的准则成为客观的法则。要只按照你同时认为也能够成为普遍规律的准则去行动，这个法则类似于中国人所说的"己所不欲，勿施于人"。第二，如果行动中需要把人当手段，必须记住人首先是目的，也就是必须以人为本。第三，每个有理性的人的意志的观念都是普遍立法意志的观念，也就是每个人都应该是平等的。康德认为，道德行为的本质在于出于义务，而非行为的结果。只有当行为是出于对道德法则的尊重时，它才具有真正的道德价值。换句话说，判断一个行为是否为道德行为，其标准是建立在理性和义务基础之上的，而非其他。人们有四种基本的道德义务：其一，诚信，如做买卖童叟无欺，这被称为对他人的消极义务；其二，不放弃自己的生命，这被称为对自己的消极义务；其三，帮助他人，这是对他人的积极义务；其四，增进自己的幸福，这是对自己的积极义务。

道义论从个人的道德意识出发，考虑这个人的行为动机是否合乎道德的基本要求，如果符合就可以判断这个人的行为是合乎道德的。道义论也不需要像利己主义和功利主义那样花过多的精力去考虑各种利益如何平衡，长远利益与短期利益如何计算。道义论从权利和义务相一致的角度来构建社会伦理道德体系，只要把不同人群的权利和义务明确，那么社会的伦理道德规范也就明确了。因此，道义论在应用过程中显得非常简单和实用，实际上当代许多国家的社会伦理道德规范都是用道义论建构的。

但是，道义论认为道德与幸福无关，不符合人性，很少有人愿意为道德而道德。按照康德的观点，如果没有来世，道德的本质不是幸福，只是一种义务。遵守道德是一个人作为人的属性，是人和动物的区别之一，遵守道德不一定会带来幸福，道德和幸福是不一致的。不过，康德同时提出，假设有灵魂，并且有上帝的存在，那么上帝作为公正的审判者，会让有道德的人在来世拥有幸福，在这种情况下道德和幸福就是一致的，即有德者必有福，有福者必有德。显然，这种观点不能为所有人认同。此外，每个人对道德律令的认知是不同的。一些基本的道德要求，可能人人都能认同，但是一旦具体到具体情况，人们在"度"上的把握就往往各有标准。比如孔子认为父母去世后服丧三年才符合道德律令，但其学生宰予就不这样认为。因此，道德判断的标准很难统一，或者说每个人的道德感是不同的。高境界的道德感是需要长期培养的，但人们受到的教育不同，先天带来的习气不同，所以道德感也有差异。另外，不同的文化也会对道德判断产生影响，比如，人们都认同每个人都具有人权，但是人到底具有哪些基本权利和基本义务，也往往会有很多争论。

4. 正义论

正义论进行道德判断的准则是一个行为在道德上是正确的或正当的，当且仅当它符合正义或公平的原则。正义是人类社会普遍推崇的价值，是指具有公正性、合理性的观点、行为、活动、思想和制度等。

正义论的代表人物是约翰·罗尔斯。他把所有的社会价值分为两大类：人的基本权利和财富。针对这两类价值，他提出了两个基本的正义原则。第一，除了从事一些特殊职业的人，正常的成年人都应该拥有相同的权利和义务。不可以出现某些群体拥有更多的权利，承担较少的义务，而另外一些群体拥有较少的权利且承担较多的义务，这样的政策或制度是不正义的。第二，在机会公平、平等的条件下，职务和地位向所有人开放，保证具有相似动机和才能的人具有大致平等的教育和成就前景，以消除社会出身造成的经济不平等。为了保证这个原则，实行义务教育、遗产税等政策都是正义的、合乎道德的，而歧视制度是非正义的、不合乎道德的。然而，收入和财富不可以平均分配，因为每个人的能力不同，努力程度不同，自然应该获得不同的收入，但是这种不平等分配必须受到限制，即这种分配要有利于社会中的最少受惠者或者说要给予弱者一定的照顾，以消除自然禀赋差异造成的经济不平等。具体而言，就是每个人的能力有差异，即使消除了社会出身造成的经济不平等，不同能力的人在经过自身的努力之后，收入也会有巨大的差距，能力强的人可能获得非常优越的生活条件，而能力差的人即使很努力也有可能生活非常贫困，因此，实行高额累进税、高福利等社会政策才是正义的、合乎道德的。

除了罗尔斯的正义原则之外，还有几种正义原则比较有影响力，它们分别是资本主义正义原则、自由主义正义原则、社会主义正义原则等。限于篇幅，我们不做过多的阐述。正义论从专家、学者们对正义的论述与判断出发，认为一个人的行为或一项政策只要符合正义的标准，就可以判断其是合乎道德的。由于不需要花过多的精力去进行复杂的利益计算，因此显得简单和实用。但处于不同社会地位、阶层的人对于正义的标准往往是不同的，不同的文化传统对于正义的理解也会有大的差异，所以关于正义标准的争议很难消除。

5. 美德论

美德论又称为德性论或品德论，它主要研究作为人所应该具备的品德、品格等。具体来说，美德论探讨道德完人所具备的品格以及告诉人们如何成为道德上的完人。儒家思想一般被纳入美德论的范畴。美德论认为道德主体即使做出了正确的道德选择，并履行了义务，也并不必然地说明他是具有美德的人。一个具有美德的人，经常会做出有道德的事情，因为他的内在品格具有相关的特质，使他能够自律地去遵守伦理道德规范，这种内在的特质就是美德。即使在没有外在的具体规范、制度约束的情况之下，在既有的规范、制度已经不适应、不够用之时，美德也可能引导个体寻求和实现应有的道德价值。

美德论充满了人性关怀。如果一个社会或一种文化能够持续地造就出一大批有道德的好人，那么社会道德水平就能从根本上得到保证。

但是，人们只能根据一个人表面上的行为来判断其是否具有某种美德，而人的行为并不一定具有一致性，人会伪装，人会不断地发展变化。一个人的人品好坏，往往盖棺才能定论。除此之外，一个具有某些美德的人并非就是一个善人，也不一定会经常做出善的行为，而一个缺乏美德的人也不一定就不会有善举。比如春秋五霸之一的齐桓公是一位英明的君主，但他自曝自己缺乏美德，说自己贪财、好色、贪吃美味。

6. 关怀论

关怀论强调体验和关心人们的欲望、需要和情感，对待他人要仁慈，要富有同情心，即强调对道德情感的体验和激发。道德情感一般被认为是人所特有的一种高级情感，它对道德认识和道德行为起着激励和调节作用。关怀论强调培养人们积极向上的道德情感，包括正确的爱憎感、成就感、荣誉感、义务感、使命感、责任感，鼓励人们追求生活中的美感、愉快感和幸福感，使人与人之间产生更多的"关怀"——符合道德的行为。《论语·子路》有一个故事："叶公语孔子曰：'吾党有直躬者，其父攘羊，而子证之。'孔子曰：'吾党之直者异于是：父为子隐，子为父隐，直在其中矣。'"叶公告诉孔子自己家乡有个正直的人，他的父亲偷了人家的羊，他告发了父亲。但孔子却表示不认同，因为父子之间具有亲情，应该相互关怀，所以，对外要"隐"，父为子隐，子为父隐，家丑不可外扬；儿子可以提醒父亲这样做不对，促使父亲觉悟，但不可以直接去告发父亲。如果父亲因此被罚或被收监，直接的后果就可能是家庭解体，父子反目。虽说儿子得了"直躬者"的称号，受到官府的称赞，但就这个家庭来讲，已经不是从前的家庭了。如果政府还提倡这种行为，那么整个社会就会变得亲情淡薄。

关怀论重视对情境的分析，认为道德必须体现为具体的东西，即特定社会中的特定行为，体现在特定社会的规范之中，而不能被理解为抽象的原则。

关怀论认为，如果一个行动能够激发或者唤醒行动者的道德情感，那么即使这个行动与个人利益、群体利益或者某些权利、义务相悖，也仍然可以认为这个行动在道德上是正确的或者是正当的。从这个角度来看，关怀论不能算是一个单独的伦理道德理论，它并不反对其他的伦理观点，而是认为在某些具体的情境下，如果仅仅依靠目的论或者义务论进行道德判断，反而可能带来人们的道德情感的损伤，从而影响人们的道德判断和道德践行，因此，需要关怀论来帮助判断。

所以，关怀论被视为其他伦理观点的一种补充，在很多情况下，仅仅依靠关怀论的观点进行道德评价，往往会显得非常吃力。另外，关怀论要求人们能够推己及人，按照"老吾老以及人之老，幼吾幼以及人之幼"的方式去关怀更多的人。但是，这种推己及人并不是每个人都能够轻松做到的。有时候关怀论不仅不能得出让人信服的道德评判，还会被人认为是存在偏袒的或者是不公正的。而且，关怀论在应用过程中有可能与正义、公平以及效率等产生矛盾。比如，一位领导者有几位下属，他们都同样优秀，但是其中一位是领导的亲戚，如果领导者按照关怀论的要求，优先提拔或者照顾这位亲戚的话，无疑会给其他的下属带来不公平感。

7. 人性论模型与伦理道德

综上所述，针对同一个伦理问题，不同的思路可能会得出不同的道德判断，这也是人们的伦理道德观念冲突产生的根本原因。从我们构建的人性论模型来看，这六种思路都有其成因，明确了其形成原因，就能有针对性地化解人们的矛盾，从而更好地实现管理目标。

根据我们的人性论模型，每个人都有良心和私心。当一个人的私心强于良心，并且私心与理性结合得比较紧密时，这个人就是一个利己主义者。

当一个人的良心彰显时，人是愿意去帮助他人的，从而感受到良心安宁带来的快乐，提升自己的素质，成为一个拥有美德的人。这就是美德论能够成立的根本所在。

利己主义和美德论主要是针对个体伦理道德进行分析。而在群体决策时，人们很容易认同做出一种行为或一项决策时应该考虑最大多数人的利益这样的观念，这就是功利主义。

但是，如果这项决策虽然符合最大多数人的利益，但损害自身利益时，功利主义就会与利己主义发生冲突，很多人就不愿意按照功利主义的原则行事。

利己主义发展到极致时，每个人都完全考虑自己的利益，不考虑他人的利益，就有可能出现霍布斯所描绘的人人互相攻击、人人自危的情况。为了避免这种情况，人们在群体生活中就需要根据每个人内心的道德意识和群体生活的需要，设计一系列相关契约，约定人们之间的权利和义务，并且让权利和义务相一致，从而使群体生活变得可能，这就是道义论。

另外，人们发现仅仅规定权利和义务还不足以使群体生活变得和谐美好，群体中还应考虑分配的公平与正义，并且倡导人与人之间的相互关怀，这就使正义论和关怀论得以出现。

大体上，分析个人道德自律时我们常常用利己主义或美德论，分析群体伦理规范时我们常常用功利主义和权利义务论，并且在必要的时候用正义论和关怀论做补充。当然，这种适用范围仅仅是一种大体上的情况，不存在严格的区分。

这六个伦理道德分析工具与人性之间的关系，可以用图 3-1 表示。

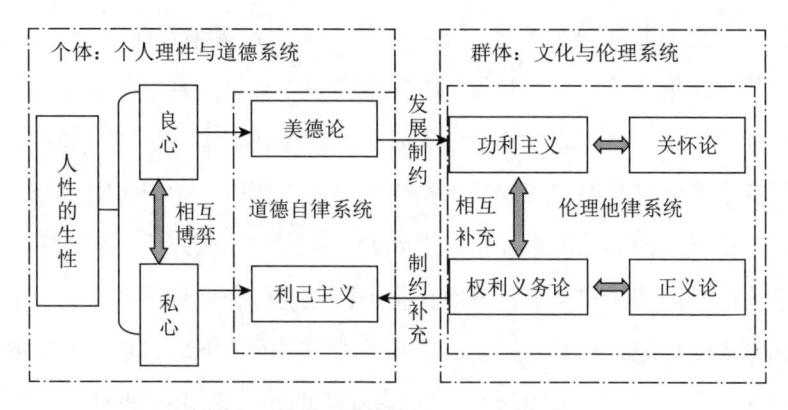

图 3-1　伦理道德分析工具与人性之间的关系

三、从个体管理到组织管理

管理者在系统了解个体的人格、德行和才能等方面之后，可以在一定程度上预测个体的心理和行为，继而做好对个体的管理。这里说的个体管理是管理者对被管理者的单向管理。而在实际的管理活动中，管理者和被管理者是双向的互动关系。所以，真正的个体管理，既有管理者对被管理者的单向管理，还有管理者和被管理者之间的互动管理，以及他们各自的自我管理。

在实际的管理活动中，管理者往往与多个被管理者进行双向互动，而被管理者之间也会进行双向互动。他们在不断的互动中展开合作，从而推进整个管理活动。为了搞好这种互动与合作，管理者就必须研究个体与个体之间的关系如何定位。西方管理学研究组织中的人际关系时，往往就是单纯地思考在组织中个体与个体之间的关系如何定位，比如上下级的关系如何定位、同级关系如何定位、合作伙伴关系如何定位等。但是，中国传统管理却考虑到组织中人与人之间的关系可能是多种关系的复合，比如有的组织是家族企业，上下级关系中可能夹杂了父子关

121

系、夫妻关系、兄弟关系等。上下级关系是工作关系，而父子、夫妻、兄弟关系是伦理关系，有时候还有朋友关系、师生关系、同学关系等也掺杂其中，从而形成非常复杂的人际关系，导致亲情、爱情、利益、合作、竞争等诸多问题和管理活动交织在一起。所以，中国传统管理思考如何把伦理道德情感融入人与人之间的关系定位，从而让人与人之间减少矛盾，增加信任和关爱，继而让整个群体变得和谐有序。因此，中国传统管理往往把家庭里的父子关系融入组织里的上下级关系，把兄弟关系融入朋友关系以及同事关系，把家庭中的很多观念拓展到中小型组织，把家族中的很多观念拓展到大型组织。也就是说，中国传统管理不会单独研究一个抽象的组织如何管理，而是研究现实的组织当中各种活生生的人与人之间的关系如何管理，这样才能推动整体的发展。所以，管理者不仅要研究一般意义上的人际关系，还要研究人伦关系、人脉关系，研究不同群体的特点，继而才能做好组织管理。因为，所有这些问题在组织管理活动中都可能遇到。

组织本质上就是一群人为了各自的利益而进行长久合作的一种形式。为了保证合作的有效性，会形成一系列规章制度来定位人们之间的权责利关系以及做事的流程等。因此，要搞好组织管理，必须把个体的人研究清楚，再把个体与个体之间的关系以及群体的特点等问题研究清楚，最后才考虑组织问题。如果不能把上述问题很好地解决，而直接研究组织问题，那就是搭建空中楼阁，即使花了很大力气，也往往不尽如人意、事倍功半。我们只要撇开抽象的组织概念，就会发现组织本质上是不存在的，存在的是若干个体、若干团队、若干利益集团以及若干乌合之众，这些不同个体或小群体之间的合作往往是暂时的，而他们的竞争与博弈是永恒的，这就是组织政治问题。在解决组织内部管理问题时，组织应该被拆解为若干个体、若干团队、若干利益集团以及若干乌合之众。而在应对外部压力时，我们则可以把组织视为一个整体。

第四章
心、身管理

第一节 传统文化对心、身的认识

一、心的概念

什么是心？"心"字的甲骨文非常像人或动物心脏的轮廓，里面还有斜线表示心脏肌理和血管纹络。现代汉字"心"是三点水，中间有一个类似装水的容器，但是只有一点水在容器内，两点水在外面，可以说是非常形象。一方面，这个字非常像心脏工作时的情形，心脏在不停地跳动，不断地向外泵血，心脏内的血比较少，心脏外的血很多。另一方面，我们的心总是不断地妄想，难以安静，就像一个装着水的容器，在不停地晃动，导致容器中的水面无法平静，还不时地泼溅出来几滴水。我们的心灵不断运作，从而形成了各种不同的状态，比如高兴、悲伤、忧愁、恐惧等心理现象。汉字造字时，与心理现象相关的概念基本上都有心字旁，比如意志、思虑、惭愧、想、愤怒、忧愁、怨恨、恼、惑等。《淮南子》云："夫心者，五脏之主也，所以制使四肢，流行血气。"《荀子·解蔽》说："心者，形之君也，而神明之主也，出令而无所受令。"形是形体，神明就是精神现象。所以心是形体的君主，又是精神现象的主导者。其他的器官都由他指挥，而不能指挥他。

因此，在中国传统文化中，心具有两重含义。第一，形体的主导者，即心系统，包含心脏血液循环和神经系统，这些是身体最核心的系统。第二，神明的主宰者，即我们的大脑和精神系统，也就是产生各种精神现象的系统。心的两重含义正说明身体和心理（精神）两方面是阴阳和合、对立统一的关系。

二、身心关系

在中国传统文化看来，身心是统一的。中医有"形神合一"的观念，即身体（形）和精神（神）相互依存、相互影响。身体的健康状况反映精神状态，精神状态也影响身体的健康状况。治疗疾病时不仅要治疗身体的症状，也要考虑精神因素。这种观念实际上也得到了现代科学的承认。

现代科学研究认为：第一，各种心理活动都有生理基础；第二，身体的生理状况会直接影响情绪；第三，情绪对身体机能会产生明显的影响。心理因素在身体康复过程中起着重要作用。例如，乐观的心态可以加速手术后患者的恢复。研究表明，心理上的积极预期能够影响身体的生理机能，促进伤口愈合和身体机能的修复。而消极的心理状态可能延缓康复进程。所以，我们研究心的管理时，有时候会涉及对身的管理，反之亦然。

第二节　心的管理

一、心的问题

我们的心是存在很多问题的。用儒家的话来讲，就是"人心惟危"。现代心理学对于心的问题的研究主要聚焦在情绪方面和一些不良的心理习惯或认知误区上。具体有以下几个方面。

第一，在生活中，我们很容易被各种事情激怒，被愤怒的情绪影响。比如，我们可能会因为同事的批评或者意见不合而大发雷霆。这种愤怒情绪一旦爆发，不仅会破坏我们与他人的关系，还会对自己的身心健康造成伤害。

第二，我们还常常会被焦虑的情绪影响。现代社会的快节奏和高压力使得焦虑成为许多人心中的常客。焦虑情绪会让我们的心处于一种紧张不安的状态，无法放松，甚至会影响到我们的睡眠质量和日常决策能力。

第三，生活中的挫折、失去亲人朋友等情况，都可能引发我们深深的悲伤和忧郁情绪。当我们陷入这种情绪时，心仿佛被一层阴霾所笼罩，对周围的一切都失去兴趣。这种情绪如果持续时间过长，可能会发展成抑郁症等心理疾病，让我们的内心世界变得灰暗无光，失去生活的动力和希望。

第四，我们的心常常被无穷无尽的欲望所占据。比如总是想要更多的房子、车子、金钱等。这种贪心让我们永远无法满足，即使已经拥有了很多，还是觉得不够。它会使我们陷入一种永无止境的追逐中，忽略了生活中其他更重要的东西，如亲情、友情和内心的宁静。

第五，在认知事物时，我们可能会盲目相信一些未经证实的观点或者迷信某种事物。比如，有些人容易被虚假广告所迷惑，相信一些所谓的"神奇产品"能够解决所有问题；或者在人际关系中，因为自己的偏见而对他人产生错误的判断，无法客观地看待别人的优点和缺点。这会让我们做出错误的决策，阻碍我们的成长和进步。

第六，我们取得一些成绩或者拥有某些优势时，很容易骄傲自满。比如，学生在取得优异的考试成绩后，可能会看不起成绩差的同学；职场人士在获得晋升后，可能会对同事颐指气使。这种心态会让我们高估自己的能力，忽视自己的不足，从而停止学习和进步。同时，骄傲自满也会引起他人的反感，破坏良好的人际关系。

第七，在信息爆炸的时代，我们的心面临着信息过载的问题。各种社交媒体、新闻资讯、广告等信息铺天盖地而来，让我们的注意力变得分散。我们很难长时间专注于一件事情，总是在不同的信息之间切换。长期如此，我们的心会变得浮躁，无法专注于一件事情并把它做好。

第八，我们的内心常常存在自我认知的冲突。比如，一方面我们可能希望自己勇敢地追求梦想，另一方面又因为害怕失败而犹豫不决。或者我们对自己的身份和角色存在困惑，不知道自己到底想要成为什么样的人。这种内心的矛盾会让我们的心处于一种拉扯的状态，产生焦虑和不安。

二、心的状态

我们的心灵有多种不同的状态，一般人能够体会到清醒的状态、睡眠的状态、做梦的状态等，我们统称其为心的日常状态。清醒的状态我们最熟悉，包括平静的状态、情绪化的状态等。在睡眠的状态下，我们什么都不知道。而在做梦的状态下，我们虽然有知觉，但糊里糊涂的。我们在不同的心的状态下，能力也有差异。比如，平静的状态有利于集中精力完成复杂的任务，也更容易产生新的想法和灵感。而在情绪化的状态，特别是愤怒、悲伤的状态下，我们则缺乏这样的能力。

除了日常状态外，其实心还有一些普通人很少经历的其他状态，比如催眠的状态、清醒梦的状态等。在这些状态下，我们也会有不同的能力。对心的管理，从某种意义上来说，就是对心的状态进行自由调整。下面我们介绍一下这些状态。

1. 日常状态

对于心的日常状态，我们比较熟悉，其大体上有以下几种。

第一，平静状态。这是一种内心安宁、没有强烈情绪波动的状态。就像平静的湖水，没有波澜。在这种状态下，人的思维比较清晰，能够冷静地思考问题、做出判断。例如，一个人在安静的图书馆里阅读书籍，他的内心是平静的，能够专注于书中的内容，不会被外界的干扰或者强烈的情绪所影响。

通常在独处、冥想、欣赏自然风光或者专注于一些简单而有规律的工作（如编织等）时容易出现这种状态。比如，当人们在海边漫步，听着海浪的声音，看着广阔的大海，内心往往会趋于平静。

第二，喜悦状态。这是一种积极向上的良性情绪化状态，表现为内心的快乐、满足和愉悦。可以是淡淡的欣慰，也可以是强烈的兴奋。例如，当一个人收到了期待已久的礼物，或者在工作中取得了巨大的成就时，就会体验到喜悦的心情。这种情绪会让人的脸上洋溢着笑容，身体也会感到轻松和充满活力。

喜悦能够增强人的自信心和幸福感。它可以促使人们更加积极地面对生活，也有利于改善人际关系。而且，喜悦还能在一定程度上减轻身体的疲劳和疼痛，让人的身体处于一种更加健康的状态。

第三，愤怒状态。这是一种带有攻击性的情绪状态。在这种状态下，人的内心充满怒火，可能会表现为脸红、心跳加快、肌肉紧张，甚至会出现大声吼叫、摔东西等行为。常见的引发愤怒的情境包括遭受侮辱、权益被侵犯、遇到挫折或者看到不公平的现象等。适度的愤怒在某些情况下可以帮助人们维护自己的权益，但过度的愤怒会对身心健康造成危害。它会使血压升高、内分泌失调，长期处于愤怒状态还可能导致心理问题，如焦虑症、抑郁症等。同时，愤怒也会对人际关系产生负面影响，可能会伤害到身边的人。

第四，悲伤状态。这是一种消极的情绪状态，表现为内心的痛苦、难过和失落。这种情绪可能会让人感到无力、萎靡不振，甚至会让人哭泣。这种情绪主要在失去重要的人或物、遭受重大失败或者面对无法改变的悲剧事件时产生。适度的悲伤可以帮助人们释放情绪，面对现实。但如果悲伤情绪持续时间过长或者过于强烈，就可能导致抑郁情绪的产生，影响人的正常生活和工作。同时，悲伤也会削弱人的免疫力，使人更容易生病。

第五，焦虑状态。这是一种不安、紧张的情绪状态。处于焦虑中的人会对未来的事情感到担忧和恐惧，内心总是处于一种悬而未决的状态。在面临压力事件（如考试、面试、演讲）、面对不确定性（如等待疾病检查结果）或者处于危险环境时，人们容易焦虑。比如，在经济形势不稳定时，人们担心自己的财务状况，就会产生焦虑情绪。

第六，浅睡眠状态。这是一种半梦半醒的朦胧状态。在这种状态下，人们对外界的声音和光线仍有一定的感知能力，比较容易被唤醒。如果此时周围环境有较大的噪声或者有人轻轻触碰，睡眠者就可能会醒来，并且能够回忆起刚才听到的声音或者感觉到的触碰。

第七，深睡眠状态。在这种状态下，身体完全放松，肌肉几乎没有任何活动，呼吸变得深沉而有规律，心率也会减慢。在深睡眠过程中，身体会进行一系列重要的生理活动，这对身体的生长发育和组织修复非常重要。同时，意识与外界几乎完全隔绝，很难被唤醒。即使有较大的声音刺激，也可能只是稍微调整一下睡眠姿势，而不会轻易醒来。而且在深睡眠结束后，人们通常很难回忆起在这个阶段所做的梦或者经历的事情。

第八，快速眼动睡眠状态（梦境状态）。这是梦境最活跃的阶段。在这种状态下，我们会经历各种各样生动、奇幻的梦境，这些梦境可能是基于日常生活中的记忆、情感或者潜意识中的想法。而且在睡眠结束后，人们往往能够比较清晰地回忆起梦境的部分内容，比如人物、场景或者情节等。这个状态最显著的特征是眼球快速转动，身体的大部分肌肉会处于麻痹状态，这是一种保护机制，防止在做梦时身体跟随梦境动作而导致受伤。

2. 催眠状态

催眠状态是一种介于清醒和睡眠之间的特殊的心理状态。

当处于浅度催眠状态时，被催眠者的意识仍然比较清晰，但是会出现一定程度的放松。他们能够听到催眠师的声音，并且可以按照催眠师的指示进行简单的动作或者想象。

当处于中度催眠状态时，被催眠者的意识的清晰度有所降低，对于外界的感知变得比较模糊。他们对催眠师的指令会更加顺从，并且能够进入更深层次的想象或者回忆之中。

当处于深度催眠状态时，被催眠者的意识变得非常模糊，几乎完全沉浸在催眠师所创造的情境或者回忆之中。他们对于外界的刺激反应很微弱，除了催眠师的声音外，很难感知到其他的事情。

催眠状态的深度和表现因个体差异而有所不同，不同的人对于催眠的敏感度不一样，进入催眠状态的难易程度和具体表现也会千差万别。

总之，催眠状态是一种与普通人的日常状态完全不一样的特殊心理状态。

3. 清醒梦状态

清醒梦是一种特殊的梦境状态。在这种状态下，做梦者能够在梦境中意识到自己正在做梦。就好像在大脑内部开启了一盏"意识之灯"，让自己在奇幻的梦境中有了一种觉察的能力。比如，在一个飞翔的梦境中，做梦者会突然意识到"我现在是在做梦，我可以控制这个梦境"。

这种状态下的梦境体验既带有梦境的奇幻色彩，又有清醒的自我意识。做梦者可以在感受梦境中的奇妙景象的同时，尝试去控制梦境的走向。比如，在一个充满怪物的噩梦中，清醒的做梦者可以选择面对怪物并将其变成可爱的小动物，或者选择直接飞走，离开这个可怕的场景。

对清醒梦的控制程度因人而异。有些做梦者可以完全掌控梦境的场景、人物和情节，就像自己是梦境的导演。他们能够随心所欲地创造出美丽的风景、神奇的建筑或者与心仪的人物进行互动。有的做梦者则只能对梦境进行部分控制。但是，经过专门的训练，大部分人都能提高自己控制梦境的能力。

在清醒梦中，由于能够意识到自己在做梦，做梦者对情绪的体验和调节与普通梦境不同。在普通梦境中，情绪往往是被动地随着梦境的情节而变化。而在清醒梦中，做梦者可以主动调节情绪。因为能够控制梦境，当实现了一个在现实生活中很难实现的愿望，如在梦中与已故的亲人重逢并愉快地交谈时，会带来巨大的喜悦和满足感。或者当尝试一些惊险刺激的梦境活动，如在梦中穿越火山熔岩时，会有更强烈的兴奋和紧张情绪。情绪也会反过来影响梦境的发展。如果在清醒梦中感到非常快乐，可能会让梦境的场景变得更加明亮、美好，周围的人物也会更加友善。相反，如果感到恐惧，梦境中可能会出现更多恐怖的元素来呼应这种情绪。所以，利用清醒梦，可以对我们的心灵进行一个探索和调整，继而辅助我们对自己的心进行管理。

三、心的管理方法

中国传统文化非常重视对心的管理。例如，儒家对心的管理的目标是成就圣贤境界。如果达不到圣贤境界，也至少要做一个道德高尚，在社会上有一番积极作为的人。而现代人对心的管理的目标往往是解决具体的心理问题。古今中外有很多对心进行管理的方法，下面我们介绍几种常见的方法。

1. 六证

儒家经典《大学》提出了"六证"思想，其实就是对心进行管理的具体方法。"六证"即"知止而后有定，定而后能静，静而后能安，安而后能虑，虑而后能得"中的"止、定、静、安、虑、得"。

"六证"可以从内圣和外王两个方面去解读。从内圣角度来说，"六证"就是实现"诚意"的过程。"诚意"是儒家管理心的思路（次第）"格物致知，诚意正心"中的核心环节。王阳明认为："大学之要，诚意而已矣。""诚意"是连接"格物"与"正心""修身"等环节的重要纽带。《大学》中说："所谓诚其意者，毋自欺也。如恶恶臭，如好好色，此之谓自谦。""诚意"是一种真实无妄的意念状态，是发自肺腑的真实意愿或体验。换句话说，"诚意"就是要对内圣的境界有哪怕一次真真切切的体验。这不是一个理论问题，而是要踏踏实实做功夫，那具体如何做功夫，才能实现"诚意"呢？那就是《大学》中的"六证"。

"六证"从"知止"开始，就是要心有所止。在具体做功夫时，就是要为心设定一个观察对象，让心止在这个观察对象上。心就像一匹狂野的马，根本停不下来，而设定的这个观察对象就像是一个拴马桩，让心这匹野马只能在周围活动，不至于跑太远。

当然，一开始心这匹野马会疯狂地挣扎，甚至把你设定的观察对象抛到九霄云外。但是，只要你坚定不移地努力，心这匹野马会逐步减少挣扎，虽然还不愿意静下来，但是至少不会离拴马桩太远。也就是说，心尽管不能很专注地安住在观察对象上，还会时不时地冒出各种想法，但是，它已经不会轻易扔掉观察对象了。这就是"定"的状态，也就是心开始初步地定了下来。"定"是在"知止"基础上的深化，心开始有了一个目标，有了一个基点，不会到处乱跑。在定的状态下，可能还是会走神，会有各种想法，但是，走神不至于走太远，对冒出来的想法也不会过多地关注。

其次就是"定而后能静"。随着我们继续在观察对象上不断努力，心开始静下来，走神和各种想法越来越少。而当这些走神和想法出现时，心只是觉知到，而不会跟着走，这就是真正的"静"的状态。到了这个时候，我们设定的观察对象已经失去了拴马桩的作用，变得可有可无了。我们可以安住在观察对象上，也可以抛弃观察对象而直接安住在平静的状态上，或者换别的观察对象，我们的心照样能够安住在这个观察对象上。我们的心已经从一匹狂野的马变成了一匹温顺听话的马。这就是"安"的状态。在内圣修行的过程中，达到"静"和"安"的状态时，一般都会有很多内在的境界出现。这些境界往往会带给我们内在愉悦的感受，甚至会给我们带来天人合一的体验。这时候我们就会诚心诚意相信内圣境界真实不虚，也就是达到了"诚意"的状态。

在心"安"的状态下，我们看问题有了更高的维度，并且，我们超强的专注力使我们思考问题时能非常周密，不至于出现纰漏，这就是"安而后能虑"。若没有前面的内圣功夫，即使反复思考也可能出现纰漏，正所谓"智者千虑，必有一失"。但是，内圣功夫能够给我们更强的直觉和更专注的分析能力，这样我们的思考就能够超越常人。这也就是所谓的我们开发了内在的智慧，这样我们就能够做到凡有所谋，必有所成。这就是"虑而后能得"。"虑而后能得"不是任何事情都能做好，而是能够做好有可能做好的事情，而不会出现各种失误和纰漏。所以，从内圣角度来说，"六证"是普通人成为圣贤的具体修心方法。

而从外王角度来说，"六证"是所有普通人成就一番事业的指南。下面我们从外王角度来解释"六证"。

"六证"的第一步就是要"知止"。所谓"知止"，就是知道自己所应该"止"的目标。这里的目标并非某个具体领域的具体目标，而是整个人生应该为之奋斗的大目标。普通人也经常会有自己的目标，可以说做任何正式的事情都需要明确目标。但这里谈的是能够让我们一生都愿意去追求的目标。这无疑是整个人生的大目标。也就是必须思考人的一生该怎样度过才最有价值。所以,"知止"本质上是一个三观问题,是一个树立自己的核心价值观和人生观的过程。只有建立了坚定不移的三观,人生才会有一个坚定不移的大目标。比如作为一个马克思主义者,应该为人类最美好的事业,即共产主义事业而奋斗终身。这样一个人生大目标是基于马克思主义哲学带来的三观确立的。每一个想要不虚度一生的人都会认真思考自己的人生目标。只有确立了人生的大目标,人生才有努力奋斗的方向。人生目标越高远,未来的收获越可观,目标的吸引力就越强。这样个体奋斗的动力才会越强,才不至于经常换目标。

因此,"知止"就是立下人生的大目标、大志向。在以儒家为代表的中国传统文化看来,人生最为高远且伟大的目标是什么呢?当然是"内圣外王"。"内圣"有多个层次,成为圣人是最高层次的追求。但"内圣"的本质是要提升内在心灵境界,获得更高的心灵品质,至少能够获得一种不依赖于外界的内在快乐境界。有了这样的境界,就能不为外界的各种诱惑所影响,从而获得开发内在潜力的心理品质,进一步甚至可能超越生死,达到圣人的境界。"外王"并非要成为一个"王",而是要建立一番属于自己的事业。一个人哪怕仅仅是一个只有几个员工的小店的老板,或者成为某个组织中人们都拥戴的技术专家等,只要能够满足马斯洛需求层次理论中的自我实现需求,就可以算实现了"外王"。"外王"的本质就是要满足个人外在的自我实现需求。当然在不同的文化和价值观中,人们的自我实现需求是不同的,可以有很多种选择,但是对于深受儒家文化影响的中国人来说,创立一番属于自己的事业,无疑是满足感最强的一种。

"六证"的第二步是从"知止"到"定"。这个过程说起来很简单,但如果仔细反思就会发现并不简单,至少需要四个环节才能完成这个过程。

第一，牢记目标的价值。虽然在"知止"的过程中，人们对于自己要追求的人生目标的价值已经有了深刻的理解，但人生是相对漫长的，在生活和工作中会出现种种诱惑，以前的很多想法会随着自己的认识和心态的变化而改变，如果不能牢记目标的价值，那么，即使当初认为非常有价值、非常值得追求的目标，也可能被放弃。比如觉得自己的一生根本做不到"内圣外王"，打算躺平或者就做一个庸人等。

第二，进行取舍，懂得放弃。有了长期的大目标之后，并非一切都围绕着这个长期的目标转。我们还有很多其他的目标、兴趣爱好等，对于这些东西，我们需要进行取舍。如果对实现我们长期的大目标有利，我们就保留，反之就要放弃。另外，就是留下一些用来保障自己的基本生活的事情。

第三，结合工作和生活，将总体的长期大目标进行目标分解，确定实现目标有几个阶段，以及每一个阶段必须完成的任务。

第四，坚持不懈地去践行。前面三个步骤都是纸上的东西，能否实现，最关键的是坚持不懈地去践行。很多事情在一开始做的时候往往需要勉强自己，因为人都是喜欢安逸的，不喜欢改变。因此，一开始必须依靠自己的意志，必须反复提醒自己，慢慢养成习惯，这样就不需要坚强的意志也能贯彻了，从而使自己的日常工作和生活都能够指向自己的目标，这才是"定"。这一步的前期阶段很难，需要意志力，一定要坚持，同时，注意劳逸结合，每实现一个小任务，可以给自己一点奖励，这样坚持起来就相对容易一些。要注意休息的方式、次数和长度，注意奖励的方式、次数和长度，不能让休息和奖励占据主导。这个践行的过程就是从"知止"到"定"的过程。一旦养成了习惯，从"知止"到"定"的任务就完成了。

"六证"的第三步是"定而后能静"。如果真正有了"定"，那么日常生活中的各种零散时间都会被利用起来，各种胡思乱想也会减少，就像我们在高考或考研冲刺阶段，一心盯着我们的目标，根本没空去理会外界的各种诱惑和内心的杂念。这样，我们的心就会逐渐静下来。当我们不需要耗费意志力，就能很轻松、很自然地去做我们预期安排的重要事情时，我们就进入一种"静"的状态。因为你每天的生活都有目标和任务，也习惯了这种生活，所以别人出去玩、逛街、刷视频或者叫你去打牌，你都不是很心动，可以轻松拒绝。当"静"没有形成时，可能你还是能够拒绝，但是你在做正事的时候，你的心会时不时去想，这就是心不静。

"六证"的第四步是"静而后能安"。当我们的心真正静下来专心做事的时候，日常生活中无论是闲时还是工作时，时时刻刻都能够保持心不被干扰，也就是心不仅在保持安静时可以排除干扰，在工作时也能够排除干扰，能够全神贯注地做事，这就是"安"。心安下来了，我们做事情的效率就会很高。做事情效率高，就很容易产生成就感。有了这种成就感，即使身体很累，心也仍然会感觉比较轻松，就不会感到焦虑，这也是一种"安"。

"六证"的第五步是"安而后能虑"。"静"能够抵挡外界诱惑，"安"能够心无旁骛、高效率地做预先安排的事情。这样我们无论研究什么都能够发挥自己的最佳水平，自然就能获得我们能够获得的东西。这就是"六证"的第六步"虑而后能得"。

2. 情绪管理

情绪是指人们在内心活动过程中所产生的心理体验，这种心理体验一般都牵涉身体的生理变化。人在不同的情绪状态下，诸如心律、血压、呼吸乃至人的内分泌、消化系统等，都会发生相应的变化，这些变化都是受人的自主神经支配的，是不由人的意识所控制的。

情绪不仅体现为生理上的反应和内心的体验，而且还以面部表情、声音表情和动作表情等外在形式表现出来。许多人认为情绪状态下的这些变化具有极大的不随意性和不可控制性。比如，当我们遇到考试失利、情感挫折、学习压力时，不可避免地会出现一些情绪上的反应，即使你再不愿意，甚至去控制，情绪也会出现。这样，想管理自己的情绪实际上是不可能的。不过这种观点是不对的，实际上情绪不但可以管理，而且它与其他的事情相比，自主性更高，因为它与别人没有太多的关系，它完全是你自己在决定。情绪与人的需要和动机有着密切的关系，如人的某种需要得到满足或目的没有达到时，他就会产生愉快或者难过等感受。因此，我们可以通过改变自己的需求和动机来改变情绪。

情绪管理的方法有很多，大体上可以分为四类。

第一类：觉察情绪。我们要学会时刻留意自己的情绪状态，当情绪产生时，不要跟着情绪胡思乱想，而是要学会安静并专心地观察情绪的变化，以及情绪对自己的身体的影响。只要能够专心地观察，情绪就会慢慢地平复，也就是通过专注力来破除情绪影响。

第二类：转移注意力。当你被一种负面情绪笼罩时，可以通过将注意力从引发情绪的事情上转移开，让自己的情绪得到缓解。比如在有负面情绪的时候，我们可以进行放松训练、深呼吸训练或者去玩游戏、逛街等，从而帮助我们从情绪中解脱出来。

第三类：情绪表达。把负面情绪倾诉出来，能在一定程度上缓解内心的压力。比如可以找朋友、家人或者心理咨询师倾诉。也可以通过写日记的方式来表达情绪。还可以通过绘画来表达，将自己的情绪用色彩和线条展现出来，比如用黑色和红色来表达愤怒，用蓝色来表达忧郁等。

第四类：理性分析。我们可以客观理性地分析负面情绪产生的原因。通过客观理性的分析，我们可以避免过度陷入情绪之中。如果通过分析发现是自己的原因，比如对自己要求过高，我们可以通过改变自己的观念来管理情绪。

3. 心理治疗

情绪管理主要是自己主动对情绪问题进行管理。但是如果自己的心理问题比较严重，自己难以主动改变，这时候就需要借助外力进行改变了。这就是心理治疗。心理治疗也是一种对心进行管理的方法。心理治疗是一种专业的心理健康服务，由经过培训的心理治疗师运用心理学理论和技术，帮助来访者处理情绪、认知和行为方面的问题，以促进其心理健康和个人成长。它主要通过治疗师与来访者之间建立的治疗关系，运用谈话、互动等方式来实现治疗目的。

心理治疗有很多具体方法，比如认知行为疗法、精神分析疗法、家庭疗法、团体疗法等。不同的心理治疗方法对不同的心理问题有不同的适用性。选择合适的治疗方法对于提高治疗效果至关重要。

上面我们谈了几种心的管理方法，各种方法本质上都是在调整心的状态。比如情绪管理和心理治疗都是要把一些不健康的心的状态调整到日常状态，中间可能会让参与者进入催眠状态，以解决心灵深处的一些问题。

第三节 身的管理

一、身的管理目标

我们对身体进行管理的目标当然是要维持健康。通常人们会认为"疾病"和"健康"是一对反义词。没有疾病就是健康。不健康就是有病。但这种理解是有问题的。《辞海》对健康的定义是："人体各器官系统发育良好、功能正常、体质健壮、精力充沛并具有良好劳动效能的状态。通常用人体测量、体格检查和各种生理指标来衡量。"《简明不列颠百科全书》对健康的定义是："使个体能长时期地适应环境的身体、情绪、精神及社交方面的能力。"同时，该书还定义疾病是"产生症状或体征的异常生理或心理状态"，是"人体在致病因素的影响下，器官组织的形态、功能偏离正常标准的状态"。该书认为，健康也可以用一些指标来衡量，比如身高、体重、体温、脉搏、血压、视力等，但也承认具体的标准很难掌握。

世界卫生组织（WHO）成立时在它的宪章中所提到的健康概念是："健康乃是一种在身体上、心理上和社会上的完满状态，而不仅仅是没有疾病和虚弱的状态。"世界卫生组织关于健康的这一定义，把人的健康从生物学方面扩展到了精神和社会关系（社会相互影响的质量）两个方面，把人的身心、家庭和社会生活的健康状态均包括在内。

因此，现代意义上的健康并不仅仅是传统所指的身体没有病而已，其包括生理、心理和社会适应性三个方面，其中社会适应性归根结底取决于生理和心理的素质状况。心理健康是身体健康的精神支柱，身体健康又是心理健康的物质基础。良好的情绪状态可以使生理功能处于最佳状态，反之则会降低或破坏某种功能而引起疾病。身体状况的改变可能带来相应的心理问题，生理上的缺陷、疾病，特别是痼疾，往往会使人产生烦恼、焦躁、忧虑、抑郁等不良情绪，导致各种不正常的心理状态。人的身心是一个统一体，身体和心理是紧密依存的两个方面。

中国传统文化认为，身体有三种状态，分别是健康状态即平和体质状态、疾病状态、处于健康和疾病之间的不健康的体质状态。所谓对身体的管理，就可以理解为：如果是平和体质状态，就要好好维持；如果是不健康的体质状态，就要想办法转变为平和体质状态；如果是疾病状态，就要消除各种病症，并逐步转入平和体质状态。平和体质状态就是我们身体管理的目标。

二、身的管理方法

中国传统文化对于身体管理的基本原则就是要顺应气的运行规律。中国传统文化认为人是自然界的产物，自然界的四时气候、昼夜晨昏、日月运行、地理环境以及各种变化都会对人体产生影响。而自然规律以气的形式呈现，比如一年四季春夏秋冬都有不同形式的气，春天之气是一股温暖生发之气，夏天之气是一股火热成长之气，秋天之气是一股清凉肃降之气，冬天之气是一股寒冷封藏之气。人体内部也会随着四季之气的变化，产生与自然界变化相适应的变化。但是人体很多本能的变化规律会受到意识层面的影响，如果不了解这个基本的养生规律，就会干扰人体的本能的变化规律，导致人体不能很好地跟随四季的变化而变化，进而引发疾病。

中国传统文化认为身体状况只要偏离了平和体质的标准，就可以认为身体有病。这个时候疾病没有发作，身体没有明显的不舒服，这就是所谓的未病状态。这个时候就应该主动去干预，不一定是吃药，可能就是改变不良生活习惯，调整一些饮食起居行为。在未病时去主动干预，成本最低，效果最好。如果等到发病之后再治疗，就可能造成难以挽回的损失。《史记·扁鹊仓公列传》记载的扁鹊见蔡桓公的事情，可能很多人都非常熟悉。在蔡桓公发病前，扁鹊不仅看到了其疾病的发展，而且清晰地知道疾病发展到了什么阶段。在没有到最后一个阶段时，其他不同的阶段如何治疗，扁鹊也是胸有成竹。扁鹊的这种能力，无疑是医生治未病的至高境界。

从管理者的角度来说，成为一个专业的医生是不太现实的，但是树立正确的健康观念，了解各种治疗方法的特点和适用范围，掌握养生和食疗等基本原则和一些方法还是完全可以做到的，而且是非常有必要的。这样，我们在平时就不太容易生病，就可以保证自己有足够的精力应对繁重的工作。即使我们出现了一些轻微的不舒服，也可以自己调整，或者当真的出现比较严重的疾病，自己无法调整，需要就医时，也不至于病急乱投医，而是能够选择一个相对靠谱的治疗方法。

第五章
德行管理

第一节 概述

当我们了解了个体的心与身的基本方面之后，就要对人进行一个分类，了解人与人之间常见的几种差异。了解人与人之间的常见差异后，才能进一步有针对性地去管理具体的人。关于如何对人进行分类，有很多的思路和标准。比如在填写简历时，就有性别、年龄、学历、婚姻状况、政治面貌等，这就是一种对人进行分类的思路。这种分类对于我们有针对性地管理员工非常重要。在组织招聘过程中，筛选简历是非常重要的一个环节。但是对于管理者来说，简历式的分类仅仅是基础，只掌握简历式的分类思路在很多情况下还是不够用的。

西方管理学重视对人的才能进行分析与归类，并且西方管理学结合西方心理学的相关研究成果，比如人格理论等，形成了许多人才测评工具，这些人才测评工具在组织人才招聘过程中起到了很大的作用。同时，很多人才测评工具还可以用于员工自己的职业生涯规划。

中国传统管理中也有对人的才能的分析，但更重视对人的德行的分析。

一、德行的概念与分类

中国传统文化对人的德行非常重视，特别是在儒家典籍中，德行问题可以说是核心的核心。什么是德行？德行是由德和行构成的。

先看德字。德字在古代是没有"彳"旁的，是由殷墟甲骨文中的"悳"（音同德）演化而来。东汉许慎在《说文解字》中解释："悳，外得于人，内得于己也。从直，从心。"段玉裁在《说文解字注》中解释道："内得于己，谓身心所自得也；外得于人，谓惠泽使人得之也。"可见，德字包含两个层面的意思，在内在的身心中有所收获和在外在的人际关系中赢得他人的拥护。

可见，德侧重内心的品质，行无疑是行为。德行连用，则表示从内心品质到外在行为都是一致的。换句话说，就是内心拥有某种道德品质，并在外部展现某种符合该道德品质的行为。所以，对于德行，需要从内外两个方面来讨论。

如果仅仅讨论内心的道德品质，可以用德性来指代。德性与外界没有直接关系，个体在不采取任何外在行动时，就可以独自拥有、独自完成。比如在内心保持一种诚敬的心态或者充满慈爱的心态。这时候这个人就是践行敬的德性和仁的德性。但是，敬和仁两种德，也可以表现为外在的行为。一般情况下，如无必要，我们并不对德行和德性进行区分。

人的德行来自哪里？从我们前面构建的人性模型来看，显然是源于本性，基于生性层的良心。如果一个人在某个时间段内、在某些情境下，他的良心能够持续稳定地压倒私心，那么在这个时间段内、在这些情境下，他就会表现出与某种德行相关的行为。如果这个人在很长时间内、在大多数情况下都能稳定地表现出符合某种德行的行为，那么就大致可以断定此人拥有某种德行。所以，我们认为德行扎根于良心，但是，一个人的德行的养成主要还是依靠后天的培养。

传统德行的分类和现代德行的分类有很大的不同。大体上现代社会对人的德行的分类包括四个维度。

第一，个人品德维度。具体包括诚信正直、责任心、谦虚友善等。诚信正直是基本要求，比如工作和生活中做到诚实守信，无弄虚作假、欺上瞒下的行为。责任心体现在对工作任务的担当上。有责任心的人会主动承担工作，积极解决问题，对工作结果负责。谦逊友善体现为人际交往中尊重他人。谦逊的人能认识到自己的不足，善于向他人学习。友善的人能与同事和谐相处，营造良好的团队氛围，减少内部冲突。

第二，职业道德维度。具体包括敬业精神、职业操守等。一个人是否具有敬业精神，要看他是否热爱自己的工作，是否全身心投入。敬业的人会对工作精益求精，不断提升业务水平，愿意为工作付出额外的时间和精力。不同的行业有不同的职业操守。在新闻行业，记者要客观真实地报道新闻；在法律行业，律师要保守客户的秘密。这体现了人才对行业规范的遵守程度。

第三，社会公德维度。具体包括环保意识、公益精神等。环保意识是指在工作和生活中注重节能减排，倡导绿色办公，对资源循环利用等。公益精神体现为积极参与社会公益活动，关心社会弱势群体，为社会做出积极贡献。

第四，家庭美德维度。具体包括家庭责任感、感情忠诚等。家庭责任感指的是关心家人，对家庭成员履行应尽的义务，如赡养老人、照顾配偶和子女等。家庭责任感强的人往往也更有爱心和责任心。

现代的德行分类相对简单，而传统的德行分类非常复杂，这种分类与各种不同德行的地位以及价值有密切的关系。

二、根本德行与德行体系

在中国传统文化中有很多德行概念，比如仁、义、礼、智、信、忠、恕、诚、敬、勇、孝、悌、温、良、恭、俭、让、宽、敏、惠、直、刚、廉、耻、慎等。这些德行是什么关系，它们之间是否有一种结构，是否可以形成一个体系？这一直是一个比较含糊的问题。

我们认为要找到中国传统文化中这些德行的结构和体系，就必须先找到处于核心地位的根本德行。我们可以把各种德行分为根本德行和辅助德行。所谓根本德行，就是能够成为其他德行的归宿和标准的德行，也就是说其他德行都指向这个德行时，才是真正的德行，如果其他德行违背了这个德行，就不是真正的德行。我们认为这个根本德行就是仁。

什么是仁呢？《说文解字》说："仁，亲也。"《礼记·经解》提出："上下相亲谓之仁。"大体上，仁的本义是人与人之间相互关心、相互爱护的一种道德情感，即仁爱之心。所以，《论语》中，孔子指出仁乃"爱人"。《中庸》和《孟子》则进一步提出"仁者，人也"，认为仁是人的本质，仁爱之心是人区别于禽兽的基本特质。《孟子》说："人之所以异于禽兽者几希，庶民去之，君子存之。舜明于庶物，察于人伦，由仁义行，非行仁义也。"从这里可以看出，在孟子看来，仁这种德行是人之所以为人的根本特质。

在儒家眼里，仁和善基本上是等同的。孔子说："唯仁者能好人，能恶人。"（《论语·里仁》）也就是是否具有仁心是判断善人和恶人的基本标准。具有一颗仁心，有仁德就是好人；没有仁爱之心，缺乏仁德就是恶人。孔子又说："苟志于仁矣，无恶也。"（《论语·里仁》）一个人哪怕没有足够的仁爱之心，只要有追求仁爱的想法，就能够避免做坏事。

从人性论模型来看，仁德是一种源于本性的内在心理品质，是良心最直接的表现。当良心压倒私心的时候，仁德就表现出来了。良心是一种道德情感，是一种直觉的体验，我们做了违背良心的事情，自然就会受到良心的谴责。所以，仁与感性关系密切。其他德行的善恶都由仁德来决定。比如，一个人没有仁德，但是拥有知（智，聪明）德，则这个人就会成为奸邪之人，甚至越知越坏。一个人没有仁德，但是拥有勇德，则这个人就会成为暴徒，越勇敢，破坏性越大。所以，在所有的德行中，仁是最为根本的德行。整个儒家思想的核心完全可以概括为"以仁为本"。

从传统管理学的角度来说，管理者所做的一切事情都必须"以仁为本"，一切管理行为、管理手段和管理目标都不能偏离"仁爱之心"，都应该是为了发展管理者和被管理者的"仁爱之心"。中国传统的"以仁为本"思想和西方管理理论中人际关系学派提出的"以人为本"思想并不是一回事。在西方管理理论中谈到"以人为本"时，一般都强调尊重人、关心人，认为管理必须顺应人性规律，违反人性规律的管理方法即使看上去很科学，最终效果也都不会好，也不可能达到效率的最大化。西方管理理论强调"以人为本"的目标是希望通过这种手段去激发人们的工作热情，从而提升效率。而中国传统的"以仁为本"思想虽然也要求管理者了解人性，顺应人性规律，尊重人、关心人，但目标并非提升工作的效率。"以仁为本"是按照良心的要求去做事，要不断地弘扬、发展自己和他人的良心。因此，管理者要通过伦理道德教化和制度规范等手段，提升被管理者的素质和境界，使他们人性中的优点能够不断发展、不断完善，比如变得更加有爱心、有智慧、有追求、有意志力等，同时，使他们人性中的弱点，比如贪婪、暴躁、懒惰、以自我为中心等能够被减弱甚至完全不显示。

仁这种德行在内心往往以一种道德情感的形式表现出来。这种道德情感如果要外化为行为，就必须经过理性思考、分析判断，最后通过意志力变成实际的行动。理性思考和分析判断的过程需要知（智）这种德行，否则，可能好心办坏事，成为一个烂好人。知代表理性能力。而实际采取行动时，还需要勇这种德行，勇代表意志力。这个过程就是心理学上知情意三个方面共同配合、轮流主导的过程。

但是，理性思考的过程是很容易与私心结合的，比如看到老人摔倒了，我们内在的良心、仁爱之心会自然地想去帮忙，把老人扶起来。但是，经过理性思考，我们想到有人因扶起摔倒的老人而被讹诈，所以，理性告诉我们还是小心点好，多一事不如少一事。于是，这种同情他人、想帮助他人的道德情感——仁爱之心就只是脑子里的一些想法和情感体验，没办法表现为外在的行为。

可见，仁这种道德情感要外化为仁的行为，必须经过知的分析判断，最后由勇推动。所以，仁、知、勇三者对于一个真正有仁德的人来说，都是必须具备的。所以儒家说，"仁者必有勇，勇者不必有仁"（《论语·宪问》）。真正的仁者也必有知。仁、知、勇被称为儒家的君子三达德，都属于根本德行。但相对于仁来说，知和勇是仁的辅助德行。由于知和勇这两种德行对仁这种德行如此重要，但是知者不一定有仁德，勇者也不一定有仁德，所以，儒家引入了一个概念来表达知、勇和仁的融合状态，这就是所谓的义。

《中庸》说："义者，宜也。"《孟子》说："仁，人心也；义，人路也。舍其路而弗由，放其心而不知求，哀哉！"从《中庸》和《孟子》的描述来看，义就是合理，包括合理的判断与合理的行为。一个人的仁爱之心只是一种道德情感，道德情感是一种直观的感觉，当面对具体的外界情境时，仅仅依靠道德情感来判断或决策，乃至采取行动，可能导致判断、决策或行为反而违背仁的后果出现，比如出现好心办坏事的情况。因此，仁爱之心必须与理性分析结合，这样才能确保面对具体的外界情境时自己做出的判断、决策或行为能够真正表达仁爱之心，真正符合情境对仁爱之心的要求。所以，同样的仁爱之心在不同的情境下，会有不同的义的行为表现。换句话说，义不仅是内心仁德的外化，还表现得合理，这自然离不开知和勇的参与。所以，仁知勇三者融合外化成行为时就成为义，我们常说的义理本质上就是合乎良心要求的理性分析判断，义行本质上就是合乎仁德的行为。

另外，中国传统文化中还有一个重要概念，那就是礼。礼既可以作为一种德行，也就是符合礼的行为；也可以作为一种制度规范，也就是用来在群体中弘扬仁爱之心的制度规范。《孔子家语·论礼》说："郊社之礼，所以仁鬼神也；禘尝之礼，所以仁昭穆也；馈奠之礼，所以仁死丧也；射飨之礼，所以仁乡党也；食飨之礼，所以仁宾客也。"可见，礼的本质是仁。

那么，仁、义、礼三者之间的关系是怎样的呢？在《说文解字》中，段玉裁对义的注解是："义之本训，谓礼容各得其宜。礼容得宜则善矣。"大意是义是能够根据环境的不同灵活地把握礼的要求，这样才是真正的善。可见，义与实践是紧密联系在一起的，它联系了仁和礼两种德行。无论是个人内在的仁爱之心还是外在的礼仪制度，都是需要人去践行的。个人内在的仁爱之心没有践行，则无从表现；外在的礼仪制度无人践行，则只是一些器物而已。然而，践行总是在一定的情境下进行的，这就需要践行者能够根据不同情境的要求，灵活地把握行为的尺度和具体的做法，这样才能保证仁爱之心和礼仪制度不被异化，这就是所谓的义。

所谓仁爱之心被异化，就是本着仁爱之心去做事，有时候不一定能够达到预期的目标。本意是为了对方好，但由于选择的方式方法不合适，结果却可能害了对方，好心反而办了坏事。礼也是如此，礼是为了培养仁爱之心的一系列行为规范。遵守礼去行事可以培养人们内在的仁爱之心。但是如果不能根据环境的变化而变化，遵守礼行事的人可能仅仅是履行了一个形式，不仅不能达到培养仁爱之心的效果，甚至还会遭到周围人的嘲笑。比如，在中国古代有不理发而把头发扎起来的礼仪，原因是当时的人们有这样一种普遍观念："身体发肤，受之父母，不敢毁伤，孝之始也。"因此，不理发而把头发扎起来是培养孝心的一种方式。但是，当今社会人们已经没有这种理念了，对于一个不信奉这种理念的人来说，即使他仍然像古人一样不理发而把头发扎起来，也仅仅是具有了古人礼仪的形式，而很难能算是义了。

因此，义就是要根据具体情境来选择合适的行为方式或者做事的方法，使得人们内在的道德情感和外在的道德规范在实践中被很好地贯彻。再如父母对自己的子女基本都有爱护之心，但父母爱子女的方式却大不相同。有的父母爱子女的方式非常直接，对孩子百依百顺、非常溺爱，这样做的结果，反而可能是害了孩子，让孩子变得自私自利、傲慢自大，长大之后难以适应社会。而有的父母奉行"棍棒之下出孝子"的理念，对子女非常严厉，认为只有这样子女将来才能成才，这样才是真正爱子女。但这样做，子女往往感受不到父母的爱，有些子女可能因此成才，有些子女却可能因此出现心理问题或者产生叛逆心理。还有的父母则像领导对待下属一样对待子女，奉行恩威并施的原则；也有的父母像对待朋友一样对待子女；等等。到底哪种方式才是真正爱子女呢？其实，不能一概而论，需要根据社会环境、孩子的特点仔细分析，这样才能找到最合适的爱护和教育孩子的方法，而这种最合适的方法就是父母的仁心展现出来的义行。

为了贯彻义，就必须考虑具体的情境，这就牵涉到了另外一种德行——权。权是义的一种特殊或者极端的表现形式。《孟子》解释说："淳于髡曰：'男女授受不亲，礼与？'孟子曰：'礼也。'曰：'嫂溺，则援之以手乎？'曰：'嫂溺不援，是豺狼也。男女授受不亲，礼也；嫂溺，援之以手者，权也。'"男女之间不亲手递接东西，这是礼的规定，按照这个要求，嫂子和小叔子不能有身体接触。但是如果嫂嫂掉到水里去了，小叔子就要去救她，这就避免不了身体的接触。这就是权，如果为了坚守礼的规定而不救自己的嫂子，那就和畜生差不多了。《庄子》讲述了一个相反的故事，大意是一个叫尾生的人和一个女子相约在一个叫蓝桥的地方见面，约好不见不散。到了见面的时间，尾生来到桥上，发现女子还没有来。这个时候河水正在上涨，很快就要淹没桥了。一般人都会赶紧避水，至于约会，可以等以后再说。但是，尾生因为事先和女子说好不见不散，为了自己的信誉，他冒着生命危险坚守在桥上，结果水淹没了桥，尾生就被淹死了。尾生守信是很好的一种品德，但是，为了守信却把自己的性命丢了，就显得有些愚蠢了。这就是不知道权造成的后果。难怪孔子说："言必信，行必果，硁硁然小人哉！"(《论语·子路》)。从上述两个故事来看，我们可以发现权一般都表现为违背礼或者某些美德。由于在特殊的环境下，要维护某种礼或者某种美德，可能付出极大的代价，甚至是生命的代价，所以暂时放弃某种礼或者某种美德的要求，从长期来看反而是合理的、合宜的，也即符合义。

在上述两个案例中权似乎是常识，但实际上在有些情况下，权是非常难以把握的。《论语·述而》中有这样一段对话："陈司败问：'昭公知礼乎？'孔子曰：'知礼。'孔子退，揖巫马期而进之，曰：'吾闻君子不党，君子亦党乎？君取于吴，为同姓，谓之吴孟子。君而知礼，孰不知礼？'巫马期以告。子曰：'丘也幸，苟有过，人必知之。'"大意是，陈司败问孔子鲁昭公是否懂得礼法，孔子回答说懂得。后来陈司败和孔子的学生巫马期说："我听说君子不偏袒人，难道君子会偏袒国君吗？贵国国君娶了同姓的吴国女子为妻，按照礼的规定同姓不能结婚，他明显违背了礼，导致无法按照礼法给她合适的称呼，只好叫她吴孟子。如果贵国国君算懂礼法，还有谁不懂得礼法？"巫马期后来将这件事告诉了孔子。孔子听了后说："我真是幸运。偶然出现过错，人家就能告诉我。"其实，孔子不可能不知道鲁昭公违背礼的事情。但是，鲁昭公是一国之君，"为尊者讳"也是礼的要求。而且他如果在别人面前说鲁昭公不知礼，这种批评的话一旦传到国君耳朵里，很容易引起对方的记恨甚至报复。况且鲁昭公在多数情况下都是能够遵守礼的。因此，孔子只好说是自己弄错了。在《论语·子罕》中，孔子还说了这样一段话："可与共学，未可与适道；可与适道，未可与立；可与立，未可与权。"大意是说，可以一起学习的人，不一定能够一起去践行所学；能够一起践行所学的人，不一定能够长期坚守这种追求，从而获得某种美德；具有某种美德的人，遇到没有遇到过的情况时，不一定能够变通处理。可见，作为一种行为，权变的行为是需要极高的智慧的，而作为德行的权也是一种非常难以达到的境界。

权在形式上是违背礼和诸种美德的，但其实质又必须符合义，符合仁爱之心。所以，权实际上是一种形式表现与本质内容相悖的行为。我们知道形式和内容是会相互影响的，"文犹质也，质犹文也"，长期坚持某种表现形式，就会改变本质内容，反过来也是一样，二者只能暂时背离，因此，权一定是暂时的，一定是针对某种特殊情境的临时行为。

权只是在不得已的情况下才会有的行为和方法，目的必须是维护仁、义、正，绝不可以滥用。在中国传统文化特别是儒家文化中，权的行为主要是用于战争过程。古代圣贤君王因为内心有仁德，即使是其他诸侯国的老百姓，他也一样爱护，所以看到这些老百姓受到他们统治者的欺凌虐待时，他会发兵去讨伐，所谓"吊民伐罪"。这种战争不是针对人民的，对待人民是不可以用权变的方法的。特别是在和平时期，统治者在大政方针上是不可以使用权变方法的，因为民众无法判断权变行为背后的合理性因素。如果统治者针对一般的民众使用权变的管理手段，很可能导致统治者在民众面前失去信用，损害自身权威和影响力，最终导致管理的失败。在《论语·颜渊》中有一段话："子贡问政。子曰：'足食，足兵，民信之矣。'子贡曰：'必不得已而去，于斯三者何先？'曰：'去兵。'子贡曰：'必不得已而去，于斯二者何先？'曰：'去食。自古皆有死，民无信不立。'"意思是，子贡向孔子请教治理国家的办法。孔子说：只要有充足的粮食、充足的战备以及人民的信任就可以了。子贡问：如果迫不得已要去掉一项，三项中先去掉哪一项？孔子说：去掉军备。子贡又问：如果迫不得已还要去掉一项，两项中去掉哪一项？孔子说：去掉粮食。自古人都难逃一死，但如果没有人民的信任，就什么都谈不上了。孔子把人民对政府的信任看成立国之本，认为一个有道德操守的政府管理者，宁可不要武器装备，不要粮食，冒着失去权力甚至失去生命的危险，都要坚守治国的底线，即维护政府的公信力。否则，对于政府管理社会无疑是非常糟糕的。所以，权变精神如果泛滥一定会损害伦理管理目的的实现。管理者只能把权变作为一时不得已而使用的管理手段，而绝对不能把它作为管理目的或者一种常用的管理手段。

上面我们把仁、知（智）、勇、义、礼、权六种德行之间的关系做了一个详细的论述。可以看到，仁是最为根本的德行，知和勇两种德行是辅助仁的，使之能够从内心的道德情感变成一种理性的道德行为。而义和礼则是仁德在行为上的落实和在制度规范方面的具体化。在特殊情况下，义行会表现为违反了仁爱之心或者礼的要求，这种情况下的行为就是权。

我们可以通过这六种德行来分析判断一个想法和一个行为的是非对错。所有的内在心理品质，不能违背仁，违背仁就是恶，指向仁、趋向仁就是善。所有的分析判断与决策，不能违背义，违背义就是恶。大部分的具体行为和行为规范，不能违背礼，违背礼就是在培养恶，符合礼就是在培养善。因此，我们把这六种德行称为根本德行。其中仁为根本德行的根本，为根本德行中的主要德行。知、勇、义、礼、权为根本德行中的辅助德行。知、仁、勇是内在根本德行，侧重个体的心理品质。义、礼、权是外在根本德行，侧重应对具体的情境变化的合理性和给群体带来仁爱和谐。外在德行都是内在德行拓展而来的，是内在德行的外在表象。

所以，仁、知、勇、义、礼、权六种根本德行是一个整体，它们构成了一个具有内部结构的德行体系。我们如果要解析其他非根本德行，诸如温、良、恭、俭、让等德行的内涵，则免不了要与这个根本德行体系发生关系。

这个根本德行体系的内在结构如图 5-1 所示。

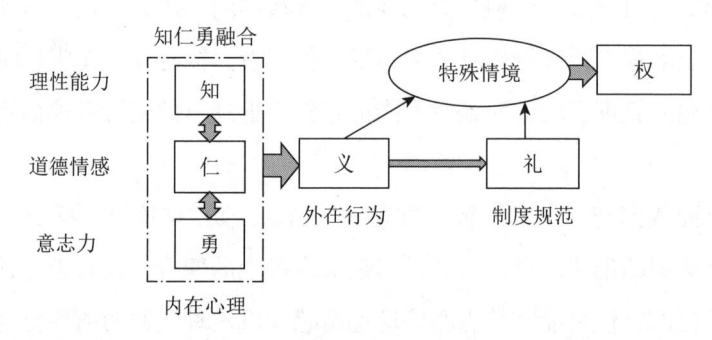

图 5-1 六种根本德行之间的关系

三、德行管理的概念与类别

现代管理学对德行管理的研究主要集中在领导者的德行问题上。20 世纪 70 年代，西方学者发现在华人企业中，儒家伦理是组织成员行为规范的基础，也是企业行为的重要指导方针。领导者必须展现财务与商业上的成就以及大公无私的德行，这样才能赢得普遍的尊重。德行既是企业领导者的重要修养，也是员工们对其上级的一致期待，更是员工心悦诚服遵循上级指示和命令的主要源泉。大体上，德行领导包含了遵守社会规范、正直廉洁、关心下属成长、仁厚诚挚等四个因子。遵守社会规范因子反映了环保意识、可持续发展观念在增强，这与中国传统文化中"天人合一"，追求人与自然和谐以及人与社会、人与人之间和谐的思想一脉相承。正直廉洁因子体现了在企业中，员工希望领导者能够做到不以权谋私，办事公正，对下属一视同仁。领导者展现出的这种节俭奉公、遵守道义、正直公平、以大局为重的人格魅力，会使下属有一种归属感，往往能够激发下属深层次对领导者、对组织的承诺，并增强下属的工作动力。关心下属成长因子主要包含了关心下属成长，为下属的成长提供机会、条件和建议，对下属宽容宽厚等内容。仁厚诚挚因子表明了企业领导者并不是高高在上、唯我独尊的指挥者，而是经常与员工进行沟通交流，了解员工的需求和看法的领导者，这样的领导者更容易得到下属的敬重和爱戴。这与儒家提倡的"为政以德"，弘扬仁爱精神的思想是完全一致的。仁是根本德行，是各种德行的源泉，对中国人的道德人格、心理、意识、性格，乃至于行为都产生了深远的影响，也影响着人们对道德品质、道德行为的理解和判断。为人和善、有同情心、平易近人、不摆领导架子、为人厚道、待人诚恳仍然是当代人们心目中理想的德行领导者的重要特征。

相比之下，中国传统文化中的德行管理并不仅仅针对领导者或管理者[1]的德行，实际上中国传统文化中的德行管理是同时从管理者、被管理者以及管理者对被管理者三个方面去谈的。这样就有了三类德行管理思路。

中国传统文化中的德行管理特别是儒家的德行管理，强调"正人先正己"，对人的德行培养与管理贯穿整个管理过程。只有管理者的自我

---

[1] 在对人的管理这个维度上，领导者与管理者基本上是同义词，只不过谈到领导者时一般认为是上级管理者，而谈到管理者时则没有这种视角。

德行管理达到了一定的境界，特别是在知、仁、勇三种德行上明显超越了被管理者，才可以保证对被管理者进行管理的有效性。管理者通过自我管理有了较高的内在修为之后，再通过言语教化、行为示范等方法帮助被管理者提升素质，这个过程就是一个管理者把自己的内在境界或者说德行外化为具体的行为影响被管理者的过程，我们可以称之为外化管理。在管理者对被管理者进行管理的过程中，被管理者也要积极努力地进行自我管理。被管理者的自我管理和管理者的自我管理不太一样。管理者的自我管理一般是主动进行的，因为他既然立志要成为管理者，就自然容易有比较强烈的动力，会自己主动去学习圣贤之道，践行圣贤之道。而被管理者的自我管理一般是在管理者的引导下进行的，是把管理者的教化内化为自己的心理品质的过程。这样我们就可以把德行管理分为三类，即管理者的自我管理、管理者对他人的管理、被管理者的自我管理。

第一，管理者的自我管理。管理者的自我管理是整个德行管理的起点，包括对自己的身心进行管理。要搞好自我管理，首先要求管理者信奉圣贤之道。当然这个信奉不是盲目相信，而是要经过相当长时间的学习与思考之后得出理性结论。这个结论首先在理论上、逻辑上没有问题，然后再用个人的管理实践去检验。管理者开展自我管理实践，还必须有一颗诚敬之心，要有所敬畏，踏踏实实地去践行圣贤之道，这样就一定会有真实的体悟，最后会达到诚意的境界，也就是体会到圣贤所说的心灵内在的境界。敬就是做诚意正心的功夫，诚就是诚意正心功夫做到了，体验到了圣贤所说的内在境界。有了这样的内在境界，良心就不会被蒙蔽，仁德就不会失去。然后，在待人接物的过程中，依据内在的仁德境界，以忠恕之道来推导自己的行为应该如何，从而不断完善自己的知、仁、勇三种基本德行。知、仁、勇是推行外王之道的君子应该具备的最核心的德行。所以，管理者自我管理的整个过程贯穿着一条德行管理的线索。这条线索大体上可以概括为"信－敬－诚→忠－恕→知－仁－勇"这样一个结构。

第二，管理者对他人的管理。管理者由内而外地对被管理者施加影响的过程，就是由内圣而外王的过程。从管理者的视角来说，这也可以属于自我管理的一部分。但从整个组织的视角来说，管理者对他人进行管理的过程，本质上是管理者根据自己内在仁德的要求和外部具体情境的要求，找到合理的办法或行为来处理人事物的过程。这个合理的办法或行为既能反映自己仁爱之心的要求，又能激发或者保护被管理者的仁爱之心。这个合理的办法或行为就是义。也就是管理者用义行去影响身边的人，然后，根据仁心义行和组织的具体情况，形成一套能够同时反映三者的制度规范去影响整个组织的人，这套制度规范就是所谓的礼。所以，管理者对他人管理的整个过程也贯穿着一条德行管理的线索，这条线索大体上可以概括为"仁→义→礼"这样一个结构。

第三，被管理者的自我管理。被管理者由外而内地接受管理者影响的过程，也不是完全被动的。被管理者要提升德行，不可能完全被动，必须有主动性。被管理者在接受管理者的影响之后，只有主动思考、体悟以及应用，才能真正提升自己的德行，这样一个过程实际上也可以算是一个自我管理的过程。被管理者首先要学会通过自己身边的亲友来培养仁德，比如依靠对父母的孝、对哥哥姐姐的悌来规范自己的言行，从而培养自己的仁爱之心。在家庭内部把仁德的根基打牢，然后再拓展到其他亲友，以及亲友之外的人和相关事情。在这个拓展过程中，主要依靠忠恕原则来规范自己的言行，从而把自己内心的仁德真正培养起来。所以，被管理者自我管理的整个过程也贯穿着一条德行管理的线索，这条线索大体上可以概括为"孝－悌→忠－恕→仁"这样一个结构。

第二节 德行与境界

在中国传统文化中，德行与人的境界密切相关，德行越高则境界越高。那么，人的境界到底可以分为多少个层次呢？《孔子家语·五仪解》根据人的德行，把人的境界分为五个层次，即庸人、士人、君子、贤人、圣人，并对这五个层次的人的特征进行了详细的描述。我们以这个分类为基础，结合其他的儒家传统经典的观点，把人的德行和境界分为六种，即圣人、贤人、君子、士、小人、邪恶之人。这六种人，如果进一步归纳，大体上又可以分为三类：第一类是圣人和贤人，统称圣贤；第二类是君子、士；第三类是小人和邪恶之人。

下面我们对这几种人进行一个详细的分析。

一、圣贤的境界

圣贤是圣人和贤人的合称，指的是有内在的境界的人。这种境界一般需要通过长期的身心方面的修行才能获得，一般都是有真实体验的，而不是一种心态、一种观念。

《孔子家语·五仪解》对圣人境界的描述是："所谓圣者，德合于天地，变通无方，穷万事之终始，协庶品之自然，敷其大道，而遂成情性；明並日月，化行若神，下民不知其德，覩者不识其邻，此谓圣人也。"意思是，所谓圣人，就是品德与天地之道相合，变通自如，探究万物的规律，顺应万物的本性，广施大道以成就万物的性情。他们如日月那样光明，如神灵那样化行天下。黎民不知道他们的德行有多崇高，即便见到也不知道圣人就在身旁。这便是圣人。

由上述描述可见，圣人已经达到"天人合一"的境界，他们的能力已经和人们崇拜的神明差不多了，人们已经没办法认识到他们的德行有多么伟大了。

至于贤人，《孔子家语·五仪解》说："所谓贤人者，德不逾闲，行中规绳，言足以法于天下，而不伤于身；道足以化于百姓，而不伤于本；富则天下无宛财，施则天下不病贫，此贤者也。"意思是，所谓贤人，他们的品德不逾越常规，行为符合礼法。言论足以成为天下表率，却不会招来祸患；道德足以感化百姓而不会给自己带来伤害。他虽富有，天下人却不会怨恨；广施恩泽，天下人便不必担忧贫困。这样的人就是贤人。

可见，贤人的内在境界不如圣人，他们基本上还是处于人道的境界，但是在德行方面他们几乎就是完美的人，他们的言行都值得人们效法。按照我们的人性论模型来说，圣贤的良心远远大于他们的私心。所以，他们品行高尚，乐于助人。并且他们在身心方面有着长期的训练，使得他们在知情意等心理维度方面的能力都远超常人。相对于常人来说，他们可以说是具有完美人格的人。当然，圣人是完善的，贤人相对来说不完善，德才不如圣人，但仍然是普通人的榜样，他们的任务是教化他人，所谓"先觉觉后觉"。

由于圣人已经超越了人道，所以，圣人在人道之中并不一定都会有相似的行为表现。因此，根据圣人的不同表现，《孟子·万章下》提出了四种圣人。

第一，清圣人。"伯夷，目不视恶色，耳不听恶声。非其君，不事；非其民，不使。治则进，乱则退。横政之所出，横民之所止，不忍居也。思与乡人处，如以朝衣朝冠坐于涂炭也。当纣之时，居北海之滨，以待天下之清也。故闻伯夷之风者，顽夫廉，懦夫有立志。"意思是，伯夷，眼睛不看狐媚之色，耳朵不听淫荡之声。不是他理想的君主，不去侍奉；不是他理想的百姓，不去使唤。天下太平，就出来做事；天下混乱，就退居乡野。施行暴政的国家，住有暴民的地方，他都不忍心去居住。他认为同乡下人相处，就好比穿戴着礼服礼帽坐在泥地炭灰之上。就在商纣的时候，他住在北海边上，期盼着天下的清平。所以闻知伯夷高风亮节的人中，贪夫都能变得廉洁，懦夫也能独立不移。

第二，任圣人。"伊尹曰：'何事非君？何使非民？'治亦进，乱亦进，曰：'天之生斯民也，使先知觉后知，使先觉觉后觉。予，天民之先觉者也。予将以此道觉此民也。'思天下之民匹夫匹妇有不与被尧舜之泽者，若己推而内之沟中，其自任以天下之重也。"意思是，伊尹说：哪个君主，不可以侍奉？哪个百姓，不可以使唤？天下太平时出来做官，天下混乱也出来做官，上天生育这些百姓，就是要让先知先觉的人来开导后知后觉的人。我是天生之民中的先觉者，我将以尧舜之道来开导芸芸众生。在天下的百姓中，只要有一个男子或一个妇女没有被尧舜之道的雨露所沾溉，便好像自己把他推进山沟里让他去死一样。伊尹就是如此把匡扶天下的重任一肩挑上。

第三，和圣人。"柳下惠不羞污君，不辞小官。进不隐贤，必以其道。遗佚而不怨，厄穷而不悯。与乡人处，由由然不忍去也。'尔为尔，我为我，虽袒裼裸裎于我侧，尔焉能浼我哉？'故闻柳下惠之风者，鄙夫宽，薄夫敦。"意思是，柳下惠不以侍奉坏君为可耻，也不因官小而辞掉。立于朝廷，见有贤人，从不隐瞒，但一定按自己的原则办事。弃若敝屣之时，他不怨恨；穷苦困厄之际，他不忧愁。同乡下人相处，高高兴兴地不忍离开。他说："你是你，我是我，你纵然在我边上一丝不挂，哪能就弄脏我呢？"所以闻知柳下惠高风亮节的人中，胸襟狭小的变宽容了，刻薄寡恩的也变敦厚了。

第四，时圣人。"孔子之去齐，接淅而行；去鲁，曰：'迟迟吾行也，去父母国之道也。'可以速而速，可以久而久，可以处而处，可以仕而仕，孔子也。"意思是，孔子离开齐国，不等把米淘完滤干就走；离开鲁国，却说："我们慢慢走吧，这是离开祖国的态度。"应该马上走就马上走，应该继续干就继续干，应该辞官就辞官，应该做官就做官，这便是孔子。

孟子评论说："伯夷，圣之清者也；伊尹，圣之任者也；柳下惠，圣之和者也；孔子，圣之时者也。孔子之谓集大成。"显然，在孟子眼中，作为"圣之时者"的孔子是四位圣人中水平最高的。笔者认为，四位圣人中仅次于孔子的是"圣之任者"伊尹，他是一代贤相，用自己的才能和德行造福于国家和人民，也非常了不起。再次就是"圣之和者"柳下惠，他在任何时候都能够明哲保身，和光同尘，说明他的内在境界非常稳定，不会受到外界影响。而"圣之清者"伯夷，虽然也达到了圣人境界，但他最后因为逃避现实而饿死在首阳山，很可能说明他的内在境界还不够稳定，还会受到外界影响。

二、君子与士的境界

君子和士都是有崇高理想的人，是良心大于私心的人。他们虽然不一定有稳定的内在境界，但是至少相信存在圣贤，希望自己也成为圣贤，希望自己能够成就一番事业，并且这个事业是有利于整个社会的。

君的本义是领导者，子为古代的尊称。所以，君子的本意是值得尊敬的领导者。

什么样的领导者会值得大家尊敬呢？当然是德才兼备的领导者。也有一些人具备作为领导者的才能和德行，但是没有实际成为领导者，这些人也被认为是君子，这样君子就有在位的君子和在野的君子的区分。

《孔子家语·五仪解》对君子境界的描述是："所谓君子者，言必忠信，而心不怨；仁义在身，而色无伐；思虑通明，而辞不专；笃行信道，自强不息，油然若将可越，而终不可及者，君子也。"意思是，所谓君子，说出的话一定忠信，心中没有怨怒；身有仁义的美德而没有自夸的表情；考虑问题明智通达而话语委婉。遵循仁义之道努力实现自己的理想，自强不息。他那从容的样子好像很容易超越，但终究没有人可以达到那种境界。这样的人就是君子。

《荀子·子道》描述了两种不同的君子："子路入，子曰：'由，知者若何？仁者若何？'子路对曰：'知者使人知己，仁者使人爱己。'子曰：'可谓士矣。'子贡入，子曰：'赐，知者若何？仁者若何？'子贡对曰：'知者知人，仁者爱人。'子曰：'可谓士君子矣。'颜渊入，子曰：'回，知者若何？仁者若何？'颜渊对曰：'知者自知，仁者自爱。'子曰：'可谓明君子矣。'"这段话把君子划分为士君子和明君子两种，这显然不是根据君子境界的高低进行划分的，而是根据君子境界的侧重点划分的。

士君子是比较重视外王事业的君子，特点是知人和爱人。知人说明他有智慧，爱人说明他的仁爱之心强大，能够推己及人，甚至先人后己。

明君子是比较重视内圣功夫的君子，特点是自知和自爱。自知和自爱似乎普通人也能够做到，毕竟谁不爱自己，自己对自己肯定是很了解的。但明君子的自知，不仅是了解自己的性格、外貌、才能或者自己有多少财产等外在的东西，而且是要全面深刻地了解自己的心灵，继而管理好自己的心灵，让自己心灵的各方面都能够得到提升。说白了，真正的自知是需要不断地做内圣功夫才能达到的境界。自爱也是如此，只有真正自知，才能真正自爱。比如我们的心灵喜欢宁静，但是我们普通人整天追求名利财色等外在的东西，导致心灵无法宁静。我们的身体喜欢健康的食物，但我们吃的东西却不见得健康。所以，要做到真正的自知

第五章　德行管理

和自爱并不容易。真正的自爱应该是努力追求不依赖于外界因素的内在稳定境界，也就是圣贤的境界。只有这样的境界才能让人内心宁静，让人真正拥有稳定而持久的幸福。

这里还谈到士的特点，"知者使人知己，仁者使人爱己"。显然，士还是在追求外在的东西，希望别人能够知道自己，了解自己，拥护和爱戴自己。之所以这样在乎外在的东西，是因为缺乏内在的境界。如果内在有稳定的境界，就能够安住在内在境界中自得其乐，不需要依靠外在的名利之类的东西来满足自己。所以，士虽然也和君子一样追求知和仁两种德行，但士对这两种德行的理解远不如君子深刻。

关于士的特点，在《孔子家语·五仪解》中有详细的描述："所谓士人者，心有所定，计有所守，虽不能尽道术之本，必有率也；虽不能备百善之美，必有处也。是故知不务多，必审其所知；言不务多，必审其所谓；行不务多，必审其所由。知既知之，言既道之，行既由之，则若性命之形骸之不可易也；富贵不足以益，贫贱不足以损，此则士人也。"意思是，所谓士人，他们心中有确定的原则，有明确的计划。即使不能尽到行道义治国家的本分，也一定有遵循的法则；即使不能集百善于一身，也一定有自己的操守。因此，他们的知识不一定非常广博，但一定要审查自己具有的知识是否正确；话不一定说得很多，但一定要审查说得是否确当；路不一定走得很多，但一定要明白所走的路是不是正道。知道自己具有的知识是正确的，说出的话是确当的，走的路是正道，那么这些正确的原则就像性命对于形骸一样是不可改变的。富贵不能对自己有所补益，贫贱不能对自己有所损害。这样的人就是士人。这段话说得比较绕，大体上，士的特点可以概括为：有理想，有原则，有恒心。

首先，士有理想，有原则。孔子说，"士志于道"，志于什么道？无

165

疑是内圣外王之道。始于修身，继则齐家。家包含家庭、家族、家乡。更推而广之，则有治国之道。继续推扩，超国家而上，则有平天下之道。孟子说，士"尚志"，并解释说："仁义而已矣。杀一无罪非仁也，非其有而取之非义也。居恶在？仁是也；路恶在？义是也。居仁由义，大人之事备矣。"（《孟子·尽心上》）意思是，所谓尚志，就是崇尚仁和义。杀死一个无罪的人，是不仁；不是自己的东西却去占有，是不义。尚志之士是不会这样做的。把心安放在哪里？安放在仁德上，把行为安放在哪里？安放在义行上。尚志者如果把仁作为自己内心的根本，把义作为自己为人处世的原则，居于仁而行于义，就能逐步成长为一个大人。

其次，因为士"尚志"，所以会衍生出一个特征，就是"有恒心"。孟子说："无恒产而有恒心者，惟士为能。若民，则无恒产，因无恒心。苟无恒心，放辟邪侈，无不为已。"（《孟子·梁惠王上》）意思是，没有固定的产业，却有稳定不变的思想，只有士人能做到。至于百姓，没有固定的产业，随之就没有稳定不变的思想。如果没有稳定不变的思想，就会胡作非为，坏事没有不干的了。所以，这个恒心不仅是做事情能够持之以恒，而且是对崇高理想的追求能够持之以恒。如果仅仅有崇高的理想，却不能持之以恒地去追求，那么，理想永远只是理想。《易经》说："不恒其德，或承之羞。"故欲求人才，当先看其恒心，然后看志向，有恒有志，若志于道，必能使智慧、仁心不断增长。若人无恒心，何事可成？无恒心之人基本上都是庸人，难堪大用。

《论语·子路》对士的境界进行了分类："子贡问曰：'何如斯可谓之士矣？'子曰：'行己有耻，使于四方，不辱君命，可谓士矣。'曰：'敢问其次。'曰：'宗族称孝焉，乡党称悌焉。'曰：'敢问其次。'曰：'言必信，行必果，硁硁然小人哉，抑亦可以为次矣。'"在这段话里，孔子把士分为三等。

第一等的士是"行己有耻,使于四方,不辱君命"。意思是他践行修身之道,能知有耻,出使四方,能不辱没君命。这里有两个要点,"行己有耻"和"使于四方,不辱君命"。有耻者有所为有所不为,看见好的言行,以自己做不到为耻;发现不好的言行,以自己不能避免为耻;替君主做事,以不能帮助君主成为尧、舜之君为耻;说出来做不到,以之为耻。有羞耻之心,才会"知耻而后勇",继而发愤图强。另外,第一等的士必须有才能,能够完成领导下达的任务,即"使于四方,不辱君命"。如果只有伟大的理想,却没有成就一番事业的才能,也不能算真正的一等之士。

第二等的士是"宗族称孝焉,乡党称悌焉"。意思是他有非常好的声誉,宗族里的人说他对长辈孝顺,乡党之人称他对邻里非常友爱。换句话说,他能使家庭和睦,其乐融融。原因是他能够做到孝和悌,孝使老人得安乐,悌使兄弟姒娌相和睦。《论语·学而》说:"孝弟也者,其为仁之本与?"培养仁爱之心最重要、最基础的功夫就是践行孝悌。孝悌能够让家庭和睦,继而影响周围一个社区的风气。因此,中等的士,不一定有很高的才能,不一定能够成就一番事业,但是他能够尽到家庭责任,让亲朋好友都称赞他孝悌,从而为改善一个小地方的社会风气贡献一份力量。

第三等的士是"言必信,行必果,硁硁然小人哉,抑亦可以为次矣"。意思是他说话一定算数,绝不食言;做事情一定会坚持到底,绝不半途而废。他的意志坚定得像石头,其实应该算是小人的一种呀。但在小人中也算难得了,勉强可以算士吧。为什么"言必信,行必果"的人是属于小人的范畴呢?《孟子·离娄下》说:"大人者,言不必信,行不必果,惟义所在。"儒家认为个人的言行不能只考虑个人,还应该考虑对别人的影响。说话不考虑他人的感受,行动不考虑可能给家人带来的后果,只追求个人的小恩小信,称心快意,就脱离不了小人的范畴。小人的私心特别重,做事情都是从自己的立场出发,即使老师告诉他们要重视德行,比如要守信用,他们也仅仅是考虑自己要守信用,至于自己守信用是否会给其他人造成严重的伤害,他们是不考虑的。而君子则良心超过私心,他做事情始终都会考虑其他人的感受,会考虑自己的言行是否合理,是否合适,有时候甚至为了他人的利益,让自己的名誉受损也在所不惜。

另外,《论语》中还谈到狂狷之人:"狂者进取,狷者有所不为也。"狂狷之人达不到中庸的人才的水平,但也可以作为一时之选。狂者进取,可以放在需要开拓创新的岗位;狷者有所不为,可以放在需要保守稳健的岗位。这样我们就可以把士分为四类。

第一等的士是崇尚圣贤文化,重视修身且有能力为国家做贡献的人。

第二等的士是崇尚圣贤文化,重视修身且能够为周围带来和谐的人。

第三等的士是狂狷之人,他们同样崇尚圣贤文化,重视修身,但是有所偏颇,要么进取之心有余,要么自律之心有余。

第四等的士只能勉强算士。他们说话算数,做人有原则,做事有底线。这种人如果也能够崇尚圣贤文化,积极学习圣贤文化,重视修身,也就是真正的士。但是,如果他们努力的方向搞错了,就是小人了。

三、小人的特点

儒家经常把君子和小人放在一起进行比较,小人的特点和君子的特点基本上相反。具体而言,小人可以分为三类。

第一类,硁硁然小人。这类人虽然没有内在境界和崇高理想,但是也崇尚德行,做人做事有原则,最典型的特征就是"言必信,行必果"。

第二类,庸人。这是最常见、最普遍的小人。《孔子家语·五仪解》

对其特点有详细的描述："所谓庸人者，心不存慎终之规，口不吐训格之言，不择贤以托其身，不力行以自定；见小暗大，不知所务；从物如流，不知其所执，此则庸人也。"意思是，所谓庸人，他们心中没有谨慎行事、善始善终的原则，口中说不出有道理的话，不选择贤人善士作为自己的依靠，不努力行事使自己得到安定的生活。他们往往小事明白大事糊涂，不知自己在忙些什么；凡事随大流，不知自己所追求的是什么。这样的人就是庸人。可见，庸人就是没有内在境界和崇高理想的人。

第三类，斗屑之人。斗屑是气量狭窄的意思，他们的特点其实和庸人差不多，但是私心比庸人重，气量狭窄，情绪波动大，自控能力差，这种人遇到特定情境时，非常容易激发心中的恶念，就可能变成坏人。相比之下，庸人还没有那么容易变成坏人。

第三节 德行的养成

真正的德行都是在追求内圣境界的过程中，在对自己的心的管理实践中，在破除各种胡思乱想和私心欲望的过程中自然形成的。内圣的境界有多高，德行就有多么圆满。圣贤的各种德行都是其内圣境界的自然流露。所以德行的养成本身是身心管理的结果。如果专门谈德行的养成，那么主要就是谈根本德行"仁德"的培养。如果"仁德"不能培养好，其他的德行再好都不是真正的德行。

下面我们从德行培养的标杆、德行培养的重要阶段和德行培养的一个重要方法三个方面来探讨德行的培养问题。

一、德行培养的标杆

孔子曾对自己一生的境界做了概括:"吾十有五而志于学,三十而立,四十而不惑,五十而知天命,六十而耳顺,七十而从心所欲,不逾矩。"这是儒家德行培养的一个标杆。

第一,"吾十有五而志于学"。十五岁时正好是人的身体发育期,这时候大部分孩子看上去已经和成年人一样高大了。这时候就要立下自己的志向。孔子说有志于学,学什么?按照儒家一贯以来的观点,无疑是学内圣外王之道。当我们真诚客观地反省自己的内心时,就会发现我们不希望虚度一生,我们希望得到快乐和自由。这样我们就会去寻找让自己不虚度一生与得到快乐和自由的方法,继而确立自己的志向。经过一段时间的认真比较和分析,我们会发现各种理想之中最伟大的志向当然就是内圣外王,也就是内在成为一个圣贤,外在成为一个君子,做一个德才兼备、受人尊敬的领导者。当我们走上内圣外王这条大道的时候,人生各个阶段对自己的要求就不能和普通人一样了,应该有一个相对较高的标准。而孔子每个人生阶段的修身情况就是儒家弟子修身的一个很好的标杆。

第二,"三十而立"。内圣外王乃是知行合一的学问。孔子三十岁时对于这门学问的知识方面的学习已经基本完成,理论已经通达,能够抵挡各种歪理邪说的影响。同时,在实践上孔子能够初步做到把所学与日常行为相结合,达到行为的自律,这就是"三十而立"。

第三,"四十而不惑"。不惑就是没有疑惑,当然对任何事情都没有疑惑是做不到的,这里指的是孔子对内圣外王之道已经没有任何疑惑了。从外王的角度来说,孔子已经能够把外王理论和实践很好地结合了,对于管理实践中的各种问题,都能够抓住本质,都能够解决,已经没有什么管理实践问题能够难倒他了。从内圣的角度来说,孔子已经有了内在的境界，能够把修行的理论和实践很好地结合，内在各种神秘的体验都不会让他迷惑了。

第四，"五十而知天命"。什么是天命？《中庸》说："天命之谓性，率性之谓道。"《论语》中子贡说："夫子之文章，可得而闻也。夫子之言性与天道，不可得而闻也。"可见，性与天道、天命密切相关。从性字的构成来看，由生和心两个字构成，顾名思义就是能够产生心灵的就是性。性为生心的物，而心是认识世界的工具。知天命就是见到本性，也叫明心见性。这个境界超越于语言，超越于任何世间的学问，所谓"高山仰止，景行行止，虽不能至，心向往之"。这个境界也就是圣人的境界。这句话说明，孔子在五十岁的时候见到自己的本性，知道了生命的本源，正式跨入圣贤之列了。

第五，"六十而耳顺"。耳顺就是什么话都能听得进去，不至于别人夸奖就高兴，别人批评就不高兴，被人辱骂就愤怒。从外王的角度来说，就是对于周围的人，孔子能够很快地就判断出其性格特征，从而对自己与对方的交流有一种很准确的预判，这样就不会因为对方对自己说好听的话或者不好听的话而影响自己的心境。从内圣的角度来说，凡夫是别人夸奖就高兴，别人批评就不高兴，被人辱骂就愤怒。但圣贤因为见到了心的本源，能够清清楚楚地观察到自己的起心动念，观察到各种心理活动发展的规律，所以，他的心境往往是非常稳定、非常平静的，外界的称赞、批评、辱骂等很难激起他内心的情绪反应。孔子在五十岁初步体会到圣贤的境界，经过十年修行，开始有了非常稳定的圣贤境界，因此，无论别人说什么话都不会影响他的心境。

第六，"七十而从心所欲不逾矩。"这句话中的矩，一般认为是礼。孔子到七十岁时，内心的想法以及外在的各种行为都符合周礼。周礼本身就是内圣外王的工具。周礼的设计者周公也是圣贤。周礼是周公根据自己内心的境界而制定的各种行为规范，践行周礼一方面可以培养自己的仁爱之心，另一方面也可以维护统治的稳定。所以，孔子在七十岁的时候，其内圣功夫和外王行为已经完美地结合在一起了。

综合起来，十五岁有志于学习内圣外王，三十岁、四十岁学习完成内圣外王的理论并能够将理论和实践相结合，五十岁、六十岁分别达到圣贤的初步境界和稳定境界，七十岁则达到了圣贤的完成境界，成就真正完善的圣贤人格。这就是儒家德行培养的标杆。

二、青少年时期的德行培养

德行培养越早越好。儿童和学生时代是德行培养的重要阶段。中国古代思想家针对这两个阶段，讨论了很多德行培养的方法。

1. 童蒙养正

《易经·序卦传》："蒙者，蒙也，物之稚也。""蒙"是事物在幼稚阶段的状态，事物刚开始的时候，肯定会有迷蒙。对应人生来说，就是儿童时期。因此，古人把幼儿教育称作蒙学。《易经·蒙卦》曰："蒙以养正，圣功也。""正"者，止于一也，道为一，止于一，即合于道。用现在的话来说，就是树立正确的价值观。

"童蒙养正"，什么是养正？身、口、意正而无邪，是谓养正。端身正坐，如对圣容，此为身正；口无杂言，断诸嬉笑，此为口正；意不散乱，屏息万缘，此为意正。如此慢慢培养，就具备了学习圣贤之道的基础，即使不能成就圣贤人格，也打好了做人做事、做学问、成就一番事业的基础。年龄较大的人，已经形成了一些不好的习惯，要想做到这些不太容易。但童蒙阶段一片天真，未染恶习，很容易教导，就像纯净的白纸上最容易画出美丽的图画。

《弟子规》是"童蒙养正"思想的代表经典。《弟子规》原名《训蒙文》，是清朝李毓秀所作的三言韵文，是儿童行为规范读物。《弟子规》主要就是通过培养儿童孝、悌、谨、信等与德行相关的具体行为，来弘扬儿童内在的良心，从而为仁德的培养打下坚实的基础。同时，《弟子规》也培养儿童一些良好的生活和学习习惯。该文分为五个部分，首章"总叙"是将孔子的话用三字句改编而成，正文分为"入则孝，出则悌""谨而信""泛爱众，而亲仁""行有余力，则以学文"四个部分，并对其进行阐释，列举了为人子弟在家、外出、待人、接物、处世、求学时应有的礼仪规范。清朝时，《弟子规》被朝廷高度重视，被定为幼学必读教材，并被誉为"开蒙养正最上乘"的读物。

《弟子规》首先就是谈孝悌。孝主要是指子女尊敬、关爱和赡养父母。它体现的是代与代之间晚辈对长辈的责任与情感。比如在生活中照顾父母的起居、关心他们的身体和情绪等诸多方面。悌侧重于兄弟姐妹之间的友爱敬重，特别是弟弟对兄长的尊重。兄弟姐妹在相处过程中彼此关怀、相互扶持。

父母是对我们恩情最大的人，我们如何报答父母的恩情呢？等到父母年纪大了，我们给父母养老是一种报答。但在儿童时代，我们如何表示对父母恩情的报答呢？那就是对父母表现出尊敬关心的态度，听从父母的教诲。换句话说，孝并非强行规定的道德规范，而是我们内在良心的一种表现。一个人如果对自己的父母都不感恩，都不愿报答，那么我们可以推断，这个人将来在社会上，对于帮助他、关心他的人，很可能也不会给予回报。这就是俗话说的没良心的白眼狼。所以，孝敬父母是《弟子规》中最基本的要求，也是体悟良心、弘扬良心最基本的方法。悌是对待兄弟姐妹友爱，特别是指年纪小的弟弟妹妹尊重哥哥姐姐。孝悌常常连用，共同构建了家庭内部和谐的伦理秩序。一个懂得孝敬父母的人往往也会比较容易践行悌，因为这种人更容易将尊重、关爱等良好品质延伸到兄弟姐妹之间。同时，兄弟姐妹之间和睦相处，也能让父母感到欣慰，这在一定程度上也是孝的体现。

但是，孝和悌在本质上还是有很大的差异，因为孝是由于父母对自己有恩情，我们用孝敬父母的方式来表达感恩之心，这是良心的天然要求，而兄弟姐妹之间虽然有亲情，但不见得会有恩情，有些兄弟姐妹甚至会相互嫉妒，争夺父母的关爱。那么，儒家强调悌，强调弟弟妹妹对哥哥姐姐要尊重，哥哥姐姐对弟弟妹妹要关爱，其人性基础在哪里呢？其实，这是一种双向的要求，弟弟妹妹通过主动对哥哥姐姐表达尊重而赢得哥哥姐姐对弟弟妹妹的关爱，哥哥姐姐通过主动对弟弟妹妹表示关爱而赢得弟弟妹妹对哥哥姐姐的尊重，从而实现兄弟姐妹之间的和睦相处，这样也会让父母很高兴。反之，如果弟弟妹妹对哥哥姐姐不尊重，那么，哥哥姐姐对弟弟妹妹就很难产生关爱之情，这时候他们会很容易对弟弟妹妹产生嫉妒厌恶之心。因为弟弟妹妹的出现使父母对自己的关心与照顾减少了。这样父母不在身边的时候，弟弟妹妹就很容易被哥哥姐姐欺负了。所以，从趋利避害的角度来说，弟弟妹妹也应该主动表现出对哥哥姐姐的尊重之心。而哥哥姐姐如果主动表现出对弟弟妹妹的关心爱护，实际上就是在主动帮助父母分担照顾弟弟妹妹的任务，是一种有孝心的表现，不仅能够赢得弟弟妹妹的尊重，也能赢得父母的喜欢。反之，不仅很难赢得弟弟妹妹的尊重，也会让父母不高兴。

可见，孝悌能够让全家的关系都非常和睦，让家庭成员之间彼此都能够感受到爱意，这样仁爱之心就能不断地发展。如果家庭生活中总是充斥着争吵、嫉妒乃至彼此的算计和打骂之声，那么要让仁爱之心得到发展，是非常难的。

另外，《弟子规》还谈到了对人、对事、对物应有的正确态度。比如，要尊敬师长，关怀体贴他人；互助合群，宽厚待人；见贤思齐，知恩图报；注重礼仪，讲求信用；承担责任，知过必改；面对困难，冷静思考；节用爱物，感恩大自然的赐予；等等。总之，《弟子规》是一部培养儿童德行的重要经典。

2. 学生时代的德行培养

学习是培养德行的基本方法。中国传统文化经典《礼记·学记》按照学习的年限，分别说明了学习要达到的目标："一年视离经辨志；三年视敬业乐群；五年视博习亲师；七年视论学取友，谓之小成；九年知类通达，强立而不反，谓之大成。夫然后足以化民易俗，近者说服而远者怀之，此大学之道也。"这些学习目标很多都与德行培养有关。

"一年视离经辨志"的意思是，通过一年的学习，学生应该不拿课本就能够说清楚课本上经典文章的核心思想是什么，能够分辨是非对错以及什么值得追求、什么不值得追求，从而明确自己未来的志向。可见，第一年的学习就是要给学生灌输一个正确的三观和人生追求。这个人生追求在儒家看来就是对内圣境界和外王事业的追求。"离经辨志"也说明学习绝不是死记硬背，而是要掌握核心要点，掌握真正对自己的人生有指导价值的内容。

"三年视敬业乐群"的意思是，通过三年的学习，学生应该能够专心于学业，同时，结交学友和睦相处，相互研习得益。"敬业"代表对专业知识的学习，是说真正学进去了，并且认真践行了。这里的专业知识一般是指用于谋生的专业知识技能。有了专业知识技能，就能够保障自己将来在某一个行业谋生。"乐群"是指能够与同学和睦交往。"敬业"代表认知能力的提升，代表智商方面的修习。"乐群"代表情感能力的提升，代表情商方面的修习。

"五年视博习亲师"的意思是，第五年考查学生的知识面是否广博，是否能主动去亲近师长，从而获得师长有针对性的指导和帮助。老师和学生是一对多的关系，学生比较多时，老师限于时间和精力，很难做到因材施教。这时候，只有主动去亲近师长的学生，才能获得有针对性的指导。"博习亲师"仍然是智商和情商方面的修习。但是，"敬业"是学习专业知识，成为专才，获得谋生技能；而"博习"是学习更为广泛的知识，获得高远的见识，成为通才，为将来成为领导者做准备。所以，将"敬业"和"博习"结合起来，就可以成为一个T型人才，即通专才。"乐群"是与同学或者同级别的人交往，"亲师"则是与师长或者更高级别的人交往。显然，"亲师"的难度高于"乐群"。与师长在一起交流的压力一般比与同学在一起交流的压力大得多。这也是为了将来与高层次的人脉交往打基础。

"七年视论学取友，谓之小成"的意思是，第七年考查能否讨论学业的是非优劣，以及选择贤能之人为友；合格的为小有成就。能够"论学"就是能对别人的学问和观点进行评论分析，这说明有了自己的独立见解。能够"取友"就是能对周围交往的人进行分析判断，了解对方的德才情况，以及优势和劣势，为将来当领导识人用人打下坚实的基础。这样的人已经可以在社会上做一番事业了。

"九年知类通达，强立而不反，谓之大成"的意思是，学生学习了九年，他们的智慧能够触类旁通，能够灵活运用知识解决没有遇到过的问题。在人生大道理方面没有什么困惑，三观非常成熟和坚定，因而能够发挥强大的影响力，不会人云亦云，即使周围的人都不认同，环境很糟糕，自己仍然能够坚持、坚守。这样，他们将来做官就足以教化民众，变易旧习，形成良好的风俗。

"夫然后足以化民易俗，近者说服而远者怀之，此大学之道也。"学成之后，可以使亲近的人心悦诚服，疏远的人心向往之，这就是大学问之道。

3. 远离不良环境

青少年的三观不成熟，周围环境中的人事物对青少年的德行培养有着巨大的影响力。远离不良的环境也是培养德行的重要手段。古时候有孟母三迁的故事，内容是：孟子小时候，住的地方靠近墓地，孟子就和小伙伴们玩起了办理丧事的游戏，经常模仿大人跪拜、哭嚎的样子。孟母看到后，觉得这个地方不适合孩子居住。于是，孟母决定搬家，将家搬到了集市附近。集市充满了各种商业活动，孟子和小伙伴们就开始模仿商人做买卖的样子，学商人吆喝叫卖。孟母看到孟子的这种变化后，觉得这个环境也不利于孟子的成长。于是，孟母又一次搬家，这次她把家搬到了学校附近。学校里充满了朗朗的读书声和尊师重道的氛围。孟子受到这种良好环境的熏陶，开始变得守秩序、懂礼貌，并且对读书产生了浓厚的兴趣。他经常和学校里的学生一起学习礼仪和文化知识，逐渐展现出对学问的热爱。

当然，不仅青少年在培养德行的过程中需要远离不良环境，成年人如果德行修养水平还不够高，缺乏内在境界或者内在境界还非常不稳定，也同样需要远离不良环境。《礼记·玉藻》中说："君子远庖厨，凡有血气之类，弗身践也。"意思是说，君子要远离血气杀生之事。厨房经常有杀害生命的事情，而君子要长养自己的仁心，杀生之事对于仁爱之心的长养非常不利。因此，君子要远离厨房，非不耻庖厨之意。《孟子》中说："恻隐之心，仁之端也；羞恶之心，义之端也；辞让之心，礼之端也；是非之心，智之端也。"此"四心"是人所共有的，也是性善的基础。人能够认识到"四心"的存在，并将其由"端"而养大，就能够行仁义，成人成圣。孟子将心、性和天联系起来，认为"四端"乃人心固有，是上天的赋予，人性善是人天生之本来面目。只有从内心承认这一点，才能够在内心中涌现出动力。"君子远庖厨"，正是顺应了这种人性，使人主动践行道德，养成君子人格。

三、养气与天人合一

儒家德行的培养还有一个非常有特色的方法，那就是"养气"。

"养气"是孟子提出来的。孟子说自己善养浩然之气，他的学生就问他什么是浩然之气。孟子说："难言也。其为气也，至大至刚，以直养而无害，则塞于天地之间。其为气也，配义与道；无是，馁也。是集义所生者，非义袭而取之也。行有不慊于心，则馁矣。我故曰，告子未尝知义，以其外之也。必有事焉而勿正，心勿忘，勿助长也。"（《孟子·公孙丑上》）意思是，浩然之气是很难用言语说明白的。因为这是一种体验，普通人没有体验过就很难说清楚，如人饮水，冷暖自知。但是，可以感受到这股浩然之气的宏大和刚强超过世间的一切。要想体验到这股浩然之气，就必须用内心的正义感去培养它，同时不去损害它，那么就可以使它充满天地之间而无所不在。那浩然之气，与仁义和道德是相配合的。如果内心不能持续充满仁义和道德，浩然之气就会像人得不到食物一样疲软乃至衰竭。所以，浩然之气是由正义在内心长期积累而形成的，不是通过偶然的正义行为来获取的。自己的所作所为若有不能心安理得的地方，则浩然之气就会疲软乃至衰竭。所以我说，告子不曾懂得什么是义，是因为把义看成心外之物。一定要在心中有集义这件事而不要停止，心中不要忘记，不要用外力（违背规律地）帮助它成长。根据孟子的描述，可见浩然之气和内心的仁义道德境界乃是一体两面的东西，是一个长期进行仁义道德修养的人内心形成的一种境界，这个境界又可以帮助人反观自己是否能够始终在内心保持仁义道德。

南宋民族英雄文天祥在抗元失败后，身陷囹圄，受尽折磨。他在狱中所作的《正气歌》，荡气回肠，名垂青史，这正是对孟子浩然之气理念的生动体现。文天祥在《正气歌》中说:"余囚北庭,坐一土室。室广八尺,深可四寻。单扉低小,白间短窄,污下而幽暗。当此夏日,诸气萃然:雨潦四集,浮动床几,时则为水气;涂泥半朝,蒸沤历澜,时则为土气;乍晴暴热,风道四塞,时则为日气;檐阴薪爨,助长炎虐,时则为火气;仓腐寄顿,陈陈逼人,时则为米气;骈肩杂遝,腥臊汗垢,时则为人气;或圊溷,或毁尸,或腐鼠,恶气杂出,时则为秽气。叠是数气,当之者鲜不为厉。而予以孱弱,俯仰其间,于兹二年矣,幸而无恙,是殆有养致然尔。然亦安知所养何哉?孟子曰:'吾善养吾浩然之气。'彼气有七,吾气有一,以一敌七,吾何患焉!况浩然者,乃天地之正气也,作正气歌一首。"大体意思是,他被囚禁在一个环境非常糟糕的牢房,屋子里到处都是秽气,大部分人都因此染病。而他的身体也不算强壮,在这样差的环境中生活了两年,却没有什么病,是很不可思议的事情。文天祥自己认为这应该就是自己懂得养气的缘故。他体验到了孟子所说的那种博大刚正的浩然之气。这股气乃是天地之间的凛然正气,各种邪气、污秽之气不能侵犯。所以,他才能在那种糟糕的环境中待那么长时间而不生病。

除了孟子和文天祥之外,汉代大儒董仲舒也研究过"养气"问题。董仲舒根据天人合一的观念,提出了养心贯通养气、义利兼顾以及治身与治国要具有一致性等观点。董仲舒提出,"循天之道以养其身"。什么叫"循天之道"呢?那就是"中和",而通过"养气"能够使身体达到"中和"的状态,这样就会长寿。董仲舒认为"中和"是宇宙以及人体中阴阳二气最为均衡和圆满的一种状态,当这种状态在人身得以实现时,"养身"也就获得了"其寿极命"这一最为理想的效果。而通过"养气"达到"中和"的状态,是一个实现天人合一境界和提升自己德行的过程。

从人性论的角度来看，人的私心之所以会压倒良心，一个重要原因就是人有贪欲。在很多情况下，人产生贪欲是因为内心觉得有所不足。"欲"字从造字来看，就是欠缺谷物的意思。而"养气"能够让内心感受到至大至刚的充实感，因而能够减少对外界的贪欲。一旦体验到了充斥天地之间的浩然正气，就很容易进一步去体悟天人合一的境界。所以，培养浩然正气也是实现天人合一的一个重要途径。

后世儒家学者在思考人格塑造和道德修养问题时，纷纷借鉴孟子的"养气"思想，不断丰富和完善儒家的道德修养体系，使其更加系统和深入。"养气"说所强调的正义、刚正等品质逐渐融入中华民族精神之中，成为中华民族性格的重要组成部分。它激励着中国人在面对外敌入侵、社会黑暗等艰难困苦时，始终坚守正义，不屈不挠，保持高尚的民族气节和人格尊严。"养气"说强调通过不断积累和修养，培养一种宏大、刚正的精神气质，这种观念也影响了中国人的人生态度。它鼓励人们在追求道德完善和个人成长的道路上，积极进取，不断提升自己的精神境界，以一种坚定的信念和乐观的精神面对生活中的各种挑战。

第六章
才能管理

第一节 才能、人才与德才的关系

在中国传统文化典籍中，德行和才能大都是混在一起讨论的，只有德才兼备的人才是真正的人才。所以，我们在讨论才能管理的时候，也离不开对德行的思考。

一、才能与人才

才能是指一个人已经具备但未表现出来的知识、经验和体力、智力。管理学在谈论人的才能时，往往会用人格心理学中的一些特质要素来分析，而管理活动中则会用一些人才测评工具来测量人的才能。如果从前面的人性论模型来看，人的理性能力是构成人的才能的主要因素。按照理性的四种分类，我们就可以直接将人的才能分为四种。

第一，工具理性发达的人，才能表现在智商方面，比较适合从事科研，特别是理工类的科研工作。

第二，价值理性发达的人，才能表现为对价值问题敏感，善于分析一个事情长期、全方位的影响，适合从事政府相关的管理和决策工作，比如法律、外交、公共服务等相关工作。

第三，交互理性发达的人，才能表现在情商方面，适合从事公关、营销、培训、基础教育等相关工作。

第四，内省理性发达的人，才能表现在自我提升方面，他们往往善于解决问题，具有深刻的洞察力，适合做领导决策或者参谋工作。

当然，这仅仅是一种对人的才能的分类方法。理性只是构成人的才能的主要方面，如果在某些方面有比较强的天赋，那么也是一种才能，比如运动才能、音乐才能、美术才能、表演才能，而这些与理性的关系都不是很密切。

人到底有哪些常见的才能？如何分类？对此，有很多不同的观点。比如，当代教育心理学家霍华德·加德纳（Howard Gardner）把"在特定文化情境中解决问题或创造有价值成果的能力"定义为才能（Intelligence，也翻译为智能、才智）。

他提出人类的九种基本才能，分别如下。

第一，语言才能：主要是对词汇、语法、语义的敏感性和逻辑叙事能力。比如语言学家对语言的研究、诗人对词语韵律的把握、律师构建严谨的辩论框架等都需要运用这项才能。因此，这项才能对于作家、记者、辩论者、翻译家、律师等相关职业具有非常重要的意义。

第二，逻辑数学才能：主要是逻辑推理、抽象思维和数学建模解决问题的能力。比如数学家通过归纳与演绎推理证明定理、物理学家设计实验验证理论等都需要运用这项才能。因此，这项才能对于科学家、程序员、会计师、侦探等相关职业具有非常重要的意义。

第三，空间才能：主要是三维空间感知、想象和创造视觉图像的能力。比如飞行员判断飞行路线、画家进行构图创作、雕刻师进行雕刻等都需要运用这项才能。因此，这项才能对于飞行员、设计师、建筑师、雕塑师等相关职业具有非常重要的意义。

第四，音乐才能：主要是感知、创作、演奏音乐及理解音乐情感内涵的能力。比如调音师对音高与节奏进行识别、音乐家通过交响乐表达个人情感等都需要运用这项才能。因此，这项才能对于音乐相关的职业具有非常重要的意义。

第五，身体运动才能：主要是通过身体动作表达思想、解决问题或创造作品的能力，也包括身体本身的运动速度、耐力、力量、柔韧性和协调性等能力。比如外科医生通过精细的动作控制进行显微手术、舞者通过肢体协调完成高难度动作、运动员在比赛中调整具体的动作策略等都需要运用这项才能。因此，这项才能对于外科医生、舞蹈家、运动员、手工艺人等相关职业具有非常重要的意义。

第六，人际才能：主要是理解他人动机与情绪，并与他人建立良好关系的能力。比如心理咨询师捕捉微表情、外交官化解国际争端、领导者激励员工协作等都需要运用这项才能。因此，这项才能对于心理咨询师、政治家、教师、社会工作者以及销售人员等相关职业具有非常重要的意义。

第七，内省才能：主要是深入理解自我情绪、动机和目标，并以此指导行动的能力。比如哲学家进行自我反思、管理者进行自我情绪管理、创业者制定个人长期规划等都需要运用这项才能。因此，这项才能对于哲学家、管理者、心理学家等相关职业具有非常重要的意义。

第八，自然观察才能：主要是识别自然现象规律、对物种进行分类并与环境互动的能力。比如环保从业者观察生态情况进行生态评估、生物学家区分不同的动植物、探险家利用自然资源完成探险活动等都需要运用这项才能。因此，这项才能对于生物学家、气象学家、农民、园艺师等相关职业具有非常重要的意义。

第九，存在才能：主要是思考生命意义、宇宙本质等终极问题的抽象思维能力。比如哲学家进行抽象复杂的哲学思辨、伦理学家探讨人工智能的道德边界、科幻作家想象未来文明等都需要运用这项才能。因此，这项才能对于哲学家、科幻作家、理论物理学家等职业具有非常重要的意义。

上述九种才能中，有的才能具有通用性，有的才能不具有通用性，比如身体运动才能、音乐才能、自然观察才能在一些领域是用不上的。所以，有学者专门研究通用才能，比如麦克利兰提出了21项通用才能要素，并将21项要素划分为6个具体的组合：一是管理组，包括团队合作、培养人才、监控能力、领导能力等；二是认知组，包括演绎思维、归纳思维、专业知识与技能等；三是自我概念组，包括自信等；四是影响力组，包括影响力、关系建立等；五是目标与行动组，包括成就导向、主动性、信息收集等；六是帮助与服务组，包括人际理解力、客户服务等。

还有学者提出管理型人才应该具有四种能力：一是自我管理能力，包括自我尊重、正确对待权力和自我控制等；二是人际关系能力，包括换位思考、正确预计他人的需要、考虑他人的行动等；三是领导能力，包括建立团队、维持团队、激励团队、建立共同愿景和巩固团队等；四是商业能力，包括制订计划、管理预算、绩效评估、成本管理和战略管理等。

人才有时候会被顾名思义地理解为有才能的人，但在现代教育体系的影响下，几乎每个人都可能拥有一定的才能，但是人才却是少数。人才应该理解为拥有超出平均水平的才能的人。如果具体到企业中，人才是指具有一定的专业知识或专门技能，能够胜任岗位能力要求，进行创造性劳动并对企业发展做出贡献的人，是能力和素质较高的员工。

企业中的人才可以分为经营人才、管理人才、技术人才、营销人才、财务人才和人力资源人才等六大类。

第一，经营人才。经营人才主要侧重于企业的战略规划、市场开拓和资源整合等宏观层面的事务。经营人才需要有长远的战略眼光，能够预见市场的变化和行业的发展趋势；对市场需求和竞争态势有着深刻的理解；善于整合各种资源，包括资金、技术、人才等；不断寻找新的业务增长点，开拓新的市场和客户群体。

第二，管理人才。管理人才主要负责企业内部的组织协调、人员管理和流程优化等工作，确保企业的日常运营高效有序。管理人才需要有效地组织企业内部的人力、物力和财力资源，使各个部门和环节之间相互配合。

第三，技术人才。技术人才掌握企业核心技术。高阶的技术人才通常专注于技术研发，探索新技术的应用，为企业的技术创新提供动力。中阶的技术人才承担技术项目的具体工作和执行技术操作任务。

第四，营销人才。营销人才负责企业营销战略和策划方案的制定。他们要研究市场动态、消费者需求和竞争对手的情况，从而设计出有创意的营销活动方案。他们直接与客户打交道，完成产品或服务的销售任务。营销人才需要具备良好的沟通能力、人际关系处理能力和抗压能力，因为他们要面对各种各样的客户和销售压力。

第五，财务人才。财务人才负责财务战略、预算规划的制定和财务风险管理等工作。财务人才需要为企业的重大决策提供财务方面的专业意见，如投资项目的财务可行性分析、并购活动中的财务评估等。同时，需要负责企业日常的财务管理工作。

第六，人力资源人才。人力资源人才负责制定人才招聘计划、员工培训与发展规划、薪酬福利体系等人力资源政策，并开展具体的人力资源管理工作。

每种人才都有具体的一些才能素质要素，学术界往往用胜任力模型来研究人才的才能情况。胜任力模型是指为了完成某项工作，达成某一绩效目标，要求任职者具备的一系列不同素质要素的组合，包括知识、技能、能力、特质、动机等。这些要素被整合在一起，用于描述在特定工作环境中有效执行工作任务所需的关键行为特征和个人属性。比如，一个销售岗位的胜任力模型可能包括市场与产品知识（知识）、良好的沟通技巧（技能）、客户需求洞察力（能力）、积极主动的工作态度（特质）和强烈的成就动机（动机）等多个要素。这些要素相互配合，共同构成判断一个人是否能够胜任销售工作的标准。

二、德行与人才

在现代组织管理中，人才的德行问题往往用价值观来代替。在很多企业里，价值观或者说道德问题属于"一票否决"的因素。换句话说，就是管理者在评估员工的德行时，只要员工没有触犯底线，往往就认为大家都差不多。不少组织领导者认为现代社会是一个价值观多元化的社会，不同的行为在不同的文化和不同的价值观中所形成的道德评价是有很大差别的。所以，管理者不能轻易评价别人的德行如何。

对于组织中人才的"能"与"德"的关系，有一种比较常见的观点，即把能力和德行按照强弱分成四种情况。

第一种情况，能力强、品德强，破格任用。组织对于价值观、能力双优的员工，应该将其列为重点培养对象。不仅要加强对这类人才的培养，还要立为标杆、让他当师傅，通过优秀人才的影响力打造更多的优秀群体。

第二种情况，能力差、品德强，培养使用。很多国有企业按照"德能勤绩廉"的标准选拔干部，这具有极强的实践意义。能力培养相对容易，即使很难培养，也可以通过招聘找到能力强的人才，但是人才的价值观要与企业匹配却需要一段时间，有时候甚至可能出现无法匹配的情况。因此，如果组织内部有品德很好的人，且有学习意愿，那么通过培养使其"德才兼备"，无疑是一个更好的选择。

第三种情况，能力强、品德差，限制使用。对于企业的某些稀缺型人才，由于可替代性低，所以不能因为其品德不好而立即淘汰。只要他没有触犯企业或法律的底线，就可以在短期内边使用、边防范，同时，尽快培养人才，有了后备人才之后，就可以考虑将其调换至非关键岗位，降低其影响。总之，用其独特能力，削弱负向影响，尽快培养后备，不能长期使用。

第四种情况，能力差、德行差，即刻淘汰。如果一个人德行不好，工作能力又很差，那么就基本上没有了培养的价值。

可见，从德才关系来看，领导者首先需要的是德才兼备的人才。其次，领导者会去培养有德行但缺乏才能的人，将其培养成为德才兼备的人才。至于有才无德的人，领导者只会在不得已的情况下使用，并且还会小心防范。

如果一个人的底线德行不行，那么越有才能反而越危险。在《国语·晋语·智果论智瑶必灭宗》中记载了这样一个故事："智宣子将以瑶为后，智果曰：'不如宵也。'宣子曰：'宵也很。'对曰：'宵之很在面，瑶之很在心。心很败国，面很不害。瑶之贤于人者五，其不逮者一也。美鬓长大则贤，射御足力则贤，伎艺毕给则贤，巧文辩惠则贤，强毅果敢则贤。如是而甚不仁。以其五贤陵人，而以不仁行之，其谁能待之？若果立瑶也，智宗必灭。'弗听。智果别族于太史为辅氏。及智氏之亡也，唯辅果在。"意思是，智宣子打算立智瑶为继承人，但智果觉得不如立智宵。智宣子说智宵性格暴戾凶狠，恐怕会不得人心。而智果说智宵这个人性格暴戾凶狠只是表面上的，其实内心还是比较善良的。而智瑶则相反，他是内心暴戾凶狠。内心暴戾凶狠会败坏国家，而表面上暴戾凶狠却不会有大的危害。智瑶有五个方面的优点和一个缺点。相貌好，善于骑马射箭，孔武有力，多才多艺，善于写文章和言辞辩论，做事情果断又坚毅，这都是他的优点。他的缺点是缺乏仁爱之心。他用五个方面的优点凌驾于他人之上，做事情又不讲仁义，谁能忍受他呢？如果立他为继承人，我们家族必有灭族之祸。结果智宣子不听，智果就要求太史将自己的姓氏由智氏改为辅氏，以表明自己和智氏不是同族人。后来在智瑶手中，智氏果然被灭族。

需要明确的是，这里说的"德"是底线德行，对于一般的行业或者普通岗位，运用上面的原则来处理人才的底线德行和才能的关系问题已经足够了。不过有一些特殊的行业、职业或者岗位，社会对其底线德行的要求会比较高。比如教育行业的教师岗位对于教师的底线德行就有比较高的要求，也就是所谓的师德师风要求。因为教师承担着育人的职责，他们的德行会对学生的价值观产生深远影响，所以人们会对教师的德行有更高的要求。又如医疗行业的医护人员，他们需要与患者建立信任关系，他们的道德操守关系到患者的健康和生命安全，因此，人们也会对他们的德行有更高的期待。再如金融行业的从业者，他们掌握着客户的大量资金和重要财务信息，如果没有较高的底线德行来确保诚信和合规，那么整个金融行业都难以发展。总的来说，不同的行业或者职业对从业者的道德要求都有一些差异，这些差异往往就形成了不同职业的职业道德。

此外，组织中大多数人的德行可能都会高于所谓的底线德行，但是不见得能够达到让大众或者组织领导者满意的道德水平。也就是说，大多数人的德行实际上处于让人满意的优秀德行和底线德行之间，这就形成一个很大的空间。所以，选拔一些重要的人才时，仅仅考核底线德行是不行的。比如，选拔领导干部时，由于领导干部的决策和行为对组织的方向、风气有重大影响，所以如果领导干部德行有亏，可能引发腐败、滥用职权等问题，给组织带来极大的危害。另外，古人说，上行下效，领导干部会成为下属的标杆，领导干部的德行有问题，将会使整个组织的文化出现很大的问题。因此，在选拔领导干部时，对德行的考核是至关重要的。

大体上，组织在选拔人才时，对于普通岗位，在能力可以胜任的情况下，往往只需要考虑人才的底线德行就可以了，而对于比较重要的岗位，往往把"德才兼备"作为理想标准。但在实际操作中，候选者不见得在德行和才能两个方面都能够让人满意，这个时候往往会依据具体的组织需求、岗位特性、战略目标来灵活地确定是"以德为先"还是"以才为先"。

在底线德行没有问题的时候，常见的才能优先的情况如下。

第一，处于技术创新和研发驱动的领域时：在高科技行业，如人工智能、半导体芯片研发等行业，需要顶尖的专业人才来突破技术瓶颈，推动行业发展。此时专业才能的权重会更高，因为创新成果是企业的核心竞争力。

第二，应对紧急且复杂的业务挑战时：当企业面临激烈的市场竞争，急需拓展业务，扭转财务危机时，就需要能快速解决问题的专业人才，比如有丰富经验的市场营销专家、财务管理高手等。在特殊时期，他们的才能有助于企业摆脱困境，只有优先考虑才能解燃眉之急。

第三，以特定项目制工作且目标清晰明确时：比如大型建筑项目、电影制作项目等，需要在短时间内完成既定目标，此时专业技能和经验是项目成功的关键，有才之人能够高效实现目标。

而越是关键岗位，越是领导人才，越是德行优先。否则万一出了问题，破坏太大。而且有时候德行并非一般意义上的仁义礼智信之类的德行，比如《史记·孙子吴起列传》中有这样一个故事："吴起为西河守，甚有声名。魏置相，相田文。吴起不悦，谓田文曰：'请与子论功，可乎？'田文曰：'可。'起曰：'将三军，使士卒乐死，敌国不敢谋，子孰与起？'文曰：'不如子。'起曰：'治百官，亲万民，实府库，子孰与起？'文曰：'不如子。'起曰：'守西河而秦兵不敢东乡，韩赵宾从，子孰与起？'文曰：'不如子。'起曰：'此三者，子皆出吾下，而位加吾上，何也？'文曰：'主少国疑，大臣未附，百姓不信，方是之时，属之于子乎？属之于我乎？'起默然良久，曰：'属之子矣。'文曰：'此乃吾所以居子之上也。'吴起是兵家的"亚圣"。他担任魏国的西河守，有很高的声望和良好的政绩。魏国设立了国相一职，但最终选定田文出任，这让吴起心里很不痛快。所以他找到田文，对田文说："我能够统领三军，使手下的士兵们都愿意效死力，让敌国都不敢对魏国有所图谋。在这方面，你和我比起来怎么样？"田文很坦诚地回答不如吴起。吴起接着又问："治理百官，让官员们各司其职、有条不紊地开展工作，亲近万民，赢得百姓的爱戴和拥护，充实国家的府库，使国家钱粮物资充足。在这些方面，你和我比谁更强？"田文依旧如实回答不如吴起。吴起再问："我镇守西河地区，使得秦国的军队不敢向东进犯，而且韩国和赵国这两个邻国都对魏国恭敬顺从。在这点上，你与我相比如何？"田文还是回答不如吴起。吴起便问："为什么你的才能和功劳都不如我，还能高居我之上呢？"田文回答说："魏国现在的局势是君主年少，国家内部人心惶惶，大臣们还没有完全归附，百姓对新的领导集体也缺乏信任，在这样动荡且关键的时期，是把国家大事托付给你合适呢，还是托付给我合适呢？"显然，相比吴起，国君更加信任田文，相信他会忠于自己，大臣也更加信任田文，相信他当了国相会关照大家。可见，针对关键的高级岗位选拔人才时，忠诚和信任往往比才能更加重要。

三、传统人才思想与人才学

1. 传统人才思想

中国古代凡是论政言事的文献中，都将人才品鉴作为一个重要论题。从先秦诸子到汉代文献，都不乏有关识人用人的论述。但是，中国古代不存在西方式的分类体系，所以，人才品鉴著作在目录学中散列于诸子。比如《论语》当中就有很多关于识别人才、使用人才的论述。《大戴礼记·文王官人》就是一篇非常优秀的谈人才的理论性文章。《孔子家语·弟子行》对孔子的主要弟子的才能做了细致的论述。大体上，在中国古代文献中，讨论人的才能时，往往是将才能和德行放在一起论述，专门论述才能的著作比较少见。其中，《人物志》《观人学》等可以算是比较侧重论述才能的著作。

《人物志》是三国时期刘劭所撰，西凉刘昞为其作注，该书融会贯通了儒家、道家、法家、名家、阴阳家等先秦两汉时期的学术思想，在知人、识人、用人、育人等各个方面都有非常独到的见解和全面周详的论述。唐朝刘知几在《史通·自叙》中说："五常异禀，百行殊轨，能有兼偏，知（智）有长短。苟随才而任使，则片善不遗，必求备而后用，则举世莫可，故刘劭《人物志》生焉。"唐朝李德裕说："余尝览《人物志》，观其索隐精微，研几玄妙，实天下奇才。"现代学者多把《人物志》视为古代心理学和人力资源管理学著作，其人才评价的论述和研究路径，同当代西方心理学、行为科学呈现出较高的吻合度。

《观人学》则是民国时期邵祖平编撰的一本观人、识人、用人的经典著作。该书探讨人才的本质特征、价值体现以及在社会发展中的重要作用，阐述了不同类型人才的特点和优势，为人才的识别与培养奠定了理论基础。该书还详细介绍了古代的多种观人方法，包括通过观察外貌特征、行为举止、言语表达、兴趣爱好等方面来洞察一个人的性格、品德、才能和潜力等。

2. 人才学

人才学是中国学者首先提出并建立的一门学科。20 世纪 70 年代末 80 年代初，中国刚刚进入改革开放的新时期，百废待兴，对各类人才的需求极为迫切。当时的社会环境促使中国学者开始思考人才的成长、培养和使用等一系列问题。在这种时代背景下，中国学者雷祯孝等率先开展人才学的研究，拉开了这门学科在中国系统性构建的序幕。1979年，雷祯孝、蒲克在《人民教育》杂志第9期发表《应当建立一门"人才学"》，呼吁建立独立的人才学学科。此后，众多学者积极参与到人才学的研究中，成立了专门的人才学研究机构，如中国人才研究会等。这些机构的成立促进了人才学在理论和应用方面的快速发展，人才学研究的范围不断扩大，涵盖人才成长规律、人才选拔、人才管理等多个领域。

2003年12月，第一次全国人才工作会议在北京召开，会上提出"大力实施人才强国战略"，中央的这一重大决策部署促使各级地方党委、政府进一步重视人才工作，全面加强人才问题的调查研究，有效激励了众多高校及社科界开展关于人才问题的学术理论研究，对人才学的发展产生了极其重要的推动作用。2010年5月，第二次全国人才工作会议在北京召开。这次会议的召开再次有力推动了人才学的全面发展。2011年底发布的《中华人民共和国国家标准 学科分类与代码》中，人才学从三级学科一举提升为二级学科。人才哲学、人才思想史、人才制度史、人才心理学、人才教育学、人才管理学、人才测评学、人才培训学等学科蓬勃发展。

随着中国人才学研究的深入，其成果也逐渐在国际上受到关注。其他国家虽然没有专门的人才学，但也有人才学相关的研究，这些研究往往分散在人力资源管理学、教育学、心理学等相关学科领域中，从不同的角度来探讨人才的相关问题。

中国人才学研究经过四十多年的发展，在取得丰硕成果的同时，也存在一些问题。最典型的就是尚未形成严谨完整的学科体系，重要的概念和理论尚未达成共识，比如人才的界定。1982年，国家有关部门提出用"学历""职称"标准来筛选人才。这一界定方法因简便易行而一直沿用至今，但实际上这种方法是有明显问题的。比如很多企业家学历低、无职称，却是极其优秀的创业人才。人才学学科的逻辑起点在何处？它在社会科学知识谱系中的准确位置是什么？与其他学科的逻辑关系及前后传承关系又是什么？这些问题至今还没有答案。由于缺乏严密逻辑和科学方法的支撑，人才学一直没有成为一个独立的专业，而缺乏相应的专业支撑和专业队伍培养，使人才学研究队伍几乎陷入后继乏力的窘境中。另外，人才学研究呈现出极为明显的波浪趋势，每当国家和社会发展中出现巨大的人才需求时，人才学就会实现一次大发展，但是两三年之后就逐渐消沉。由此可见，人才学作为一个学科还处于不成熟的阶段，构建一个严谨系统的学科体系是人才学发展亟须解决的重大瓶颈问题。

我们认为，人才学目前的发展困境主要是其学科的底层逻辑没有梳理清楚。因为人才学研究涉及人性论、心理学、人格理论、伦理道德以及传统文化等诸多相关学科和理论，所以人才学的底层逻辑和核心范式必须能够很好地将这些学科和理论串联起来。我们认为，中国传统文化和人性论研究是构建人才学学科体系最重要、最核心的理论基础。因此，本书的研究可以为人才学学科体系的形成产生一定的借鉴作用。

第二节　人才分类与选拔

现代的人才分类标准很多，有以人才的自身特点进行分类的，比如把人才分为学术型人才、工程型人才、技术型人才、技能型人才四类；

有以人才的层次进行分类的，比如把人才分为国内外顶尖人才、国家级领军人才、省级领军人才、市级领军人才、高级人才等；有以人才适合的岗位进行分类的，比如把人才分为党政人才、企业经营管理人才、专业技术人才、高技能人才、农村实用人才、社会工作人才等；还有以人才是否有足够的创新能力进行分类的，比如把人才分为创新型人才、应用型人才、复合型人才等。这些分类往往是从外部需求的角度来看人才。而中国传统文化中更多的是从人才自身素质的角度对人才进行分类，比较典型的有四科分类和五行分类方法。

一、四科分类

《论语·先进》说："德行：颜渊、闵子骞、冉伯牛、仲弓；言语：宰我、子贡；政事：冉有、季路；文学：子游、子夏。"这就是儒家所谓的"四科十哲"。也就是把人才的类别划分为德行、言语、政事和文学四类，并列举了孔子的十个弟子作为四类人才的代表人物。《论语》对人才的这种划分方式与现代人才分类的方法很不相同，非常值得我们思考。

"四科"显然不是平行的关系。"四科"是有次序的，这种次序代表了重要性，代表了一种本末关系。也就是说，"四科"的重要性依次为：德行排第一，言语排第二，政事排第三，文学排第四。为什么这样说？首先，我们需要明确一下，德行、言语、政事和文学的精确含义是什么。第一，德行指的是内在修为。第二，言语指的是口才和说服他人的能力。第三，政事指的是实际的工作能力。第四，文学指的是理论研究和教学的能力。

德行排第一比较好理解。儒家始终都是特别重视德行的培养。从管理实践来看，如果员工的德行不好，则越有才能反而越危险。对此，我

第六章 才能管理

们在前面一章已经深入剖析了。

但是，言语排第二，政事排第三，文学排第四，这背后的逻辑是什么呢？

政事是处理各种管理事务的能力，这似乎应该是才能最核心的表现，为什么却排在言语后面？难道会做事的人，还不如会耍嘴皮子的人吗？

实际上，如果我们站在管理者的角度看问题就会明白，一个人处理各种管理事务的能力很强，只代表他能够胜任某个与这些事务相关的具体岗位。真正优秀的人才应该具有管理能力，也就是说，他不仅是自己能力强，还能够带出一批能力强的人，能够管理一批能力强的人，这样的人才能被提拔为管理者。言语能力代表与人沟通交流的能力、说服别人的能力，这些都是管理者必备的能力。一个专业能力很强的人，如果缺乏这些能力，那么，他最多成为一个专家，而无法成为一个管理者。反之，一个优秀的管理者，倒不见得一定有多高的专业能力。可见，儒家对人才的四科分类实际上是按照选择管理者的要求来设计的。德行排第一，是因为如果管理者的德行不好，将会带坏全体被管理者。言语排第二，是因为管理者的日常工作大部分都是在做沟通交流，如与上级沟通交流，与下属沟通交流，与同级沟通交流，乃至与客户以及各种利益相关者沟通交流，所以管理者必须具备这方面的能力。

此外，管理者在从事具体管理活动的过程中，面对的很多事情都是常规性的工作，这些工作往往并不需要管理者具有什么特别的能力，甚至不需要他们都可以正常地进行。管理者需要关注的是非常规性的工作。非常规性的工作需要管理者具备发现问题、解决问题的能力。一个现象出来，你觉得是问题，别人不一定觉得是问题。这个时候，你就需要说服他人的能力。如果他人不认同，特别是你的领导和同事不认同，那么后续的工作就会变得难以开展。如果你的下属不认同，他们可能会在你的权威压迫下勉强配合你开展工作，但是效果一定不好。你发现了一个问题，并且提出来之后也得到了别人的认同，别人也认为确实是一个问题。但是，这个问题的严重性如何，目前是不是需要解决，别人提出的解决思路对不对，解决的方法可能很多，选择哪一个更为合理等，这些都需要管理者与相关人员进行全面的沟通交流。如果没有很好的言语能力，而仅仅是会干活，那么就不可能当好一个管理者。所以，管理者的大部分时间其实都是在不断地与各种相关人员进行沟通交流，统一大家的认识，只有统一了大家的认识，达成了共识，后续做事情才能有一个很好的基础。否则，各种不同的观点和分析一定会在做事的过程中以各种形式表现出来，导致事倍功半，甚至半途而废。

所以《易经·系辞传》说："言行，君子之枢机。枢机之发，荣辱之主也。言行，君子之所以动天地也，可不慎乎。"言行是决定君子命运的重要机能，此机能之发动又成为决定君子荣辱之因素。可见，儒家对言语方面是极为重视的。

但是，儒家重视言语，却并不强调口才，反而强调要"慎言"。孔子认为要践行诺言很难，因此说话宁可慢点，"为之难，言之得无讱乎"（《论语·颜渊》）。如果一个人大言不惭，信口开河，那么他也将难以履行，"其言之不怍，则为之也难"（《论语·宪问》）。另外，话一旦说出，即使后悔也很难再收回来。孔子弟子子贡认为"驷不及舌"（《论语·颜渊》），也就是后世所说的"一言既出，驷马难追"。正是鉴于说话如此之难，孔子一度都几乎不想说话，"予欲无言"（《论语·阳货》）。"君子一言以为知，一言以为不知，言不可不慎也。"（《论语·子张》）一句话就能表现出一个人是高明还是无知，所以说话不能不慎重。孔子还说："御人以口给，屡憎于人。"（《论语·公冶长》）做管理者如果仅仅是依靠口才来说服下属，那么，下属只会口服心不服，他们对口才好的管理者的憎恶只会不断积累，最终将带来严重的后果。所以，孔子主张："言忠信，行笃敬，虽蛮貊之邦，行矣。"(《论语·卫灵公》)言论要忠实可靠，行为要笃实恭敬，这样即使在异邦他国也能行得通。"多闻阙疑，慎言其余，则寡尤；多见阙殆，慎行其余，则寡悔。"(《论语·为政》)说和做之前要多听和多看，有疑虑拿不准的地方先保留起来，其余拿得准的部分则慎重地说出来和做下去，这样才能减少错误和后悔。

当然，"慎言"并非尽量少说话，而是当说则说，不当说就不说。"可与言而不与言，失人；不可与言而与之言，失言。"(《论语·卫灵公》)要根据具体的沟通对象、沟通情境来把握说话的时机和内容。在与人交往时，需要先对对方的品性、能力、与自己的关系等进行综合判断，确定哪些话该说，哪些话不该说。对于那些值得信赖、能够产生思想共鸣、有助于共同成长进步的人，要积极主动地交流沟通，分享有价值的想法和信息，以增进彼此的关系，共同实现目标。而对于一些不宜传播的涉及隐私、机密等的内容，则要严守口风，谨慎选择倾诉对象，避免因言语不当而给自己或他人带来麻烦。

所以，评价管理者的才能时，首先是看德行，其次就是看他说话的水平，而非他具体办事的能力。特别是中高层管理者，他们主要是依靠别人而做事，而不是自己亲自上阵做事。管理者的业绩是依靠上级的支持、同事的配合以及下属的努力完成的。管理者形成自己的团队远比提升自己处理具体事务的能力更为重要。在一般情况下，个人的能力是很难胜过团队的能力的。中高层管理者面对着各种复杂的事情和环境的变化，如果仅仅依靠个人的能力，往往就会有短板，从而导致工作出问题。如果有一个管理团队，团队成员就可以取长补短，这样就不会有短板。而打造一个管理团队，主要就是看管理者与团队成员沟通交流的能力，也就是言语能力。所以，德行和言语都是管理者必须具备的能力，相反，具体的办事能力倒不见得需要具备，特别是对高层管理者来说，不懂具体的业务不见得就不能当好高管。因为只要他能够找到忠诚的懂业务的专家为自己服务就行了。

而政事和文学，一个是具体的做事能力，一个是理论研究与教学能力，这两种能力如果管理者具有当然很好，如果没有也不一定就是缺陷。

《论语》中对"四科"列举了十个人作为代表，这就是所谓的"十哲"。下面我们把这十个人的情况做一个分析，看看他们为什么被列为代表人物。

德行排第一：颜渊、闵子骞、冉伯牛、仲弓。这四人当中只有仲弓做过很短时间的官。当然，在礼崩乐坏的时代，有德行的人不出仕也是正常的。孔子对冉雍（字仲弓）的评价极高，可以说是仅次于颜回，按理说德行方面应该是颜回第一，冉雍第二，不过冉伯牛是冉雍的父亲，把父亲放在儿子前面，从伦理的角度来说是说得过去的。为什么闵子骞也排在冉雍前面？根据历史记载，闵子骞在孝道方面做得非常好。闵子骞年幼丧母，遭后母虐待，后母用芦花为闵子骞做袄，对亲生之子则用棉絮。父亲知晓后，欲休后母，子骞说："母在一子寒，母去三子单。"于是，就此作罢。后母也很受感动，从此待三子如一。闵子骞的行为简直有点可以比肩舜帝了。这四个人中唯有颜回天赋极高，内圣修为直逼孔子。而其他三人都没有颜回这样的天赋，那么如何评价他们的德行呢？只能从外在的行为来看，从孝道做起来修内圣，无疑闵子骞是做得最出色的。就修行德行而言，在没有达到内圣境界之前，用孝道践行情况来评价其德行的高低，无疑是合理的。所以，这里把闵子骞放在冉雍前面是合理的。

言语排第二：宰我、子贡。他们的口才都很好，但是宰我的口才是偏向高智商式的，喜欢创新、挑战主流、表现自己，让人不喜欢。《论语》中记载了孔子和宰我的多次对话，从这些对话可以看到孔子对宰我的很多方面都是不太喜欢的。但是，宰我却能够有一番诡辩，有时候甚至让孔子都没办法反驳。比如宰我对守孝三年的辩驳就让孔子非常无语，只能背后说宰我不仁。子贡的口才却是偏向高情商式的，善于根据不同的情况说话，能适应主流，让人喜欢，以至于可以算是纵横家。但是子贡的口才没有用在出仕方面，相当于没有用于正道，所以排在宰我后面。

政事排第三：冉有、季路。他们都有为政之才，但是冉有的原则性差，比较会迎合上级。子路（又字季路）的原则性强，但胆大鲁莽。冉有善理财，子路善治军，二人皆有丰富的从政经验。子路比冉有更加讲原则，按道理应该排在前面，为何反而是冉有排在前面？主要是因为子路为政不善于搞好与上级的关系，不懂把握大形势，最后死于非命，相比之下，冉有却能很好地保全自己。所以，冉有排在子路前面。

文学排第四：子游、子夏。这里把二人放在理论家之中，但实际上两个人都做过官，都有一定的实践经验。子游做过武城宰，而且他有识人之明，发现了澹台灭明的德行和才能。这说明他能够把理论和实践结合起来。子夏做过莒父宰，但总体上他的实践经验比子游要少一些。子夏明显理论胜过实践，而子游则相对来说，理论和实践都不错。所以，子游放在子夏前面。

二、《人物志》的人才分类

《人物志》对人才的划分有着独到的认识。《人物志》认为人禀受阴阳之气，又为"金、木、水、火、土"这五行所感，故而能够有形状、表象。金感生筋腱，木感生骨骼，水感生血液，火感生气息，土感生肌肉。这五种外在显现的人体特征，如果先天禀受得好，则骨骼笔直柔软，叫作"弘毅"，是"仁"的资质；气质清正爽朗，叫作"文理"，是"礼"的根本；体态端正坚实，叫作"贞固"，是"信"的基础；筋腱强韧精进，叫作"勇敢"，是"义"的标准；气色平缓畅达，叫作"通微"，是"智"的本原。所以，五行的表象可以与"仁、义、礼、智、信"五常相应。这些外在显像与内在精神的交织，最后可以表现为"九征"，也就是九种身体表征。我们可以通过"神、精、筋、骨、气、色、仪、容、言"这九种身体表征来观察一个人的内在本质。根据一个人禀受阴阳五行的成分、具备九种身体表征的程度、德行和才能的比例，刘劭把人才分为偏至之材、兼材、兼德三类。如果阴阳的禀受或是偏阴或是偏阳，"九征"里面只有一种或几种比较完善，其他的表征发展得都不完备，那么这样的人才就是"偏至之材"。如果阴阳五行的禀受比较平均，"九征"的状态也比较完备，有才能也有德行，但是上述这些特质的程度都不高，那么这样的人才就是"兼材"。如果阴阳五行的禀受非常好，"九征"完备又有德行，那么这样的人才被称为"兼德"，也就是圣贤之人。这种人非常少，大多数人都是只具备某一方面或几方面才能的"偏至之材"，即偏才。《人物志》介绍了十二种偏才，分别如下。

第一，"强毅之人"，其特点是"狠刚不和，不戒其强之搪突，而以顺为挠，厉其抗"，所以，"可以立法，难与入微"。意思是，刚强坚毅的人，凶狠刚硬而不和谐，不警惕自己的强硬可能会冒犯别人，却把顺从当作软弱，更加坚持自己的强硬，所以，这样的人可以制定法规，却难以做到细致入微。

第二，"柔顺之人"，其特点是"缓心宽断，不戒其事之不摄，而以抗为刿，安其舒"，所以，"可与循常，难与权疑"。意思是，温柔顺从的人，心态舒缓、决策宽松，不警惕自己做事缺乏掌控力，却把强硬当作伤害，安心于自己的舒缓状态，所以，这样的人可以遵循常规，却难以应对变化不定的情况。

第三，"雄悍之人"，其特点是"气奋勇决，不戒其勇之毁跌，而以顺为恇，竭其势"，所以，"可与涉难，难与居约"。意思是，雄健强悍的人，意气风发、勇敢果断，不警惕自己的勇敢可能导致失败，却把顺从当作胆怯，耗尽自己的气势，所以，这样的人可以经历艰难险阻，却难以安于俭约的生活。

第四，"惧慎之人"，其特点是"畏患多忌，不戒其懦于为义，而以勇为狎，增其疑"，所以，"可与保全，难与立节"。意思是，小心谨慎的人，畏惧祸患、多有忌讳，不警惕自己在行义方面的懦弱，却把勇敢当作轻慢，增加自己的疑虑，所以，这样的人可以保全自身，却难以树立高尚的气节。

第五，"凌楷之人"，其特点是"秉意劲特，不戒其情之固护，而以辨为伪，强其专"，所以，"可以持正，难与附众"。意思是，严峻刚正的人，秉持自己的意志，强劲而独特，不警惕自己情感上的固执维护，却把明辨当作虚伪，强化自己的专断，所以，这样的人可以坚持正道，却难以团结众人。

第六，"辨博之人"，其特点是"论理赡给，不戒其辞之泛滥，而以楷为系，遂其流"，所以，"可与泛序，难与立约"。意思是，能言善辩的人，论述事理丰富完备，不警惕自己言辞的泛滥，却把刚正当作束缚，放任自己的言辞流淌，所以，这样的人可以泛泛而论，却难以订立确切的约定。

第七，"弘普之人"，其特点是"意爱周洽，不戒其交之溷杂，而以介为狷，广其浊"，所以，"可以抚众，难与厉俗"。意思是，宽宏大量的人，心意慈爱、周全融洽，不警惕自己交往的混杂，却把耿介当作孤僻，扩大自己的混浊，所以，这样的人可以安抚众人，却难以整肃风俗。

第八，"狷介之人"，其特点是"砭清激浊，不戒其道之隘狭，而以普为秽，益其拘"，所以，"可与守节，难以变通"。意思是，耿介正直的人，针砭时弊、激浊扬清，不警惕自己处世之道的狭隘，却把普遍包容当作污秽，加重自己的拘谨，所以，这样的人可以坚守气节，却难以灵活变通。

第九，"休动之人"，其特点是"志慕超越，不戒其意之大猥，而以静为滞，果其锐"，所以，"可以进趋，难与持后"。意思是，美好活跃的人，志向仰慕超越平凡，不警惕自己心意的过于宽泛，却把沉静当作停滞，果断施展自己的锐气，所以，这样的人可以积极进取，却难以保持稳重。

第十，"沉静之人"，其特点是"道思回复，不戒其静之迟后，而以动为疏，美其懦"，所以，"可与深虑，难与捷速"。意思是，沉着冷静的人，思考问题喜欢反复琢磨，不警惕自己沉静导致的迟缓滞后，却把活跃当作疏漏，美化自己的懦弱，所以，这样的人可以深入思考，却难以做到快速敏捷。

第十一，"朴露之人"，其特点是"中疑实磝，不戒其实之野直，而以谲为诞，露其诚"，所以，"可与立信，难与消息"。意思是，朴实坦率的人，内心真诚、实实在在，不警惕自己的实在带来的粗野直率，却把狡黠当作荒诞，袒露自己的真诚，所以，这样的人可以建立信誉，却难以根据情况灵活应变。

第十二，"韬谲之人"，其特点是"原度取容，不戒其术之离正，而以尽为愚，贵其虚"，所以，"可与赞善，难与矫违"。意思是，深藏谋略的人，揣测人意、取悦他人，不警惕自己的手段偏离正道，却把坦率当作愚蠢，看重自己的虚伪，所以，这样的人可以赞扬美好，却难以矫正偏差。

三、传统的人才选拔

中国古代对人才选拔一直非常重视，最早是采取长老们推荐人才的方式。上古时期，舜帝就是被尧帝身边的四岳长老推荐的。周朝时，采取"乡举里选"的方式推荐人才，即由"乡老"（族长）等选拔本乡土的贤士，经过地方长官的上贡，直达中央。上贡到王的贤士，由王亲自考试。不过，周朝实施世卿世禄制，在这种制度下，即使有举荐选拔，往往大部分也是在宗法家族范围内推荐。超越世袭血缘关系之网被举荐选拔而登上高位的是极其偶然的例外。

到春秋时期，"礼崩乐坏"，世卿世禄制被严重破坏，一些原来不是贵族的下层人士得到破格任用，通过举荐、考核而选拔登进人才的情况越来越多。特别是到了战国时期，由于各个诸侯国之间的竞争变得非常激烈，对人才的争夺也随之变得激烈，大批的下层人士被任用，人才由举荐考核而任用（以及按劳绩提升）的官僚制度逐渐产生。

汉朝时，选拔民间人才采用的是察举制与征辟制。汉高祖十一年刘邦下诏命令各级臣下举荐贤才，开汉代察举制度的先河。汉文帝二年下诏命令各级官员举荐"贤良方正能直言极谏者"，并对被举荐者采用策问的方式进行考试。汉武帝根据董仲舒的建议，诏令各郡国举孝子、廉吏各一人，后来两科逐渐合并为一科，称为"孝廉"。此外，"秀才"也是察举的重要科目之一。孝廉重在德行，秀才重在才能。汉顺帝阳嘉元年改革察举制，规定察举孝廉要先经考试，创立分科考试制度，儒生考察经学，文吏考察章奏，"无异于后世科举之法"，孕育了后世科举制的萌芽，为科举制的产生奠定了基础。

魏文帝时，陈群创立九品中正制，由特定官员，按出身、品德等考核民间人才，分为九品录用。西晋、六朝时沿用此制。九品中正制是察举制的改良，主要是将察举由地方官改由任命的官员负责。但是，魏晋时代，士族势力强大，常影响中正官考核人才，后来甚至所凭准则仅为门第出身。于是，造成"上品无寒门、下品无士族"的现象。

南朝梁时，梁武帝在建康设立五经馆，考试及格就给官做。各地寒门士子纷纷投馆就学。其考试办法为"其有能通一经，始末无倦者，策实之后，选可量加叙录。虽复牛监羊肆、寒品后门，并随才试吏，勿有遗隔"。这明确规定了对寒门庶族子弟不论出身，随才录用。北魏、北齐时，"凡州县皆置中正。其课试之法，中书策秀才，集书策贡士，考功郎中策廉良。天子常服，乘舆出，坐于朝堂中楹，秀孝各以班草对。字有脱误者，呼起立席后；书有滥劣者，饮墨水一升；文理孟浪者，夺席脱容刀"。可见，北朝当时实行分科别类的考试办法，并且监督考场，不合格的举人当场就遭到斥黜。

到了唐代，对后世影响巨大的科举考试开始出现，并逐步完善。唐代科举考试设科繁多，不同时期设立的科目也不尽相同，前后总计不下几十种。其中常设的科目有秀才、进士、明经、明法、明字、明算、一史、三史、开元礼、童子、道举等。此外，还有制科和武科等。唐代的科举考试对后世产生了极大的影响，我们在此做一个简单介绍。

第一，秀才科。考方略策（计谋策略）五道，依文理通顺透彻程度分为上上、上中、上下、中上四等录取。隋唐时代均以秀才科为最高，所以录取难度也最大。隋代秀才科先后录取的不过十人，唐代秀才科每次录取的仅一二人。秀才科录取后，按四等授予官位，即正八品上、正八品下、从八品上、从八品下。由于秀才科录取的难度较大，唐初举行了一段时间后就停止了。所以顾炎武在《日知录》中说："唐时秀才，则为优异之科，不常举。"

第二，进士科。唐初仅考时务策（当世要事的对策）五道，后增考帖经和杂文。帖经是指默写经书。杂文是指以规谏、告诫为主题的箴、铭，晋朝的陆机在《文赋》中说："铭博约而温润，箴顿挫而清壮。"经策全通为甲等，策通四道、帖通四道以上为乙等。唐中叶后又增考诗赋，并重视诗赋的考试。往往帖经不合格的，如果诗赋考得好也可以录取。这是唐诗兴盛的反映，同时又反过来促进了唐诗的进一步发展。进士科录取分为两等，甲等授予从九品上之官职，乙等授予从九品下之官职。唐代进士科最受士子青睐，唐玄宗时每年参加进士科考试的"常不减千余人"，但及第者最多时不过30余人。进士及第者往往受到重用。有的进士及第者位及宰相，从唐宪宗到唐懿宗期间共有宰相133人，而其中进士出身者有98人，约占宰相总数的74%。

第三，明经科。可细分为五经、三经、二经、学究一经、三礼（即《周礼》《仪礼》《礼记》）、三传（即《春秋左氏传》《春秋公羊传》《春秋谷梁传》）等。在唐代，按经书的分量又把经书分作大、中、小三类：《礼记》《春秋左氏传》被称为大经；《诗》《周礼》《仪礼》被称为中经；《易》《尚书》《春秋公羊传》《春秋谷梁传》被称为小经。《论语》《孝经》为共同必试内容，要求参加科举考试的人都要掌握。明经科就是考以上儒家经典著作，方式分为帖经、墨义、时务策与口试等。明经科的录取分为四等，分别授予从八品下、正九品上、正九品下、从九品下等官职。明经科的考试要求不高，只要求熟读经义注疏就行。进士科大约每100人只有一二人被录取，而明经科大约每10人就有一二人被录取。

第四，明法科。主要考律、令等知识。明法科主要是考核考生对朝廷刑法和国家组织制度的了解程度，录取人数很少。

第五，明字科。明字科先试帖经，然后口试，最后试策。明字科考核的是文字、训诂知识和书法。明字科的设置反映了唐代重视书法的风尚。古代著名的楷书家欧阳询、颜真卿、柳公权和草书家张旭、怀素，除欧阳询生于隋唐之际外，其余四人都生于唐代，另外还有虞世南、褚遂良等书法家也生于唐代。

第六，明算科。考核算术，要求详明术理。主要考《九章算术》三条，《周髀算经》《海岛算经》《孙子算经》《五曹算经》《张丘建算经》《夏侯阳算经》《五经算术》各一条，十通六者为合格。《记遗》《三等数》帖读十得九者为合格。明算科考生主要来自算学生，算学生学业完成后参加国子监考试，合格者再参加科举省试，及第后待铨选后叙任官员，为从九品下。

第七，诸史科。有"一史"，主要考《史记》。也有"三史"，主要考《史记》《汉书》《后汉书》。史科为唐穆宗时所设。每史问大义百条、策三道，义通70条、策通二道者为合格。

第八，开元礼科。开元礼科考唐玄宗开元年间所制定的礼仪制度，为唐德宗贞元年间所设。应试者通大义70条、策二道者为合格，通大义百条、策三道者超资授官。

第九，童子科。规定凡10岁以下能通一经及《孝经》《论语》的，皆可参加童子科考试。能背诵十卷的可以授官，能背诵七卷的可以授予出身。

第十，道举科。道举科在唐玄宗时举行过，主要考《老子》《庄子》《文子》《列子》等，这是唐朝注重道家思想、扶持道教势力的反映。

第十一，制科。皇帝特别召集一些人举行的考试，称作制科。考试的时间及内容都由皇帝临时决定，随皇帝的一时高兴而定，名目很多，分"贤良方正直言极谏""博通坟典达于教化""军谋宏远堪任将帅""详明政术可以理人"等，前后不下八九十种名目。一般来说，制科要考"时务策"，即对当世要事的对策，自唐玄宗以后加试诗赋。制科是皇帝亲自网罗人才的一种办法，考试成绩优等的，可以得到较高的官职，考试成绩次一等的，可被授予出身。

第十二，武科。创立于武则天长安二年，由兵部员外郎主持，又分为平射、武举二科目。《旧唐书》载，郭子仪就是"以武举高等，补左卫长史"的。考生由州县考选后，合格者由地方官为其举行乡饮酒礼，并随地方官岁贡到京城，参加由兵部主持的考试，每年应试的常有数百至数千人，而能及第者不过数十人。其考试内容主要有长垛、马射、马枪等。长垛、马射为试弓法，马枪为试马上舞枪。此外，还有步射（射草人）、翘关、负重、身材及言语之选。

第十三，医举科。这是专门为选拔医学人才而设立的科举考试科目。最早开设于唐玄宗开元二十二年（公元734年）。考试内容为各试医经方术策十道，《本草》二道，《脉经》二道，《素问》十道，张仲景《伤寒论》二道，诸杂经方义二道，通七成以上者为合格。考生主要来自医学学校的学生。

第三节　识人用人

一、传统的识人思想

1. 识人总纲

《论语》中孔子有一句话："视其所以，观其所由，察其所安，人焉廋哉？人焉廋哉？"这可以说是中国传统文化中识人的总纲。"所以"指的是一个人产生某种言语或行为背后的动机以及其期望达到的目标。

通过动机和目标来推导一个人的良心和私心情况。"所由"指的是一个人处理某个事情的具体方式方法和采用这种方式方法背后的依据。通常，我们以事务的基本规律或原则作为我们处理事务的依据，依据决定方式方法。通过做事情的方式方法来考察一个人的智商和情商情况。"所安"指的是一个人做出某种行为或处理事情过程中的心态和信念。总结起来，孔子这句话的意思就是，观察一个人的行为的动机和期望达到的目标，思考其行动所依靠的方法和依据，揣摩其行为过程中的心态和信念，就可以彻底了解一个人。即使他想隐藏自己的真实想法，也很难做到。

这是通过观察法识人的过程中必须深入思考的三个层次的问题。只有深入思考这三个层次的问题，才能真正把握人性从"不易"的本体到"简易"的方法，再到"变易"的表象如何发展的全过程。人们各种纷繁复杂的言语和行为的背后都有其目的，目的之后都有其选择的方法和手段，最后都是从人性出发，都是为了满足或发展人性，都是其心态和信念的体现。孔子这个识人思想把人性的三个层次，把体相用都考虑到了，自然就能很深刻地认识一个人。

一般来说，识人的过程大体上有以下几个层面。

第一，最表层是语言。语言是最容易被观察到的。对语言的观察首先是观察对方语言本身的合理性，其次是语言和行为的一致性。语言的合理性比较容易判断。如果语言明显不合理，可能是这个人的逻辑思维能力不行，或者某件事情特别复杂，说话者也不是很清楚，若自身对逻辑都没有理清楚，说出来自然也会让人感觉条理不清。但是如果上述情况都不存在，一个人却说出明显不合理的话，那么，一定有他特别的用意。

用语言判断人最大的问题就是人会说假话、说套话，也就是言行不一致。所以，我们必须更深入一层，就是观察对方的行为，所谓"听其言，观其行"。看看其言行是否一致。如果言行一致，还可以继续观察言行一致的程度如何。如果一个人言行一致的程度不是很高，有可能是此人喜欢吹嘘，或者意志力比较差，志大才疏，眼高手低。如果一个人经常言行不一致，那么不一致的背后就可能存在更为深刻的隐藏的动机、手段等。

第二，行为。观察行为可以分为直接观察和间接观察，也就是分观察者在场时观察和观察者不在场时观察这两种情况。如果领导直接观察下属的行为表现，往往很容易产生偏差。因为大多数人都会在领导面前进行表现，因而无法观察到真相。所以，间接观察显得尤为重要。虽然间接观察到的行为仍然可能是伪装，但只要多观察几次，就一定会发现一些异常之处。人可以伪装一段时间，但很难伪装很长时间；可以伪装得挺像，但很难伪装得非常完美，没有蛛丝马迹可寻。

如果在观察中发现一个人做了与平时说的不一样的行为，或者与平常不太一样的行为时，我们就要深入地反思了。我们要思考他的这种反常行为背后的原因，即有哪几种可能的动机，也就是"视其所以"。然后从这些可能的动机中，找出最合理，有最大可能性的动机。寻找动机不能只靠猜测，必须多次观察，甚至主动出击，多方验证。只有这样才能找到这个人做出这个行为的真正动机。表面上的言行不一致，可能经过追究会发现，根据其背后的动机，其言行是一致的。比如《吕氏春秋·审分览·任数》记载了这样一个故事：有一次，孔子和弟子们在陈国和蔡国之间的地方受困，连续七天没吃上米饭。颜回好不容易找到一些米，便赶紧煮饭。饭快熟的时候，孔子看见颜回用手抓锅里的饭吃。孔子心里有些不悦，但他没有立刻质问颜回。等到颜回端着饭来请孔子进食时，孔子说："我刚才梦见祖先了，这饭如果干净的话，我想先用来祭奠祖先。"颜回急忙回答:"不行啊,老师。刚才煮饭的时候,有炭灰掉进锅里了,弄脏了一些米饭。我觉得把脏米饭扔掉太可惜了,于是就抓起来吃了。"孔子为什么不直接质问颜回?颜回是孔子最优秀的学生,在大家都非常饥饿的时候,他不应该出现偷吃的情况,这与颜回平时的言行看上去不一致。所以,孔子找一个理由来试探颜回,让颜回主动说出了这个行为背后的动机。

从这个故事可以看到,表面上的言行不一致,并不一定就是虚伪,可能是自己没有发现的其他因素导致这个人出现看上去言行不一致的情况。

另外,还要考虑一个人采取了某种言行之后,是否受到了道德情感的困扰。也就是"察其所安",看这个人是否会心不安。如果心不安,则有两种可能:其一,他可能有迫不得已的苦衷,才做出了这样的行为;其二,他可能是一时糊涂而做错了。对于后者,我们可以继续观察,如果他之后有非常后悔的表现或者他改正了,就证明是第二种情况。对于第一种情况,也可以继续观察,并从正面或者侧面打听他有没有一些特殊情况。发现他心不安,一定要进一步观察和打听,想方设法找到其不安的原因,这样才能全面认识一个人。

所以,儒家识人,由浅入深大体上可以有五个层次。第一个层次是言语。第二个层次是行为。这两个层次是可以直接观察到的。第三个层次是行为背后的动机和目的。第四个层次是实现目的的路径和方法。第五个层次是道德情感,包括信仰、信念或价值观等。

2.《将苑》的识人七法

诸葛亮在《将苑》中提出了考察下属的七种方法,是古代比较知名的识人方法。

第一,"问之以是非而观其志"。向对方问一些大是大非的问题,看看他的世界观、人生观、价值观如何，是正面的还是负面的，是积极的还是消极的，是善的还是恶的。这是人生的大方向。如果大方向错了，是非对错都搞不明白，那么其他方面再有才能，也没有意义了。

第二，"穷之以词辩而观其变"。找一个相关的话题，故意与他争辩，看看他的机敏反应能力如何，同时看看他的心胸和度量如何。有的人一旦辩论不过别人，就火冒三丈，跟人急眼，这种人的心胸就比较狭窄，难成大器。

第三，"咨之以计谋而观其识"。找出几个组织实践中遇到的问题，请他帮忙解决，看他有没有解决实际问题的能力和见识。如果是没有真才实学，只靠死记硬背的那种人，那么一试就试出来了。

第四，"告之以祸难而观其勇"。故意告诉他现在面临着前所未有的困难和挑战，压力很大，然后观察他的表现，看他在面对困难窘迫时，有没有勇气和魄力，是否堪当重任。有的人平常高谈阔论，头头是道，可一旦真正遇到问题了，往往畏缩不前，这就是缺乏勇气和魄力。

第五，"醉之以酒而观其性"。请他一起喝酒的时候，故意向他劝酒，让他处于醉酒或接近醉酒的状态，这时候往往能看出一个人的本性。有的人喝多后嘴上就没有把门的了，不管多大的秘密，他全给你吐露出来。还有的人酒后乱性，身上的不良习性全部暴露无遗。

第六，"临之以利而观其廉"。故意给他制造一些贪财的机会，看他在面对利益诱惑时，还能不能守住原则和底线。有的人见便宜就占，只要遇到机会，就绝不放过，说明这个人贪婪，缺乏廉洁的品德。

第七，"期之以事而观其信"。交给他一些比较复杂难办的事情去做，看他能否清楚自己有几斤几两，是否明白自己需要什么资源、需要多长时间才能完成。如果他能够在自己承诺的时间内完成任务，说明他是一个有信用的人。

3.《人物志》的识人八观

《人物志》提出了八种观察人才的方法，也非常值得我们思考。

第一，"观其夺救以明间杂"，就是说要观察一个人在善恶挣扎犹豫之际表现出的行为，从而识别"间杂"之人。一个人同时具备一好一坏两种品质就是所谓的"间杂"之人。这种人经常出现"恶情夺正"和"善情救恶"两种情况。比如，有时他看到别人身处危急之中会有恻隐之心，但是又不能够实质性地施以援手，因为害怕自己受到伤害，这种行为就是"恶情夺正"。内心有"仁"的种子，却被"不仁"这种恶的品质所压倒，最终不能够产生善举。有时，他为了救济他人，因本身物资不够，便从别的地方贪取，这种行为就是"善情救恶"。贪取是不对的，但是动机是好的，也不会造成太大的恶果。不管是"恶情夺正"还是"善情救恶"，都说明"间杂"之人的品德不稳定，必须根据善恶行为来辨识出这样的人。如果不仁的想法占了上风，他们的技艺就会变成害人的工具，这种人是不能够任用的。

第二，"观其感变以审常度"，就是说要观察一个人的心中所感与言行变化，从而知道他的真实心态。这分为"观其辞旨"和"察其应赞"两种方法。要倾听一个人的议论，根据发言的风格辨明他的性格特点。比如论点鲜明，说明性格坦白直率；论点变化多端，没有统一的原则，说明思路混乱。要观察一个人对别人的观点和见解的反应、神情变化，从而分析他真实的想法。比如有的人没有说话已经有怒色表现于形了，就说明他的愤怒之情难以掩饰了；有的人看其神情是可信的，但是实际上他的话语并不是发自心底，言辞就会不那么敏捷。观察人才时，不能够被表面的言语或者神情所蛊惑，要从神情的变化来分析一个人心里的真实感受，窥知他平常的性格。

第三，"观其志质以知其名"，就是说要观察一个人的本性特质，从而知道他有怎样的名声。比如一个人正直清廉，则会有修美之名；一个人正直冲动，则会有刚烈之名；一个人聪慧明理，则会有才能之名；一个人聪明强毅，则会有担当之名。只要观察他所拥有的本质，就知道他将会拥有怎样的名声了。

第四，"观其所由以辨依似"，就是说要观察一个人做事的原则，从而知道他是依据正道还是似是而非。"依似"的言行看似合乎规矩道理，但其内心依据的并不是规矩道理，所以是似是而非。比如同样都是喜欢指责别人，对于偏材来说，是因为本性直率；如果不是本性直率的人，喜欢指责别人就是"依似"。我们往往很难辨别这种本质上的区别，只能小心翼翼地掌握，尝试从表象所依据的本质来区分是否是真正的人才。

第五，"观其爱敬以知通塞"，就是说要观察一个人被他人喜爱和尊敬的程度，从而知道这个人是否通达万物。"爱"能够感动万物、弥合距离，"敬"可以在人与人之间树立一个相处的尺度。尺度过严，人和人会疏离，变得闭塞，而不通达。如果一个人爱少敬多，则无法获得众人的拥戴；爱多敬少，则无法获得有气节之士的忠心。只有一个人爱和敬的程度一致且诚心诚意，才算得上是通达万物，从而言行举止都能获得众人的认可和拥护。观察一个人与他人相处的"爱""敬"情况，就知道他为人处事到底是通达万物还是故步自封了。

第六，"观其情机以辨恕惑"，就是说要观察一个人的人情变化，从而知道他是否能够宽容待人，不受迷惑。人情变化有六种原因：抒发他想要的就会使他感到欢喜，不能一展他的能力就会使他怨恨，有人通过夸耀超过他的话就会使他感到厌恶，有人在他面前以谦虚的方式处于他之下就会使他喜悦，冒犯地指出他的缺乏之处就会使他忌恨，用长处贬损他的短处就会使他生出妒忌。这六种原因，都是因为人喜欢处在别人之上。但是君子不会因为别人冒犯了他的感情而怀恨在心，只有小人不懂得人情变化，一味地希望对方顺从，而且受不得丝毫的冒犯。只要观察一个人的人情变化，就可以知道他是君子还是小人了。

第七，"观其所短以知所长"，就是说要观察一个人的短处，从而知道他的长处在哪里。比如耿直的人常会斥责他人，刚正的人往往态度严厉，和蔼的人有时显得懦弱，守规矩的人又会拘泥于规矩。这些人的短处就是其长处所造成的。管理者不能一味追求完美，苛责其短处。因为有短处的人一定有长处，有长处的人一定有短处。管理者明白人才的长短所在才能更合理地使用人才。所以，通过观察其短处所在，就能了解其长处可能在哪个方面了。

第八，"观其聪明以知所达"，就是说要观察一个人的聪明程度，从而知道他所达到的境界。人才最终能够成就什么事业，与他的聪明程度是息息相关的。如果一个人才只具备一些才能品质，而没有一个更深层次的思考和明悟，那么所具备的才能品质也许就只会停留在原地，这样，他也不会成为不同类别人才中出类拔萃的人物，更不会成就多大的事业。所以，观察一个人的聪慧、明悟程度，就可以知道他将来能够取得什么样的成就了。

二、传统的用人思想

我们选拔人才要做到人岗匹配，这就是用人问题。中国古代有丰富的用人思想，我们仅以《人物志》和《大戴礼记·文王官人》的用人思想作为代表，来管窥中国古代的用人思想。

1.《人物志》的八种人才

《人物志》说："夫能出于材，材不同量；材能既殊，任政亦异。"人的能力出自其自身的才质，而每个人的才质有着不同的度量与水准；

人们的才质和能力既然存在差别，那么他们所承担的政务也就相应地有所不同。

《人物志》根据国家管理需要的相关岗位提出了八种人才与岗位的匹配情况。

第一，清节之材。"自任之能，清节之材也，故在朝也，则冢宰之任；为国，则矫直之政。"意思是，有自我担当能力的人，具有品德高尚、清正廉洁的资质，所以在朝廷之中，可担当冢宰（太宰，相当于宰相）这样的重任；治理国家时，施行的是矫正奸邪、使世风变正直的政务。

第二，治家之材。"立法之能，治家之材也，故在朝也，则司寇之任；为国，则公正之政。"意思是，有制定法规能力的人，具有治理家政的资质，所以在朝廷之中，可担当司寇（主管刑狱司法的官职）这样的重任；治理国家时，施行的是公正无私的政务。

第三，术家之材。"计策之能，术家之材也，故在朝也，则三孤之任；为国，则变化之政。"意思是，有出谋划策能力的人，具有精通谋略的资质，所以在朝廷之中，可担当三孤（即少师、少傅、少保，是三公的副职）这样的重任；治理国家时，施行的是灵活应变、随机而化的政务。

第四，智意之材。"人事之能，智意之材也，故在朝也，则冢宰之佐；为国，则谐合之政。"意思是，有人事交往能力的人，具有聪慧明智、思虑周详的资质，所以在朝廷之中，可担当冢宰的副手；治理国家时，施行的是协调融合各方关系的政务。

第五，谲让之材。"行事之能，谲让之材也，故在朝也，则司寇之佐；为国，则督责之政。"意思是，有行事能力的人，具有敢于责备、督促别人的资质，所以在朝廷之中，可担当司寇的副手；治理国家时，施行的是监督、责罚的政务。

第六，伎俩之材。"权奇之能，伎俩之材也，故在朝也，则司空之任；为国，则艺事之政。"意思是，有机变、奇巧能力的人，具有擅长技能、技巧的资质，所以在朝廷之中，可担当司空（主管工程建设等事务的官职）这样的重任；治理国家时，施行的是与工艺制造等相关的政务。

第七，臧否之材。"司察之能，臧否之材也，故在朝也，则师氏之佐；为国，则刻削之政。"意思是，有明察监管能力的人，具有辨别善恶的资质，所以在朝廷之中，可担当师氏（负责教导贵族子弟等事务的官职）的副手；治理国家时，施行的是严峻苛刻的政务。

第八，豪杰之材。"威猛之能，豪杰之材也，故在朝也，则将帅之任；为国，则严厉之政。"意思是，有威猛刚勇能力的人，具有英雄豪杰的资质，所以在朝廷之中，可担当将帅这样的重任；治理国家时，施行的是严厉刚猛的政务。

2.《文王官人》的九种人才

《文王官人》是《大戴礼记》中的一篇，主要记载了周文王对太师讲述的观察、识别和任用人才的方法与标准，反映了先秦时期的人才观和用人理念。该文提出了九种用人情况。

第一，"平仁而有虑者，使是治国家而长百姓"。意思是，选拔那些公正仁爱而有思想的人，让他们来治理国家，带领百姓。

第二，"慈惠而有理者，使是长乡邑而治父子"。意思是，选拔那些慈善贤惠而有条理的人，让他们管理乡邑，处理父子等人际关系。

第三，"直愍而忠正者，使是莅百官而察善否"。意思是，选拔那些正直而富有同情心的人，让他们监临百官，考察善恶。

第四，"慎直而察听者，使是长民之狱讼，出纳辞令"。意思是，选拔那些和顺、正直而善于观察和倾听的人，让他们掌管民间的诉讼，下达政令，了解民情。

第五，"临事而絜正者，使是守内藏而治出入"。意思是，选拔那些遇事能做到廉洁正派的人，让他们看守官仓，管理收入和支出。

第六，"慎察而絜廉者，使是分财临货主赏赐"。意思是，选拔那些谨慎而清廉的人，让他们管理财物，分发物品，主管赏赐。

第七，"好谋而知务者，使是治壤地而长百工"。意思是，选拔那些喜欢谋划而又识时务的人，让他们管理土地，统率各种工匠。

第八，"接给而广中者，使是治诸侯而待宾客"。意思是，选拔那些口才敏捷而见多识广的人，让他们管理诸侯，接待宾客。

第九，"猛毅而独断者，使是治军事为边境"。意思是，选拔那些勇猛、坚毅、做事果断的人，让他们掌管军事，保卫边疆。

三、识人用人之难

1. 易出现的谬误

尽管有着系统性的办法来识别人才，但是真正地知人并且有效地用人仍然是一大难题。《人物志》提出，识人中容易出现七种谬误。

第一，考察人才的声誉的时候，考察者容易被所听到的评价左右。所谓"众口铄金，积毁销骨"，考察者对被考察者的判断，常常受到被考察者之前名声的影响。虽然一个人过往的声誉可以反映出这个人的一些品质和问题，但也常常会有一些不同的情况出现。比如大家一致肯定的，可能有结党之嫌；大家一致否定的，可能是一个特立独行的人才。考察者在选拔人才时，如何考量被考察者以往的声誉，这是很难把握的一件事，常常出现谬误。

第二，考察人才的时候，考察者容易被自己的喜好迷惑，从而产生谬误。在没有充分了解一个人的时候,考察者常因被考察者的长处与自己相似而认可对方,却没有考察这种相似是被考察者的本质还是一时的表象;同样地,考察者也会因为厌恶对方的缺点而忽略对方的优点。

第三,考察人才的时候,考察者往往会为被考察者的心志大小所误导。不能一味地认为志向远大就是好的。其实在志向远大的基础上,胸襟心气要谦虚谨慎才好。志向远大,才可以担当重任;谦虚谨慎,才能够少犯错误。心小志大是圣贤,心大志大是豪杰,心大志小是傲慢放荡的人,心小志小是拘谨怯懦的人。胸襟与志向要相匹配才是人才,在考察的时候要谨慎判断。

第四,考察人才时往往容易因人才的成熟早晚而出现谬误。人才的成熟有早有晚,也许有的时候会从小就有端倪,但是也有许多大器晚成的例子。人才成长有变化,有过程,不能全然只凭一时的判断就论定。

第五,考察人才时也会忽略同类人才之间存在的一种规则和定理,盲目选拔大量同类型的人才。同类的偏材之间因为情理相近,自然会认同和称誉同类人才。但是同类人才之间的相处往往也存在着另外一种情形。如果同类人才之间的能力和所处的形势大有差别,则互相之间容易抱团相援;如果势均力敌,则会出现互相竞争而相互损害的场面。因此,管理者在选拔人才时,一定要结合实际,分清选拔同类型的人才到底会造成有利的局面还是不利的局面。

第六,考察人才口碑声望的时候,容易忽略地位高低和财富多寡对其口碑声望造成的影响。一般的人才,如果处于富贵之中,则可以利用财富来向众人施惠,让更多人夸赞或者夸大,使名声得到成倍的增长;而如果处于贫贱之中,则根本没有钱财可以布施,也没有势力可以凭借,只会受到更多的弹压。在考察人才的时候,不明确这个由社会环境所带来的名声消长的情况,就会被虚张的声望迷惑。

第七，在选拔出类拔萃的人才时，往往容易在面对"尤妙"和"尤虚"两类人时犯错误。有一种人是"尤妙"之人，其内心精妙入微、通达万物，但其外在却质朴平凡，甚至言行貌还稍有不足。还有一种人是"尤虚"之人，其气质非凡、言辞瑰丽、外形出众，但最是华而不实，其内心所想与其言行相差甚远，或许还相背离。由于人本性都喜欢奇特、与众不同的人和事物，所以精华藏于内心而外观质朴的"尤妙"之人被忽略，考察者会选拔外表魁伟、言辞瑰丽的"尤虚"之人。因为无法认识到玄微之中的精妙之处，对出类拔萃的"尤妙"者的察举是难中之难；"尤虚"者最终会本性暴露，让考察者追悔莫及，也有可能给工作带来不必要的损失。

所以，识别人才这项工作，虽然有多种观察方法，但也掺杂了多种产生谬误的因素，选拔出优秀人才这个目标实现起来难度很大。如果在位者不能识才，识才者不在其位，即便人才被慧眼选中，也无法得到任用。难于知人，更难于用人，人才之效更是难以实现了。

2. 举贤而不用

《六韬》中周文王问姜太公："君务举贤而不获其功，世乱愈甚，以致危亡者，何也？"太公曰："举贤而不用，是有举贤之名，而无用贤之实也。"

意思是，周文王问姜太公说："君主致力于举用贤能，但是不能收到实效，社会越来越动乱，以致国家陷于危亡，这是什么道理呢？"姜太公答道："选拔出贤能而不加以任用，这是有举贤的虚名，而没有用贤的实质。"

周文王继续追问原因，姜太公回答说："其失在君好用世俗之所誉，而不得真贤也。""君以世俗之所誉者为贤，以世俗之所毁者为不肖，则多党者进，少党者退。若是，则群邪比周而蔽贤，忠臣死于无罪，奸臣以虚誉取爵位，是以世乱愈甚，则国不免于危亡。"意思是，导致这一过失的原因在于君主喜欢任用世俗所称赞的人，因而就不能得到真正的贤人了。君主以世俗所称赞的人为贤能，以世俗所诋毁的人为不肖之徒，那么党羽多的人就会被进用，党羽少的人就会被排斥。这样邪恶之人就会结党营私而埋没贤能，忠臣无罪而被置于死地，奸臣凭借虚名骗取爵位，所以社会越来越混乱，国家也就不能避免危亡了。"

那么，到底该如何做呢？姜太公说："将相分职，而各以官名举人，按名督实。选才考能，令实当其名，名当其实，则得举贤之道矣。"意思是，将相分工，根据各级官吏应具备的条件选拔贤能，根据官吏的职责考核其工作实绩。选拔各类人才，考察其能力的强弱，使其德才与官位相称、官位同德才相称，这样就掌握了举贤的原则和方法了。

第七章
人伦、人脉与群体管理

前面我们对个体的管理问题进行了详细的论述，下面我们开始谈个体与个体之间关系的管理——人际管理以及多个个体形成的群体管理问题。个体要组成群体，就要思考人与人之间的关系如何定位以及如何才能良性发展的问题，我们称之为人际管理问题。人际管理是若干个体在一起能够转变为群体的桥梁。人际管理主要包括人伦关系和人脉关系两个方面的管理。

第一节　人伦管理

一、概述

1. 相关概念

人伦就是人与人之间的关系定位。人伦管理就是对人与人之间的关系进行合理的定位，并且根据具体情况进行调整。这种定位应当符合人们的心理规律，符合社会文化的要求，从而能够帮助人们在具体的情况下调整自己的行为，合理应对不同关系的人。中国传统的人伦管理不仅要考虑上述内容，还要考虑有利于人性的发展以及社会的和谐稳定。

而对人与人之间的关系进行合理定位的前提就是清楚人与人之间常见的关系有哪些。在中国传统文化中，最有名的就是"五伦"关系。所谓"五伦"，是中国传统社会基本的人伦关系，即君臣、父子、夫妇、兄弟、朋友五种关系。《孟子·滕文公上》说："使契为司徒，教以人伦：父子有亲，君臣有义，夫妇有别，长幼有序，朋友有信。"意思是，父子之间有骨肉亲情关系，君臣之间有礼义关系，夫妻之间挚爱而又内外有别，老少之间有尊卑之序，朋友之间有诚信之德。落实到具体行为上就是：为父的，要慈祥，为子的，要孝顺；为君的，要对臣子以礼相待，为臣的，要忠于职守；为夫的，要主外，为妇的，要主内；为兄的，要照顾弟弟，为弟的，要敬重兄长；为友的，要讲信义。这些都是处理人与人之间关系的基本准则。

当然除了"五伦"关系外，还有其他的人伦关系，比如同事关系、师生关系、男女情侣关系等，这些关系虽然不在"五伦"关系之内，但是也相当重要。对于这些人与人之间的常见关系应该如何进行伦理定位，防止出现不合理的人与人之间的关系，从而推动人性的发展以及社会的和谐稳定，这些都是人伦管理要考虑的。

关于人脉，其直接解释就是经由人际关系而形成的人际脉络。人脉体现了一个人的人缘、社会关系通过各种渠道所达到的领域情况。人脉的概念经常用于政治或商业的领域，但其实不论做什么行业，人人都会使用人脉。你在公司工作最大的收获不只是你赚了多少钱，积累了多少经验，更重要的是你认识了多少人，结识了多少朋友，积累了多少人脉资源。这种人脉资源不仅对你在公司工作时有用，而且在你以后离开了这个公司还会发生作用，成为你创业的重大资产。拥有了人脉资源之后，你就知道你在创业过程中一旦遇到什么困难，你该打电话给谁。假设你是一个业务经理，那么，你最大的收获就不只是工资、提成以及职务的升迁，更重要的是你积累起来的人脉资源。它是你终身受用的无形资产和潜在财富。

因此，所谓人脉管理，就是构建一个有利于个人或组织长远发展的人际关系网络。人际关系网络是个体生活和工作环境的重要构成因素，因此，它会塑造人的习性。良好的人际关系网络有助于个人和组织的发展，是一种重要的资源，这就是人脉资源。

2. 相关研究

人伦、人脉的概念常常与人际关系、人情、人缘等概念混在一起。翟学伟在其著作《中国人的行动逻辑》中就提出，中国文化中的人际关系概念有三个：人缘、人情和人伦。他认为，人缘是指命中注定的或前定的人际关系；人情是受血缘关系和伦理思想影响的人际交换行为；人伦是指人与人之间的规范和秩序。三者构成的三位一体成为中国人际关系的特质。它们彼此之间的合一，来源于中国传统社会文化背景中的天命观、家族制度和以儒家为核心的伦理思想的合一，由此而构成了中国人为人处世的基本模式。翟学伟的观点非常具有启发意义，不过，我们认为人情和人缘这两个概念与人伦概念并非同一层次的概念。一般人谈到人际关系时也不见得能够包含这三个概念。一般情况下，人际关系往往是指人们在人际交往过程中结成的心理关系、心理上的距离。也就是从心理关系上去谈人与人之间的亲密程度。研究人际关系管理往往也是研究交往双方在个性、态度、情感等方面是否融洽，从而调整双方人际关系的亲密程度。

人际关系的相关研究对人伦管理和人脉管理有很大的借鉴作用。比如黄光国将人际关系分为三种：情感性关系、工具性关系和混合性关系。人们会依对方所归属的类别，而以不同的法则与之交往。

黄光国提出，情感性关系是一种长久稳定的社会关系，主要存在于家人和好朋友之间，这种关系可以使个人从中感受到爱、温暖、安全和依恋。在这种关系中，人们的交往法则是以"需求"为主，交往目的是以满足双方之关爱、温情、安全感、归属感等情感方面的需要为主。与这些人交往时，少有顾忌存在，能够表现出更多的真诚行为，人与人之间也很少玩"人情"或"面子"的权力游戏。

工具性关系则是在一个人想达到某种物质性目标时，与亲友之外的其他人建立的关系，比如店员与顾客、公车司机与乘客、护士与门诊病人之间的关系。这类关系中交往的双方主要是想从对方那里获得所希望得到的某些资源，关系的维持是获取各自所需的手段，没有什么感情可言。因此，交往规则是放之四海而皆准的童叟无欺、多劳多获的公平法则。

混合性关系兼有情感性和工具性两种关系，是在个体试图通过"人情"和"面子"影响他人的过程中形成的一种关系。这种关系中有情感性成分，但情感性成分的强度不会达到情感性关系中的程度。这种关系是通过"人情法则"来维持的。人情强调了在差序性结构的社会关系内维持人际和谐及社会秩序的重要性。

在混合性关系中，交往双方彼此认识而且具有一定程度的情感性关系，但其情感性关系不像原级团体那样，深厚到可以随意表现出真诚行为，这种关系主要包括亲戚、师生、同学、同事、同乡等不同的角色关系。西方人的人际交换往往具有等值倾向，以清算、等价、不欠和公平为原则，具有理性的特点；中国人的人情交换与之相反，安土重迁和血缘关系导致了人际交往的长期性和连续性，因此算账、清账都是不通人情的表现。人情应该是算不清、欠不完的，这样才能旷日持久地延续下去。所以，中国人的人情策略是在关系网络中维持动态平衡，否则就是"丢了脸"，或者"没给面子"。

在人伦管理过程中，情感性关系占据主导地位，而在人脉管理过程中，则混合性关系占据主导地位。

二、家庭人伦关系管理

在中国传统文化中，人际关系主要有五种基本的形态，也就是"五伦"。"五伦"关系中，夫妇、父子、兄弟都是家庭内部的关系，而君臣、朋友则是家庭之外的关系。在当代，基本的人际关系可能还需要包括师生关系和同事关系。这样就有七种基本的人际关系形态。这七种基本的人际关系形态，如果按照亲密程度来看，最亲密的应该是以血缘和情感为核心的家人关系，首先就是夫妻关系和父子关系，其次是兄弟关系。在家人关系之外，首先是朋友关系，然后是君臣关系、师生关系和同事关系。

这七种人际关系形态可以叠加，比如领导和下属属于君臣关系，但是他们也可能成为朋友，这样他们就是君臣关系叠加朋友关系，甚至他们可能以前还是师生关系，这样他们就有三种关系。

我们必须先弄清楚这些正常的基本形态的关系，才能进一步搞清楚叠加态的人际关系。下面我们就按照人与人之间关系的亲密程度的顺序，分别介绍七种基本形态的人伦关系。

1. 夫妻关系

夫妻关系是基于情感的关系，是有身体基础和血缘羁绊的。所谓身体基础，就是以男女肉体关系为基础，如果没有这种肉体关系为基础，夫妻之间亲密的情感可能就会消失。所谓血缘羁绊，就是夫妻有了孩子之后，因为夫妻都与孩子有血缘关系，所以孩子成为夫妻关系的一个有力的中介因素。如果没有小孩，夫妻关系的稳定性会变得非常脆弱。

古人对于夫妻关系是非常重视的，人们把结婚看成是两个家族的大事，家族的传承和稳定都与婚姻有密切的关系。因此，中国古代缔结婚姻关系有"三媒六聘"的习俗。"三媒"是指在男女婚姻过程中，会有三个不同角色的媒人参与。男方家庭请一个媒人，女方家庭请一个媒人，中间还有一个双方都认可的媒人来沟通协调。这体现了婚姻的庄重性和严肃性，也确保双方家庭沟通顺畅。"六聘"也叫"六礼"，包括纳采、问名、纳吉、纳征、请期和亲迎。纳采是男方请媒人到女方家提亲；问名是询问女方的名字和生辰八字；纳吉是在祖庙占卜，看双方是否合适；纳征就是男方送聘礼给女方，表示求婚成功；请期是确定结婚日期；亲迎则是新郎亲自迎娶新娘。

这些烦琐的程序不仅是为了规范婚姻流程，还体现出古人对婚姻大事的重视，也就是说，在古代，婚姻不是两个年轻男女之间的事情，而是两个家族之间的大事，必须得到家族和社会的认可，才可以缔结婚姻关系。《孔子家语·大婚解》中，鲁哀公问孔子如何才能搞好国家治理，孔子回答说："夫妇别，男女亲，君臣信。三者正，则庶物从之。"意思是，夫妇要有别，男女要相亲，君臣要讲信义。这三件事做好了，那么其他的事就可以做好了。这三件事中，前面两件都与夫妻关系有关系，这让鲁哀公非常惊讶，孔子就继续解释："古之政，爱人为大；所以治爱人，礼为大；所以治礼，敬为大；敬之至矣，大婚为大；大婚至矣，冕而亲迎。亲迎者，敬之也。是故君子兴敬为亲，舍敬则是遗亲也。弗亲弗敬，弗尊也。爱与敬，其政之本与？"意思是，古人治理政事，爱人最为重要；要做到爱人，施行礼仪最为重要；要施行礼仪，恭敬最为重要；恭敬之至，以天子诸侯的婚姻最为重要。结婚的时候，天子诸侯要穿上冕服亲自去迎接。亲自迎接，是表示敬慕的感情。所以君子要用敬慕的感情与她相亲相爱。如果没有敬意，就是遗弃了相爱的感情。不亲不敬，双方就不能互相尊重。爱与敬，大概是治国的根本吧。可见，在孔子眼中，婚姻关系与修身、齐家、治国都有密切的关系。

大体上，中国古代的夫妻关系具有两方面的管理价值。

第一，政治上的管理价值——家族联姻。通过婚姻关系，把没有血缘关系的两个家族关联起来。不同的家族通过联姻变成了亲戚,这样一方面可以形成一种同盟关系,抵抗外界的冲击,另一方面,家族之间如果产生了矛盾,也会因为这种关系而有了缓和的余地。所以,在春秋战国时期,诸侯国之间的联姻特别多。这种联姻关系如果处理得很好,对于整个国家的稳定和发展会有很多好处;反之,如果处理不好,也会引发很多祸乱。比如《左传》记载:"齐侯与蔡姬乘舟于囿,荡公。公惧变色;禁之,不可。公怒,归之,未之绝也。蔡人嫁之。四年春,齐侯以诸侯之师侵蔡,蔡溃。"意思是,齐桓公与夫人蔡姬在园林中乘舟游玩,蔡姬故意晃动小船,桓公吓得脸色都变了,他阻止蔡姬,蔡姬却不听。桓公一怒之下把她赶回娘家了,但没有说与她断绝夫妻关系。蔡国君主觉得没面子,就直接让蔡姬改嫁了。这下子彻底惹怒了齐桓公,不久齐桓公就找借口率领诸侯国的军队攻打蔡国,蔡国大败。秦以后,诸侯国在大多数时期已不再是主要的政治形态,但贵族们之间的家族联姻仍是一种常见的政治手段。还有中国历史上常见的和亲政策,即中原王朝统治者与外族或者外国出于各种目的而达成政治联姻。比如汉朝与匈奴和亲,将公主嫁给匈奴单于,同时还会陪送大量的财物,以此来换取边境的相对和平,减少匈奴的侵扰,争取时间来发展自身的实力。唐朝时期,也有文成公主入藏嫁给松赞干布的著名和亲事例。这不仅促进了唐朝和吐蕃之间的和平友好关系,还在文化交流上发挥了巨大作用。和亲政策有维护边境安宁、分化瓦解边疆势力、结交军事同盟等诸多政治意图,同时也在客观上促进了民族之间的经济文化交流与融合。

第二,自我管理的价值——"夫为妻纲"。"夫为妻纲"往往被曲解为丈夫对妻子有绝对的权威,家庭的话语权掌握在丈夫手上,妻子要听从丈夫。其实,这种观点是片面的。纲应该解释为榜样,所谓纲举目张,"夫为妻纲"的本义是丈夫在德行方面应该成为妻子的榜样,这样才是一个好丈夫。在古代，婚姻往往都是女性嫁入男性家庭，婚后丈夫无疑掌握着更多的资源，相对处于优势地位。而且古代女性不出去工作，也就是没有什么经济来源，所以传统上有养女人的说法。但在这种情况下，传统儒家文化却要求丈夫对妻子保持敬重的态度。什么叫敬重？敬重就不可能是什么都听丈夫的，而是妻子也有很大的话语权，甚至在某些方面妻子的话语权还要大于丈夫。在家庭里，处于优势地位的丈夫主动付出爱心，表现出对妻子的敬重，让妻子掌握一定的话语权，无疑会让妻子很快消除对婆家的陌生感，顺利融入婆家的生活，从而有利于维护家庭的和睦。同时，这个过程也是丈夫感受自己的仁爱之心的作用，体悟如何运用仁爱之心去管理其他人的过程，也就是提升自己德行的过程。通过这样的方式，丈夫和妻子双方的仁爱之心等各方面的德行都可以得到提升。当然，如果处于优势地位的丈夫主动付出爱心，让渡一部分话语权，却换不来妻子的回应，则说明妻子缺乏感恩心，处于优势地位的丈夫自然有可能采取强硬的方式对待妻子。反过来，丈夫如果不知道自己应该在德行方面成为妻子的榜样，主动表达对妻子的爱意和尊重，也就不是一个合格的丈夫。

总之，在中国传统文化中，夫妻关系在本质上是依靠家族利益和夫妻双方努力提升各自的德行来维系的。

不过，现代社会的夫妻关系与古代的夫妻关系已经有了很大的不同。现代社会中，婚姻往往被认为是两个人的事情。相比过去需要遵循"三媒六聘"的烦琐程序，如今男女双方只需前往民政局登记领证，结婚流程得到极大简化。传统的夫妻关系因为牵涉两个家族，所以夫妻双方的感情只是维系夫妻关系的一个因素，还有双方对两个家族的发展和小家庭的稳定的责任感，并且这是更加重要的因素。缔结婚姻关系过程中的各种烦琐程序和伦理道德要求也在不断强化着这种责任意识，进而促使夫妻关系更为稳固。现代的夫妻关系则主要依靠夫妻双方的感情来维系，而感情的稳定性受到很多因素的影响。因此，现代夫妻在追求个人情感契合的同时，也需要积极探索新的方式来构建稳固的家庭关系。

另外，中国古代存在一夫多妻制，也就是有地位与丈夫接近的妻子，以及地位较低的妾。因此，讨论古代的夫妻关系，还涉及丈夫与妾、妻与妾的关系。不过，这属于已经被淘汰的东西，我们不做讨论。而当代或者在社会允许自由恋爱的环境下，男女双方在没有发展为夫妻关系之前是一种情侣关系，情侣关系可以说是一种与夫妻关系密切相关的关系。一般情况下，情侣关系是相当不稳定的关系，因为让思想还不是特别成熟的年轻人去寻找最合适的伴侣无疑是相当困难的，他们往往被外表吸引，而对方内在的缺点或者优点，只要不是特别明显，往往会被忽视，导致错误的选择。最后，在磨合和社会经济压力下，很多情侣都会分手，能够走向婚姻的是少数。

2. 父子关系

父子关系涉及父母子女，组合起来就是父子、父女、母子、母女四种关系，这些都属于父子关系的范畴。另外，还有一些衍生的父子人伦关系，比如私生子、养子、义子等关系。父子关系是基于血缘的，从亲密程度来看，夫妻关系可能会超过父子关系，但从稳定性来看，父子关系是最稳定、最持久的。所以，这两种关系都是我们最重要的人际关系。

当代的父子关系，也被称为亲子关系。从情感角度讲，亲子关系包含父母对子女的爱、关怀、期望，以及子女对父母的依赖、信任和敬爱。比如，孩子在年幼时会自然地亲近父母，父母则会本能地想保护孩子，给他们提供生活所需和情感支持。在角色层面，父母扮演着养育者、教育者、引导者的角色。他们要照顾子女的生活起居，传授知识和价值观。子女则是学习者和被保护者，而随着年龄的增长，亲子角色也会发生动态变化，子女可能成为照顾者。从发展的角度看，亲子关系贯穿个体成长的始终，并且在不同的阶段呈现不同的特点。在婴幼儿时期，孩子完全依赖父母；在青春期，亲子关系可能会面临挑战，孩子开始有独立意识，会与父母产生冲突。

中国传统文化对父子关系的伦理定位是"父慈子孝"。"父慈"指父亲应该对子女慈爱。这包括关爱子女的生活，在物质上提供吃穿住行等基本保障，让子女健康成长；在情感上给予子女足够的关怀与温暖，理解他们的情绪和需求，特别是子女遇到困难和挫折时，要给予安慰和鼓励。"子孝"是子女要孝顺父母。孝有很多表现形式。在生活上，子女要照顾年老体弱的父母，古代有夏天为父亲扇凉枕席、冬天为父亲温暖被褥之说；在态度上，对父母言语恭敬，遵从父母的教导和意愿；在精神上，对父母怀有感恩之心，让父母能够心情愉悦。

在如何处理父母子女的关系方面，古代还有很多细节上的规范。比如针对孩子成长过程中性别意识的萌发和成熟，古人提出了"女大避父，儿大避母"。同时，为了让孩子有一个更为健全的人格，古人又说"女大不避父，儿大要避母"。因为母亲往往容易溺爱孩子，母亲对儿子的过度保护和溺爱可能会阻碍儿子的独立性和自主性的发展。所以，古人有"慈母多败儿"之说。儿子在成长过程中，应该逐渐减少对母亲的依赖，学会独立。而女儿在成长过程中反而应该与父亲多保持亲密交流，学习父亲处理问题的方式和独立生活的能力。父亲作为男性的代表，能够培养女儿的独立生活能力、事物判断能力和宽容大度的气质。女儿通过与父亲的接触和交流，可以获得更全面的成长和发展。此外还有很多处理亲子关系的思想，限于篇幅不再赘述。

大体上，中国古代具有管理学意义的父子关系思想如下。

第一,"父为子纲"。"父为子纲"往往被曲解为父亲对儿子有绝对的权威,儿子要绝对服从父亲的意志。实际上这种观点是非常片面的。儒家文化中对人际关系的很多要求都是双向的,"父为子纲"虽然强调了父亲的权威性,但是这种权威性是有前提的,也就是父亲应该有父亲的样子。什么叫有父亲的样子?父亲比孩子大几十岁,德行和才能就应该比孩子高得多才合理。当父亲在德行和才能方面都能够成为儿子效法的榜样时,才能谈父亲的权威,才能要求儿子对自己尊敬、孝顺。比如要求儿子在行为上晨昏定省,照顾父亲的日常起居等。所谓"父父子子",就是父亲必须先有父亲的样子,有资格做儿子的榜样,这时候才能要求儿子要有儿子的样子。上面是站在父亲的立场上来说的,反过来,如果站在儿子的立场上,则应该尽力做好自己的分内之事,比如对父亲尊敬、孝顺等,而不是对父亲先做要求。也就是关系的双方都应该先反省自己有没有做到应该做到的样子,然后再谈对方如何,这样双方的关系就能稳定并不断优化。

第二,"养不教,父之过"。父亲承担着家庭教育的责任。父亲不仅要让子女有基本的生活保障,还要对其品德、学业等诸多方面进行教导。像古代的书香门第,父亲会亲自督促儿子读书,为科举考试等做准备。

第三,"子承父业"。儿子应该继承父亲的事业、手艺或者家族产业是比较常见的观念。比如传统的工匠家族,儿子会跟随父亲学习手艺,传承家族的技艺。当然这里也是有前提的,就是父亲有特定的技艺或者产业需要传承或继承,这时候儿子或者多个子女之中至少有一个继承父亲的技艺或者产业。

3. 兄弟关系

兄弟关系是基于血缘的亲属关系,主要指哥哥姐姐和弟弟妹妹的关系，其亲密性仅次于前面两种关系。中国古代往往把兄弟关系称为"手足之情"。在特定的情况下，人们甚至会把兄弟关系放在夫妻关系之前。兄弟在家庭中有共同的父母。他们在成长过程中相互陪伴，频繁交流，很容易建立深厚的感情。在面对家庭事务或困难时，兄弟比较容易相互支持、共同承担。比如父母生病时，兄弟往往会齐心协力照顾。兄长或者姐姐在父母生病时或者父母去世后，往往会承担起照顾未成年的弟弟妹妹的责任。所以，古人有"长兄如父"的说法。当然兄弟之间也会有很多矛盾，比如他们可能会在父母面前争宠，可能会产生各种利益纷争，特别是父母去世后分割家庭财产时，往往很容易出现矛盾。但是，兄弟之间的矛盾正如《诗经·小雅·棠棣》所说："兄弟阋于墙，外御其侮。"即使在家里争吵得很厉害，兄弟的亲情也是很难斩断的，如果有外人欺负自己的兄弟，兄弟很容易团结起来，一起去对抗外人的欺侮。《增广贤文》说："打虎还得亲兄弟，上阵须教父子兵。"在处理重大事情时，血亲之间的合作往往才是最可靠的。

在社会层面，兄弟也用于形容关系亲密的朋友，这种情况下体现的是彼此之间深厚的情谊、信任和支持，就像有血缘关系一样紧密。兄弟关系常被赋予忠诚、团结的象征意义。

在管理学中，兄弟关系可类比为团队成员间紧密、协作的关系。如果团队成员能够像兄弟一样亲密无间、相互信任，就能使整个团队更牢固地凝聚在一起，在面对困难任务和挑战时不轻易瓦解，高效地实现目标。另外，兄弟之间会分享彼此的想法和经历，团队成员如果有类似的紧密关系，会更愿意交流工作中的信息，这能减少信息不对称，让决策更科学。同时，这种紧密关系可以提升工作满意度。员工在一个有兄弟般情谊的环境里工作，会感受到更多的情感支持，对工作的满意度也会随之提高，进而提升员工的忠诚度和稳定性。

因此，兄弟关系无疑是有利于构建优良团队文化的一种重要人伦关系。

三、非家庭人伦关系管理

1. 君臣关系

君臣关系就是上级与下级之间的关系。上下级关系是组织内部基于职务分工形成的一种层级关系。在工作方面，上级主要负责整体工作规划、目标设定和资源分配。比如在一个项目中，上级要确定项目的方向、时间表和预算。下级则主要负责具体任务的执行，比如按照上级的要求完成数据收集、文档撰写等工作。上下级之间需要进行有效的信息传递。上级要向下级传达工作指示、任务要求和反馈意见。下级则要向上级汇报工作进展、问题和成果。上级有指挥、监督和评价下级工作的权力。他们可以根据下级的表现给予奖励或者惩罚。下级则需要尊重上级的权威。良好的上下级关系对于提高工作效率和组织凝聚力至关重要。

要处理好上下级关系，可以从上级和下级两个角度来考虑。

第一，下级对上级应该尊重和服从。下级对上级的职位和决策要尊重，对于合理的工作安排和要求应该积极服从，并且认真执行。同时，下级要懂得与上级保持良好的沟通。在工作中遇到困难或者问题时，要及时汇报，并且可以提出自己的想法和建议。对于上级布置的工作，要充分了解上级的工作目标和重点，使自己的工作能够与之契合，这样才能更好地协助上级完成工作任务。

第二，上级同样要尊重下属，尊重每个下属的个性、想法和工作成果。在分配工作、评价绩效时，要做到公平公正。上级要根据下属的能力和特点，给予明确的工作指导，帮助他们成长和进步。上级要善于倾听下属的意见和建议，鼓励他们反馈工作中的问题，营造一个开放的工作氛围。

中国古代对君臣关系有很多研究，具有管理学意义的典型君臣关系思想如下。

第一，儒家的"君为臣纲"思想。儒家"君为臣纲"思想的本义是领导应该成为下属的榜样，但是却被维护封建专制主义的统治者曲解为君主对臣子有绝对的权威，臣子必须绝对服从君主的意志。所谓"君要臣死，臣不得不死；父要子亡，子不得不亡"，就是这种愚忠愚孝思想的体现。但是这种观点完全不符合传统儒家思想。儒家文化中对人际关系的要求基本上都是双向的。《论语·八佾》说："君使臣以礼，臣事君以忠。"也就是君主应当按照礼制来使用臣子，给予臣子应有的尊重和待遇，不能任意妄为，这样才能要求臣子以忠诚来侍奉君主，尽心尽力地辅佐君主治理国家。所以，儒家提倡的"忠"君，并非盲目、无条件的服从，而是包含着对国家和君主的责任与担当，臣子要以国家的利益为重，在必要时敢于向君主提出正确的建议和批评。如果君主不听，臣子就可以离开，即"以道事君，不可则止"（《论语·先进》）。孟子更是说："君之视臣如手足，则臣视君如腹心；君之视臣如犬马，则臣视君如国人；君之视臣如土芥，则臣视君如寇仇。"（《孟子·离娄下》）可见，在儒家眼中上级和下级的人格是平等的，虽然有地位的差异，但必须相互尊重。如果上级尊重下级，将其视为自己的手足，下级也会把上级当作心腹，尽心尽力辅佐；如果上级轻视下级，那么下级不忠于上级也是合理的。

第二，法家的帝王之术。法家的代表人物韩非子专门研究了组织的最高领导者——君主驾驭下属的帝王之术。其大体上可以概括为通过"法"（明确的法律和制度）、"术"（驾驭群臣的手段）、"势"（君主的权势）来治理国家。对于君臣关系，法家强调君主的绝对权威。君主利用法律来规范臣子的行为，通过各种权术来洞察臣子的心思，凭借权势让臣子服从。例如，韩非子认为君主不能让臣子窥探到自己的真实想法，要通过各种方法防止臣子弄权等。这个内容我们会在后面的组织管理中详细论述。

当代研究君臣关系的主要理论是领导学相关理论。比如领导与成员交换理论，这一理论强调领导与下属之间会建立起不同质量的交换关系。高质量的交换关系以相互信任、尊重、忠诚和责任为特点。在工作初期，上级会根据下属的能力、性格等因素，不自觉地将下属划分到"圈内"或"圈外"。作为下属，要努力展现自己的能力、积极主动的工作态度等，争取进入"圈内"，与上级建立起高质量的交换关系。比如主动承担重要任务、积极为团队发展建言献策等行为都有助于提升自己在上级眼中的形象。还有社会认知理论，该理论分析上级如何根据下属的行为表现形成对他们的认知。这个认知过程会影响信任关系的建立。例如，如果下属在工作中总是积极准时地完成任务，上级就会逐渐认为这个下属是可靠的，值得信任。下属可以利用这个理论，通过在工作中的一贯良好表现来塑造自己在上级心目中值得信任的形象。同时，也可以通过改变自己的某些行为，如更加主动地与上级沟通等，来改变上级对自己的认知。此外还有领导特质理论、权变理论等，这些理论都对君臣关系的研究有重要的参考意义。

2. 朋友关系

朋友关系也是一种非常重要的人际关系。在中国传统文化中，"朋"和"友"是有区别的。古代学堂同窗为"朋"，他们在一起学习，有着共同的学习目标和经历，相互之间有同学情谊，这种关系带有一定的群体性质。"友"的含义更偏向于情感方面，是指彼此之间有交情，关系友好、亲近的人。从情感层面来说，朋友是彼此之间有真挚的情感连接，能够互相理解、体谅和包容的人。你遇到开心的事情时，朋友会真心地为你感到高兴；你遭遇挫折时，朋友会给予安慰和支持。朋友之间的交往一般不是基于功利性的目的。当然朋友之间也存在利益往来，但这不是维系关系的主要纽带。从相互了解的程度看，朋友是比较了解彼此的人。他们知道对方的喜好、性格、优点和缺点。

朋友关系，按照其密切程度，可以分为至交好友（或者叫密友、闺蜜）、好朋友、普通朋友、准朋友（或者叫熟人关系）。朋友关系如果发展得比较好，形成好朋友、至交好友这种关系，基本上就与兄弟姐妹的关系差不多了。

"物以类聚，人以群分"，人们往往会与在态度、价值观、兴趣爱好、社会背景等方面与自己相似的人成为朋友。比如，两个都喜欢读书的人更容易因为共同的爱好而建立友谊，他们可以一起分享读书心得、推荐好书等。因为相似性可以带来彼此之间的理解、共鸣和认同感，使朋友之间的交流更加顺畅。除了相似性能够产生吸引力外，还有其他因素。比如个人的外貌、才能、性格等也会吸引他人与其成为朋友。一个幽默风趣的人可能会吸引周围的人与其成为朋友，因为他能给大家带来快乐。另外，邻近性也是吸引因素之一，人们更容易与经常接触的人（如邻居、同事）成为朋友，因为频繁的接触增加了彼此了解的机会。

朋友关系通常会经历不同的发展阶段。首先是相遇阶段，双方有初步的接触；然后是相识阶段，开始了解彼此的基本信息；接着是相知阶段，深入了解对方的性格、价值观等深层次的内容；最后是亲密阶段，彼此信任，分享秘密，互相依赖。例如，在学校中，同学之间最初可能只是认识，经过一段时间的相处，发现彼此很合得来，逐渐成为亲密的朋友。

3. 师生关系

师生关系即老师与学生的关系。大体上有三种模式：第一，课堂师生关系；第二，教练型师生关系；第三，师徒型师生关系，又分为传统师徒关系和现代师徒关系。

课堂师生关系，主要是指在学校环境中，教师在课堂上给学生教授系统的知识的过程中形成的老师与学生的关系。教学活动基本上是以老师为中心，学生以被动接受为主，老师与学生的互动一般不会太多。课堂人数越多，学生人均与老师之间的互动就越少。因此，课堂师生关系往往不会太紧密，往往在课程结束之后，师生之间就很少有互动交流了。老师与学生往往也就形成了一种熟人关系，时间长了甚至就回到陌生人的关系。

教练型师生关系，往往出现在体育竞赛领域。为了帮助学员在比赛中获得好成绩，教练不仅要对学员进行专业方面的指导，还要对学员进行鼓励，帮助他们调整心态。同时，要深入地了解学员的特点、优势和劣势，给每一位学员制订有针对性的训练计划，发挥学员的最大潜力。特别是在一些团队体育项目比如篮球、排球、足球的训练中，教练对学员的指导和影响往往是全方位的。因此，教练型师生关系往往比课堂师生关系更为亲密。

师徒型师生关系，主要出现在侧重于实践技能、专业经验的传承的学习过程中。比如在传统手工艺领域，师傅会将自己多年实践积累的手工技艺，如雕刻的刀工技法、木工的榫卯拼接技巧等，手把手地传授给徒弟。师徒关系的持续时间短则数月，比如学习某个简单的技能或完成一个短期项目；而长则达数年甚至十几年，比如中医师傅带徒弟。师徒型师生关系，一般是一对一或者一个师傅对少数几个徒弟。师傅可以根据徒弟的具体情况、学习进度等进行个性化的指导，徒弟实践操作的机会更多，师徒交流也更加深入。

在中国古代，人们对师徒关系特别重视，很多行业都有严格的规范。比如有隆重的拜师仪式，通过这种方式确立师徒名分。在传统重视名分的社会，师徒关系一旦确立就比较稳固，具有很强的约束力。大多数情况下，徒弟对师傅有很强的人身依附性。徒弟不仅要学习技艺，往往还要为师傅做各种杂事，照顾师傅的生活起居等。在言行举止上，徒弟必须对师傅极为尊重，师傅对徒弟的教导也比较严格，惩罚措施也很常见。如果是那种需要多年跟师才能学会的技能，师徒之间交流的频繁程度甚至会超过家人。因此，有"一日为师，终身为父"的说法。

在当代，由于人们观念的变化，徒弟对师傅的人身依附关系已经不存在，徒弟对师傅只要保持基本的尊重就可以了。在工作场合，师徒主要围绕工作技能、知识传授和职业发展来互动，交流氛围相对更宽松。在生活场合，则不一定有交流。当代师徒关系形式灵活多样，其确立不一定有严格的仪式，往往是徒弟如果觉得不合适可以更换师傅，师傅也可以根据徒弟的表现等选择是否继续教导。

4. 同事关系

同事是指在同一单位、组织或机构中一起工作，经常会因为工作而打交道的人。他们虽然在同一单位，但可以在相同或不同的部门，职位可以相当或者不同。不过，一般情况下，同事常常指职位相当的人，如果职位方面存在上下级关系，则归入君臣关系。如果职位方面虽然存在上下级关系，但是一方对于另一方的工作并没有直接的影响，也可以称之为同事关系。

同事关系是职场中重要的人际关系。从情感维度讲，同事关系可以是比较淡漠的工作往来关系，彼此仅交流必要的工作事项，也可以是像朋友一样彼此关心，除工作外还会分享生活中的喜怒哀乐。良好的同事关系有利于提升工作满意度和工作效率。在大多数情况下，同事关系都是一种工作伙伴关系。同事之间在工作中有明确的分工，相互配合完成任务。他们之间的交流大多围绕工作事务，比如数据分享、流程对接等。像在生产流水线上，每个工人专注于自己的环节并与前后环节的同事紧密配合，彼此之间是工作伙伴关系。但是，当同事之间面临资源（如晋升机会、项目资源、奖励）的竞争时，就会形成竞争型关系。这种关系可能会激励他们提升自己，但如果处理不当，也容易引发矛盾。

如果同事之间经常互动，彼此欣赏，就会发展出私人友谊，成为朋友。在组织管理活动中，同事关系也非常重要，管理学中的人际关系学派就是在研究同事关系的过程中发展起来的。

第二节　人脉管理

一、人脉管理相关理论

1. 六度分隔理论

六度分隔理论认为，你与任何一个陌生人之间所间隔的人不会超过六个。换句话说，你最多通过五个中间人（加上最后一个要联系的人，总共六个人）就能够与任何一个陌生人建立联系。比如，你想联系一位知名的企业家。你可能先通过自己的朋友了解到他所在商会的信息，这是第一步；朋友的朋友或许能介绍商会里相关的人，这是第二步；通过这个人你可能认识与企业家有业务往来的人，这是第三步；再通过这个人联系到企业家的合作伙伴，这是第四步；合作伙伴可以把你引荐给企业家的助理，这是第五步；最后通过助理联系到企业家，这是第六步。该理论揭示了人际关系网络的紧密性和潜在的连接性，让人们认识到世界其实很小,我们可以通过合理利用人脉关系网络结识几乎任何人。

2. 社会资本理论

社会资本是指个体或团体之间的关联,包括社会网络、互惠性规范和由此产生的信任,是人们在社会结构中所处的位置给他们带来的资源。这些资源可以是信息、机会、支持等,对个体和团体的成功具有重要影响。社会资本具有多种表现形式,如社会网络、规范、信任、权威、行动的共识以及社会道德等。这些要素相互交织,共同构成了社会资本的基础。社会资本的存在使得个体和团体能够更有效地获取和利用资源,进而实现个人和集体的目标。社会资本的形成和积累主要依赖于社会网络、信任和规范等要素。一个广泛而紧密的社会网络能够提供更多资源和支持;信任则能够降低交易成本,促进合作;规范则能够维护社会秩序,为社会资本的积累提供良好的环境。

人脉管理通过构建和优化人际关系网络,增加个体的社会资本,从而为个体的成功赢得更多的机会。从某种意义上来说,人脉管理就是进行社会资本运作的一种方法。

3. 弱连接优势理论

弱连接优势理论认为,在人际关系网络中,弱连接(即那些不紧密但具有多样性的联系)往往比强连接(即紧密且同质的联系)更能提供新的信息和机会。这是因为,弱连接能够连接不同的社交圈子,从而传递更多非冗余的信息和独特的资源,这些信息和资源在强连接(紧密的社会关系)中往往难以获得。这一理论强调了人脉管理中建立多样性联系的重要性。

通过弱连接可以获取到不同领域、不同背景的信息和资源,这些信息和资源对于解决问题、创新思维和业务发展等方面都具有重要意义。通过弱连接,个体或组织可以接触到更多的专业人士、行业专家和潜在合作伙伴，从而拓宽视野，了解行业动态和趋势。

因此，弱连接往往能够带来意想不到的机会。在人脉管理中，通过积极建立和维护弱连接，个体或组织可以发现更多的商业机会、合作机会和职业发展机会。

二、五缘关系与人脉拓展

1. 五缘关系

五缘关系是拓展社交圈、构建强大优质的人脉网络的重要工具。五缘关系即亲缘关系、地缘关系、神缘关系、业缘关系和物缘关系。五缘关系还有一个拓展版本，有时候也叫七缘关系，就是加入了学缘关系和趣缘关系。但也可以把学缘关系纳入业缘关系，把趣缘关系纳入物缘关系，这样就形成了拓展版的五缘关系。

第一，亲缘关系就是因血缘和婚姻关系而形成的亲属关系。父母子女、夫妻、兄弟姐妹这些家庭关系是最核心、最基本的亲缘关系，也称为血亲关系。血亲关系一般属于人伦关系，不纳入人脉关系范畴。但由血亲关系拓展出去的其他亲戚和宗族关系是非常重要的人脉关系，比如堂和表兄弟姐妹关系、姑姑舅舅、叔叔婶婶、连襟、妯娌等，还可以包括假亲关系（或称干亲、契亲等关系）。

传统的宗族关系具有非常重要的管理作用。传统的宗族一般有严格的等级制度。最顶端是族长，族长通常由族中德高望重的长辈担任，负责管理和决策宗族内的重大事务，如主持祭祀仪式、调解族内纠纷等。宗族拥有共同的财产，如族田、族祠等。族田的收益主要用于祭祀祖先、资助族内贫困子弟读书、救济孤寡老人等。在文化传承方面，宗族十分重视祭祀祖先的活动。通过祭祀，族人可以缅怀祖先的功绩，增强家族的认同感和凝聚力。同时，族谱的编撰也是宗族文化传承的重要方式。族谱详细记载了家族的世系繁衍、迁徙过程、重要人物事迹等内容，让族人清楚自己的家族脉络。宗族在维护社会秩序方面发挥重要作用。族规是约束族人行为的准则，它规定了哪些行为是禁止的，违反族规将会受到相应的惩罚。比如，对不孝顺父母、偷盗等行为，会按照族规进行惩处，从而起到规范族人行为、维护社会稳定的作用。

当代宗族观念已经非常淡薄了，但是在一些地方还有相当的力量，特别是南方一些地方的家族企业、宗族之间相互帮助，宗族中有本事的人带领宗族中其他人一起致富，乃至出现在某个地方，某个产业大部分都由同一宗族的人经营这种情况，这都是现在宗族关系影响力的表现。

第二，地缘关系是基于地理位置而产生的人际关系，具体可分为邻里关系和乡党关系。传统的邻里关系是非常紧密的。中国古代有"远亲不如近邻"的说法，邻里之间经常互相交流、互相帮助。比如农忙时期，一家劳动力不足时，邻里就会主动帮忙收割庄稼。遇到婚丧嫁娶等大事，邻里也会参与其中，帮忙筹备或者维护秩序。这种紧密的邻里关系形成了良好的守望相助的社区氛围。不过在现代社会，邻里关系有了一些变化，特别是在城市里，人们的居住环境更加独立，即使住得很近甚至就在隔壁，邻里交往的频率也可能非常低。但良好的邻里关系依然很重要。比如，在遇到紧急情况时，像家中突发火灾或者有人突发疾病，邻居可能是第一时间提供帮助的人。而且和谐的邻里关系有助于提升生活的幸福感，例如邻里之间分享美食、交流生活经验等。

乡党关系也称为同乡关系。人们会因为来自同一个地方而产生天然的亲近感。古代有同乡会馆，会馆会为在外的同乡人提供帮助和支持。比如在京城的某省会馆，本省的举子进京赶考可以在会馆居住，遇到困难也可以从同乡那里得到照应。在现代社会，虽然这种观念淡薄了很多，但也还是有相当的影响力。

第三，神缘关系是一种基于共同的宗教信仰、神灵崇拜而形成的人际关系。当宗教信徒前往寺庙、道观等宗教场所参拜时，就会因共同的信仰而与其他信徒产生神缘关系。

第四，业缘关系是人们因职业或行业活动的需要而结成的人际关系。最典型的业缘关系就是同事关系，即在同一单位、部门工作的人之间的关系；还有同行之间的关系，像不同公司的程序员，他们因相同的职业技能和行业交流等而形成业缘关系。这种关系在现代社会很重要，对个人的职业发展、信息共享等诸多方面都有较大的影响。

学缘关系也可以纳入业缘关系的范畴。学缘关系主要是基于共同的学习经历而产生的人际关系。同学在学校一起学习知识、参加活动，有共同的校园记忆，从而在这个过程中建立关系。

所以，业缘关系的典型代表就是同事、同行和同学三类人。因为在一起工作的缘故，同事关系往往比较密切，同事很容易成为自己人脉的重要组成部分。在一起求学的时候，同学关系也比较亲密，甚至比同事关系更加亲密。因为在求学阶段，同学们往往比较年轻，情感交流很少掺杂利益考量，平时可能还住在一起，相互之间的交流互动就更加频繁，更容易建立深厚的感情。还有一种广义的同学关系，就是校友关系。校友只是在同一所学校学习过的人，彼此之间可能在校时都不认识。一个学校不同时期入学、不同专业、不同班级的人都是校友关系。校友也是一种值得重视的人脉资源。

人们为了拓展和维持良好的业缘关系还会建立一些组织，比如同学会、学会、协会、研究会等。

第五，物缘关系是因某种物质往来或某种共同感兴趣的事物而发生的人与人之间的关系。买卖关系是最常见的物缘关系，比如，消费者走进一家商店购买商品，消费者与商家之间就形成了物缘关系。这种关系以商品交换为核心，双方关注的重点是商品的质量、价格、售后服务等物质因素。消费者希望以合理的价格买到满意的商品，商家则希望通过销售商品获取利润。一次性的买卖可能很难形成人脉关系，但是消费者多次购买就会成为老顾客，商家往往会给予老顾客一些小的优惠，老顾客也往往会因为更加熟悉这个商家的商品而经常光顾。随着交往次数的增加，商家与顾客之间就可能形成一种朋友关系。

合作伙伴关系也是一种重要的物缘关系。比如两家企业合作生产一种新产品。一家企业负责提供技术，另一家企业负责生产和销售。他们因为物质利益（如共享新产品带来的利润）而结合在一起。另外，在供应链体系里也存在物缘关系。从原材料供应商、生产商、批发商到零售商，各个环节之间都依靠物质的流动（产品或原材料）建立联系。这些环节相互依存，任何一个环节出现问题都可能影响整个供应链的正常运转，从而使得他们彼此之间经常沟通互动，形成很强的人脉关系网络。

趣缘关系是因共同的兴趣而形成的人际关系。比如一群摄影爱好者因为都对摄影感兴趣，他们会一起交流摄影技巧、分享拍摄地点、讨论摄影器材等，这种关系就是趣缘关系。这种关系在生活中很常见，像读书俱乐部成员之间、运动健身小组成员之间的关系都属于趣缘关系。它可以跨越年龄、性别、职业等因素，把有相同爱好的人聚集在一起。与基于血缘的亲缘关系或基于工作的业缘关系不同，趣缘关系很少有外在的强制因素。比如，参加动漫展的人是自己主动选择去那里与其他动漫爱好者交流。在趣缘关系群体中，成员之间的地位比较平等。大家以兴趣为交流重点，没有明显的等级之分。比如在户外探险爱好者组成的团队中，无论成员在社会中的地位如何，在探险活动规划和实施过程中，每个人都可以发表自己的看法。由于趣缘关系群体有着共同的兴趣爱好，成员之间的地位也比较平等，因而很容易产生情感共鸣。他们能够理解彼此对兴趣事物的热爱、追求过程中的喜怒哀乐。例如，体育迷们会为一场精彩的比赛而共同欢呼或惋惜。因此，趣缘关系也是一种非常重要的人脉资源。

2. 利用亲缘关系拓展人脉

五缘关系中最重要的就是亲缘关系。为什么私营企业大多数都是家族企业？从根本上来说，就是在私营企业的创建过程中，亲缘关系是企业创办者最容易获得的人脉资源。从亲缘关系角度来拓展人脉不仅相对容易，而且获取对方的信任也比较容易，往往能够获得对方很大的支持。在家族企业的环境中，亲缘关系能够促进人脉共享。比如，家族中有从事原材料供应的企业和进行产品加工的企业，这两家企业可以通过家族成员的协调，共享供应商和客户人脉资源，实现优势互补，共同拓展市场。另外，亲戚之间可以建立商业联盟，共同开拓市场。比如，几个亲戚分别经营餐饮、旅游和酒店业务，他们可以联合起来，互相推荐客户，整合营销渠道。通过这种合作方式，不仅可以提升各自业务的竞争力，还能借助亲戚关系拓展更多的商业人脉，如联合吸引大型企业的团建业务等。

所谓"打虎亲兄弟，上阵父子兵"，当遇到危难的时候，亲缘关系往往比其他关系更可靠。利用亲缘关系拓展人脉可以从以下几个方面考虑。

第一，利用家族聚会拓展亲缘关系人脉。家族聚会是汇聚亲缘关系的重要场合，如春节团圆饭、家族祭祖活动等。在这些活动中，会有不同年龄段、不同职业的家族成员。比如，家族聚会上，你可能会发现家族中有在金融行业工作的长辈，也有从事互联网行业的同辈。通过主动交流，可以了解他们的工作内容和行业动态，从而为你在求职、创业或者学习新知识等方面提供人脉支持。

第二，通过对家族族谱的梳理拓展亲缘关系人脉。通过梳理家族族谱能够清晰地看到家族的分支和成员分布。这有助于你发现家族中潜在的人脉资源。比如，你发现家族中有在海外经商的远房亲戚，通过适当的联系和沟通，可能为你提供打开国际市场或者留学、工作的海外渠道。

第三，通过亲戚推荐介绍来获取相关人脉。比如，你的一位亲戚在某知名企业工作，他可以将你推荐给企业内的其他同事或者合作伙伴。这种基于亲缘关系的推荐往往更具可信度，对方也更容易接受与你建立联系。

第四，通过与亲戚一起参加外部活动拓展相关人脉。亲戚可能会参加各种社交活动、行业会议或者兴趣小组。他们可以带着你一起参加，从而让你有机会结识更多的人。比如，你的一个亲戚是摄影爱好者俱乐部的成员，他带你参加俱乐部的活动，在那里你可以认识许多摄影领域的专业人士或者爱好者，这些人脉可能会为你带来合作拍摄或者学习摄影技巧的机会。

3. 利用地缘关系拓展人脉

地缘关系包括邻里关系和乡党关系。日常生活中的邻里互助也有助于人脉拓展。比如，你帮助邻居解决了电脑故障，邻居可能会对你的技能表示欣赏，并介绍自己从事IT行业的朋友给你认识。这种基于邻里互助的人脉拓展方式，不仅能够扩大社交圈，还能建立起比较稳固的人际关系。

邻里关系在现代社会往往被称为社区关系。社区经常会组织各种活动，如亲子活动、户外运动、文化讲座等。积极参与这些活动可以与邻居们建立良好的关系。比如，在社区组织的亲子运动会上，你可以与其他家长交流育儿经验、分享教育资源，甚至可能发现有共同商业兴趣的邻居，为拓展人脉打下基础。

同乡会是基于地缘关系建立的组织，经常会举办各种活动。通过参加这些活动，你可以结识来自家乡的不同行业的人士。在交流过程中，大家因为共同的家乡背景而产生亲近感，这种情感基础有助于快速建立人脉关系。同乡会内部通常会共享一些资源，比如就业信息、商业合作机会等。

4.利用业缘关系拓展人脉

在工作场所，同事是最直接的业缘人脉。日常的工作交流、项目合作等都是拓展人脉的机会。比如，市场部和销售部的同事一般都需要紧密合作。销售部同事可以通过市场部同事了解到最新的市场调研数据，而市场部同事也能借助销售部同事的反馈更好地调整营销策略。通过共同工作，双方可以深入了解彼此的专业领域，建立起相互信任的关系。这种同事关系不仅有助于项目的顺利开展，还能为个人在职场中积累有用的人脉资源。

与上级和下级建立良好的关系也是拓展人脉的重要方式。上级通常拥有更丰富的行业经验和更广泛的人脉资源。通过与上级保持良好的沟通，积极完成工作任务，能够赢得上级的认可和信任。这样，上级可能会将你介绍给其他重要的合作伙伴或者业内人士。同样，与下级建立融洽的关系，能够在团队中形成良好的口碑，下级也可能为你提供一些来自基层的信息或者潜在的人脉线索。

参加行业会议是拓展业缘人脉的有效方式。这些活动汇聚了来自同一行业的专家、企业家、从业者等。在会议期间，可以通过参加主题演讲、小组讨论等活动，与其他参会者交流观点、分享经验。例如，在科技行业研讨会上，软件开发者可以与硬件制造商交流技术趋势，探讨合作的可能性。这种跨领域的交流能够拓宽人脉圈，为职业发展和业务合作创造机会。

行业展会是展示企业产品和技术的平台，也是拓展人脉的好地方。在展会上，企业代表可以向潜在客户、合作伙伴展示自己的优势和特色。同时，也可以与其他参展商建立联系。比如，在汽车展览会上，汽车零部件供应商可以与整车制造商进行洽谈，寻求合作机会。此外，还可以与行业媒体、行业协会等机构的人员建立关系，这些人脉对于企业的宣传推广和行业动态的把握都非常有帮助。

参加与职业相关的技能培训课程，可以结识来自不同企业的同行，也是人脉拓展的好办法。在培训过程中，大家共同学习新知识、新技能，通过小组讨论、案例分析等方式相互交流，分享各自的经验和遇到的问题。这种交流不仅可以提升自己的专业知识水平，还能形成相应的人脉关系，为今后的职业发展提供更多的资源和支持。

在学校环境中，同学会一起上课、讨论问题、完成小组作业等。这种共同的学习经历能够让彼此熟悉各自的思维方式、专业能力。比如在大学期间，同专业的同学可以在专业学习和学术交流中互相帮助，拓展在专业领域的人脉。不同专业的同学也能带来跨学科的视角，为彼此提供新的知识和信息。

校友聚会是很好的平台。校友来自不同的年级和专业，他们分布在各个行业。通过校友聚会可以接触到不同领域的人，为职业发展等带来新的机会。例如，在校友交流会上，你可能会结识一位在新兴行业颇有建树的学长，他可以为你提供该行业的前沿信息，甚至可能为你的职业转型提供建议或机会。

参与学术研讨会也是利用学缘关系拓展人脉的有效方式。这些会议汇聚了众多同行和专家学者，大家可以就学术问题进行深入探讨，交换观点，建立学术联系。这种联系不仅有助于知识的增长，也可能在科研合作、学术资源共享等方面发挥作用。

6. 利用物缘关系拓展人脉

如前所说，物缘关系包括买卖关系、合作伙伴关系以及因共同的兴趣而形成的人际关系等。

在买卖关系中，一些高端品牌会为其消费者设立会员俱乐部，如高端汽车品牌的车主俱乐部、奢侈品品牌的会员俱乐部等。在这些俱乐部中，会员们基于对同一品牌高端产品的消费而聚集在一起。他们可以参加品牌组织的试驾活动、新品体验活动等。在活动过程中，会员们相互交流使用产品的感受、分享生活方式等。以高端汽车车主俱乐部为例，车主们可能来自不同的行业，但通过俱乐部活动建立联系后，可能会在商业合作、资源共享等方面发现机会，从而拓展人脉。

另外，消费者之间也可以因购买共同的产品而产生交往，比如互联网上有许多购物相关的社群和论坛，消费者会在其中分享购物心得、产品评测等内容。例如，在电子产品购物论坛中，用户们会讨论手机、电脑等产品的性能、优缺点和最新产品动态。通过积极参与这些论坛的讨论，发表有价值的观点，可以吸引其他用户的关注，进而建立联系。这些基于物缘关系建立的人脉可能会在产品团购、二手交易或者产品推荐等方面发挥作用。

在利用合作伙伴关系拓展人脉方面，由于企业与供应商、客户之间因产品的供应和购买会自然地形成物缘关系，所以，并不需要什么特别的手段。只要遵循互惠互利、合作共赢的原则，真诚且有意识地主动加强与供应商和客户的沟通与合作，就可以在企业产品的产业链上下游拓展人脉，为企业的持续发展和业务拓展提供有力支持。例如，一家服装生产企业的供应商包括面料供应商、辅料供应商等。通过与这些供应商建立良好的合作关系，企业可以了解到最新的面料研发成果、辅料流行趋势等信息。同时，企业的客户，如服装零售商、品牌代理商等，也可以为企业提供市场需求反馈、竞争对手信息等。

而基于趣缘关系拓展人脉的手段大体有以下几种。

第一，积极参加相关的兴趣活动，比如参加相关的线下聚会、俱乐部活动或研讨会。比如你喜欢摄影，就可以参加当地摄影俱乐部组织的外拍活动。在活动过程中，通过主动与其他参与者交流摄影技巧、分享自己的摄影经历，就能自然地结识志同道合的人。如果你是一个收藏爱好者，比如你对古董、邮票、手办等物品的收藏感兴趣，那么参加收藏展会、拍卖会或者收藏爱好者俱乐部活动就是拓展人脉的好方式。如果你感兴趣的领域有一些竞赛，也可以积极参加，这是拓展人脉的好机会。比如你是书法爱好者，通过参加书法比赛，你就能接触到不同风格的书法高手，在比赛前后的互动交流中，你们可以彼此了解，进而拓展人脉。

第二，在社交网络、专业论坛等线上平台积极发言和互动。随着线上交流的深入，就可以与相关活跃成员建立起联系，这些联系可能会延伸到线下，进一步拓展人脉。还可以利用线上平台组织线上活动，比如发起一场线上的电竞比赛或者读书分享会。通过活动的组织和宣传，能够吸引更多有相同兴趣的人参与，从而拓展更多人脉。

第三，与意见领袖建立联系。在很多的兴趣领域都会出现一些意见领袖。如果能够与他们建立联系，将能够在这个领域快速获取优质的人脉。这就需要首先识别并关注兴趣领域内的意见领袖，如知名的博主、行业资深人士等。以健身为例，关注那些健身达人的社交媒体账号，积极评论和互动，参加他们组织的线上线下活动，如健身讲座等，就有机会与他们建立良好的关系，还能通过他们结识更多的同好。

第四，如有可能，可以自己主动组织兴趣主题活动。比如，你是桌游爱好者，可以定期组织桌游聚会。通过制定活动规则、邀请参与者等，能聚集起一批有相同兴趣的人，并且在活动过程中你会成为人脉网络的中心节点，更有利于拓展人脉。

三、人脉管理策略

1. 人脉资源分类

人脉管理是指对人脉进行有效管理，使其朝预期的方向发展，以利于人生目标的达成。通过人脉管理，个体能够更有效地获取所需的信息和资源，从而做出更明智的决策。人脉管理有助于个体拓展自己的资源网络，包括人脉、资金、技术等，为个人和集体的发展提供支持。良好的人脉关系能够为个体提供更多的发展机会，如晋升机会、合作机会等。在生活和工作中，人脉往往也被称为圈子。圈子由各种渠道、各种缘构成，圈子套圈子，不同的圈子重叠在一起，有的紧密，有的松散，有的持久，有的很不稳定。要选对圈子，钻进圈子，明确圈子里的生存与发展之道，在圈子里营造更为紧密长久的小圈子。

人脉资源根据重要程度的不同，可以分为以下几类。

第一，核心层人脉资源，指对职业和事业生涯能起到核心、关键、重要、决定作用的人脉资源。这些资源根据个人所处的职业位置、事业阶段以及未来发展方向的不同而不同。比如一个营销部门经理的核心人脉资源可能是他的顶头上司、公司老板、关键同事和下属、对公司业务和自身业绩有重大影响的重要客户，以及其他可能影响职业与事业发展的重要人物等。

第二，紧密层人脉资源，指在核心层人脉资源的基础上适当扩展的人脉资源。对一个营销经理而言，可能是公司其他领导、其他部门同事、一般下属、次重点客户，以及对自己有影响的老师、同学、朋友等。

第三，松散备用层人脉资源，指根据自己的职业与事业生涯规划，在将来可能对自己有重大或一定影响的人脉资源。比如公司未来可能的接班人选、有发展潜力的同事、下属、客户、同学、朋友等。

人脉资源根据其所在的领域，可以分为政府人脉资源、金融人脉资源、行业人脉资源、技术人脉资源、思想智慧人脉资源、媒体人脉资源、客户人脉资源、高层人脉资源（比如老板、上司）、低层人脉资源（比如同事、下属）等。

2. 人脉管理的常见方法

要做好人脉管理，首先需要明确自己的目标。这些目标可以是职业发展、业务拓展、知识获取等。明确目标后，个体可以更有针对性地识别潜在的人脉资源，避免盲目扩张人脉圈。因为维护一个有效的人脉关系也是需要耗费大量的时间和精力的。所以，个体必须清晰地知道自己建立人脉的原因，是为了学习专业知识、求职时获得协助、带来新的生意、增加同盟伙伴，还是搜集更多信息。当个人的动机清楚时，才能把人脉建立做得更好。

其次就是要主动建立联系。我们需要主动寻找并接触那些对自己实现目标有帮助的人，然后通过面对面的交流、社交媒体互动等方式建立联系。经常主动联系，甚至保持一个定期的沟通是维护人脉的重要策略。可以通过分享信息、提供帮助或共同参加活动等多种方式主动建立联系，但不要有太强的目的性，不要让别人觉得你是在建立人脉，而应该让别人感觉你关注他，你是一个喜欢分享的人，一个有趣的人，非常愿意与他分享和交流。建立人脉的目标是创造长期、双方都能受益的关系，如果只是在需要对方帮助的时候才去找对方，那会让对方感觉到功利性太强，从而变成一种冷冰冰的人情交易。所以，平时应该把建立人脉当作生活的一部分，比如，偶尔约对方一起吃顿饭，谈谈双方最近的情况；看到对方可能感兴趣的消息时，寄封电子邮件告知他；知道对方获得升迁或奖项时，记得恭喜他；邀请对方参加适合的活动。当对方提出要求时，尽量提供帮助，过一段时间后，主动与对方联络，看看提供的帮助是否有效，以及他是否需要其他的帮助。另外，当对方介绍别人向你求助时，也不要忽略了他们。

互惠互利是人脉管理最基本的原则。双方通过互相帮助和支持，实现共赢。互惠互利原则也意味着，如果你没有帮助对方的能力，就很难与对方建立一个很深厚的人脉关系。所以，最重要的人脉策略就是提升自己，打造个人品牌。在人脉管理中，个体自身的价值是吸引人脉的最重要因素。我们要通过不断学习提升自己的专业能力和综合素质，形成自己的个人品牌，这样才能吸引更多有价值的人脉资源。

第三节　群体管理

一、概述

1. 概念与特征

群体是两个以上相互作用、相互依赖的个体，为了满足某种需要，实现某一特定目标而组成的集合体。"物以类聚，人以群分"，不同的个体按某种特征结合在一起，进行共同的活动，相互交往，就形成了群体。个体往往通过群体活动达到参加社会生活并成为社会成员的目的，同时在群体中获得安全感、责任感、亲情、友情、关心和支持。

群体都有以下几个特征。第一，群体成员之间具有共同的群体目标与利益。群体内有相互协作与配合的组织保证，群体内每一个成员都有着共同的兴趣，并为实现群体目标而做出自己的努力。第二，群体成员都具有群体意识。群体中的每一个成员都意识到自己是群体的一员，并与其他成员建立起相互依存的关系与情感。如果说仅仅是几个人或更多人集合在一起，彼此在心理上没有多大联系，那么这几个人就称不上是群体，只能说是一堆人或一群人。第三，群体成员之间能够密切协作和配合。群体中的每一个成员都在群体内占有一定的地位，扮演一定的角色，执行一定的任务，有一定的权利和义务。第四，群体要满足各成员对归属感的需要。这是个体自觉归属于所属群体的一种情感，即在心理上有依存关系和共同感。有了这种情感，个体就会以这个群体的目标为准则来进行自己的活动、认知和评价，自觉地维护群体的利益，并与群体内的其他成员在情感上产生共鸣。

群体可以是正式的，也可以是非正式的。

正式群体是由组织创立的工作群体，它有明确的工作任务和工作分工。正式群体的成员往往有明确的职责分工、明确的权利和义务，并且为了组织目标的实现，有统一的规章制度和组织纪律。例如，工厂的车间、班组、科室，机关的科（处）室等都是正式群体。在正式群体中，个体应该做的行为都是由组织目标规定好的，并直接指向组织目标。

非正式群体是人们在工作生活中自发形成的，未经任何权力机构承认或批准的群体。非正式群体的存在是基于人们社会交往的需要。在正式群体中，由于人们在社会交往方面存在特殊需求，基于好恶感、心理相容或不相容等情感性关系，便会衍生出非正式群体。这种群体没有定员编制，没有固定的条文规范，因而往往不具有固定的形式。由共同利益偶然结合在一起的人们、同院的伙伴、工厂或学校中存在的一些"小集团""小圈子"都属于非正式群体。

在正式群体中总会存在着各种非正式群体，非正式群体在一定程度上会影响正式群体，其影响可能是积极的，也可能是消极的。如果非正式群体本身具有很强的凝聚力，就能促进正式群体的巩固。当正式群体的目标和规范与其成员的个人需要不一致时，两个群体就会发生冲突，从而成为正式群体发挥作用的障碍。

2. 文化与群体习性

管理的过程本身就是一个群体习性塑造的过程。管理者面对自己的管理对象，即自己的直接下属，就是要不断地培养他们，塑造他们的良好习性，这样才能让管理变得越来越轻松。群体习性和群体文化的概念本质上是同一的。根据群体的大小，群体文化有民族文化、区域文化、组织文化、团队文化等不同的概念。

人们所处的地理环境和人文环境与群体文化的形成有密切的关系。一个地方的人由于相近的地理气候特点和经常交流等原因往往会有相似的习性，这就形成了一个地方的风俗。风俗在一个地方依靠一代代人正式或非正式的教化或者熏陶传承下去，这就形成了一个地方独特的文化传统。地理位置与生存环境差异性越大的国家或民族，文化差异性也越大。比如美索不达米亚文明起源于幼发拉底河和底格里斯河，这两条河经常暴发洪水，给周边居民带来了深重的灾难。这种生存环境使得苏美尔人对自然和未来充满了恐惧，因而促使占星术文化在当地盛行。当地人希望以某种方式与自然之神进行沟通，并预测未来可能发生的灾难。而古埃及文明则恰好与之相反。古埃及人生活在尼罗河流域，这条河有着非常规律的汛期，河水的泛滥不但没有给埃及人带来灾难，反而使当地的农业变得富足。同时，古埃及四周是沙漠地带，使其免受异族的骚扰。在这种相对封闭的环境中，古埃及文明持续了非常长的时间。这就使得古埃及文明崇尚至高的秩序，发展出能够赋予法老无上权力的宗教。再如，我国温州地区浓厚的商业文化与温州所处的地理环境也是分不开的。温州处于浙江南部，三面都是高山阻隔，东面邻海，人均耕地面积严重不足,迫使温州人不得不想方设法去外地谋生。因此,温州的商业自古以来就比农业发达。商业文化已经融入了温州人的风俗习惯。

大体上,我们可以把一个组织或者一个群体的文化分为三类。一是无所谓好与坏的文化。比如中国传统的婚礼仪式和西方基督教的婚礼仪式,我们不能说谁的仪式更加先进或者更加文明。对于这一类文化风俗,管理者一般不需要过多地关注。二是好的文化,或者说善的、先进的文化。即组织提倡的或者虽然未正式提倡但符合组织目标,有利于组织持续发展和增进组织成员幸福感的文化。这类文化是管理者需要大力弘扬的文化。三是不好的文化,或者说恶的、落后的文化。即不符合组织目标,不利于组织持续发展和增进组织成员总体幸福感的文化。

我们认为助长私心、忽视良心的文化就是恶的文化。正因为文化有优劣善恶之分,所以在文化不好的环境中,管理者有必要做移风易俗的事情。

如何改变一个组织或者群体的文化习俗呢?首先需要明白仅仅依靠行政力量或者暴力来改变文化习俗是不会有效果的。只有深刻地研究人性,采取符合人性的方式,才能改变一种不良的群体习惯。在中国传统文化中,群体习性的塑造主要是通过文化教育和文化传统的传承。比如儒家的《六经》被认为是进行群体教化的工具。《礼记·经解》说:"孔子曰:'入其国,其教可知也。其为人也:温柔敦厚,《诗》教也;疏通知远,《书》教也;广博易良,《乐》教也;洁静精微,《易》教也;恭俭庄敬,《礼》教也;属辞比事,《春秋》教也。'"意思是进入一个国家,看当地人们的状态,就可以知道这个国家教化的情况。如果那里的人们温和柔顺、纯朴忠厚,那就是受了《诗》的教化。如果是开明通达、博古通今,那就是受了《书》的教化。如果是心胸宽广、平易和善,那就是受了《乐》的教化。如果是清静精明、细致入微,那就是受了《易》的教化。如果是谦恭辞让、庄重严肃，那就是受了《礼》的教化。如果是善于辞令、议论是非，那就是受了《春秋》的教化。当然，除了教化外，领导者带头身体力行，并且推出相关制度予以配合也是极为重要的。另外，对于一些难以教化的人，应给予必要的惩罚，这也是改变文化的一种重要手段。

3. 群体的类型

群体按照其凝聚力的大小可以分为以下三种。

第一，乌合之众。"乌合之众"的原意是像乌鸦一样聚集在一起的一群人，比喻杂凑在一起的毫无组织纪律的人群。不过虽然是无组织无纪律的一群人，但他们聚集在一起肯定是有共同目标和共同利益的，甚至有带头人。但带头人一般没有正式的权威，群体中的其他人并不一定会听他的命令，这也是无组织无纪律的表现。古斯塔夫·勒庞在《乌合之众》一书中指出，群体具有冲动、易变和急躁等特点。在群体中，人往往会抛弃道德和理性约束，表现出与独处时截然不同的行为模式。群体的行为更多地受到无意识因素的支配，而非理性的思考。他对于群体的这种行为持批判态度，强调个体在融入群体时应保持警惕，避免被群体的非理性力量所左右。他提出了一个大胆的结论：群体只乐于接受简单明了的号召和主张，不关心证据和论述，不进行分析和判断。越是迎合人群基本需求的简单主张，越容易得到群体的拥护和支持。因为整体的智力下降，所以群体特别易于被暗示所误导，相信并传播荒诞不经的谣言，接受稀奇古怪的理念。

第二，利益集团。利益集团是有着比较重大的共同利益和目标的一类群体，为了争取或保住共同的利益，整个群体表现出一定的组织性和纪律性。利益集团一般会有带头人，并且带头人有一定的权威，其他人若不听从，会有一定的负面影响。甚至会成立一些组织，比如某某会、某某社团等。任何政策的制定都不可能照顾到所有人，这种政策的制定者或者推行者，往往就会成为反对者的斗争目标。那么，决策者和反对者自然形成两个不同的利益集团。所以，在政治上，利益集团的出现是非常自然的现象。在企业管理中，特别是在大中型企业，也很容易出现利益集团。

西方学者对利益集团的研究主要有多元主义理论、精英主义理论、政治企业家理论和新制度经济学等流派。多元主义理论认为社会由众多利益集团构成，它们在政治舞台上自由竞争，影响政策制定，而政府则作为中立的调解者来平衡这些力量。精英主义理论则强调权力集中在少数精英手中，他们通过控制利益集团来维持统治地位，往往使大众利益边缘化。政治企业家理论突出了利益集团领导者的作用，这些领导者通过策略性行为动员资源和支持力量，推动集体行动。新制度经济学则从制度角度分析利益集团如何影响制度安排以追求自身利益，并探讨制度变迁是如何受到利益集团间的博弈影响的。这些理论流派共同构成了理解利益集团在政治经济中作用的基础。

第三，团队。如果群体的成员之间关系密切、能力互补，能够产生良好的协同合作效应，就变成了一个团队。团队根据其目的或特点可以有多种形式，比如工作团队、管理团队、亲信团队等。

工作团队又叫问题解决型团队，是为了解决工作中相对复杂的具体问题而成立的团队。其最早出自日本企业的"质量圈"（质量小组），后来演变为由来自不同部门单位、不同工作领域的员工组成，以完成一项任务为目的的特定群体。工作团队根据工作任务的需要，把不同技能专长、在性格和能力上有互补性、能够充分交流沟通的组织成员组织起来，强调有效地发挥团队成员的自主性和创造性。

管理团队则是组织领导者为了应对组织中复杂的管理工作而形成的

一个团队。管理团队成员一般由组织中的高层管理人员构成，他们负责整个组织的战略决策以及协调与发展。组织规模越大，面对的环境越复杂，领导者就越需要一个强有力的管理团队。有时候一个组织发展得非常好，并非领导者本身多么有才能，而是他有一个非常好的管理团队。比如历史上的齐桓公就是因为重用了以管仲、鲍叔牙为首的一批管理人才才能成为一代霸主，等到管仲和鲍叔牙去世，他就被小人迷惑，最后死于非命。

如果把组织中所有参与战略决策以及组织整体协调发展的高层管理人员称为正式的管理团队，那么，在正式的管理团队之外往往还有非正式的管理团队，那就是领导者的亲信团队。亲信是传统管理文化中一个比较重要的概念。所谓亲信团队，就是领导者亲之信之的一个群体。这个群体一般人数较少，不一定都是高管，甚至不一定是管理者。但是他们都深得领导信任，经常与领导私下互动，帮助领导完成一些很难亲自去做的工作，比如打听消息、监督其他员工等。

二、群体心理与决策

1. 群体心理

群体心理是指群体成员在群体活动中共有的、有别于其他群体的价值、态度和行为方式的总和。心理学家认为群体中人们会模仿他人的行为、情感和思想等，通过模仿使个体的行为逐渐趋同，形成群体特有的行为模式和心理特征。群体中的个体倾向于采取与群体规范相符的行为，以维护自己在群体中的地位，增强群体对自己的认同感。因为存在模仿和对群体认同感的追求，所以，群体很容易出现从众行为，即个体在群体压力下，会改变自己的行为或信念以与群体保持一致。心理学实验研究表明群体中从众行为发生的概率约为35%，体现了群体对个体行为和决策的影响。心理学实验还发现，一个人的活动效率会因他人同时参加或在场旁观而提高，比如人们一起骑行时的速度比单独骑行时快，说明群体环境能激发个体的潜能，提高工作或学习效率。当然，相反的情况也有可能出现，就是不良的群体环境会抑制个体能力的发挥，降低工作或学习效率。

勒温借用物理学中的力场概念，提出了心理场的概念，继而提出了群体动力学理论。心理场由一个人的生活事件经验和思想愿望所构成，包括其过去、现在和未来的所有事件，会随个体年龄与经验的增长而不断丰富、扩展。从结构上看，心理场可分为不同的区域，如个人的核心区和边缘区，核心区包含需要、认知结构等，边缘区提供输入输出通路；同一心理场内各部分元素彼此影响，某部分元素变动，其他部分元素都会受影响。个人行为由自身和客观环境相互作用决定，环境在很大程度上就是所在的群体，个体受群体的性质、行为等动力因素的影响。不同需要类型的成员在不同结构的群体中有不同的生产率。试验发现：安全需要高、自尊需要低的人在平等型群体中生产率低，在层次型群体中生产率高；自尊需要高、安全需要低的人则相反。

勒庞专门研究了群体认同感比较强，但凝聚力比较差的群体——乌合之众的群体心理。他提出，在这类群体中，成员情感与观念被统一到同一方向，个性成分被消除，形成强大但可能具有破坏性的合力。他们在进行群体决策或采取群体行为时的智力水准低于个体决策或行为时的智力水准。这类群体整体往往具有较强的冲动性，行动方向不确定；有时候会自愿服从外来指挥，有时候有过激的实际行动。比如金融投资领域的羊群效应，投资者在交易过程中会受到其他投资者的影响，从而模仿他人的决策。个体投资者获取和处理信息的能力有限，当看到别人买入或卖出时，会认为他人有更好的消息，从而选择跟随。同时，还有社会压力和群体认同的因素。投资者如果不跟从群体的投资行为，可能会担心自己错过机会或者显得不合群。羊群效应可能会加剧市场的波动。当大家都跟风买入时，会推动股票价格过度上涨，形成资产价格泡沫。而当有负面消息出现，一部分人开始抛售股票时，其他人也会纷纷效仿，导致股价暴跌。

分析群体心理可以从以下几个方面进行。一是群体归属感。这是个体自觉归属于所属群体的一种情感。成员会因为自己是群体的一员而获得情感上的满足，并且以群体规范来约束自己的行为。比如，在一个球队中，球员们会因为球队的胜利而自豪，并且愿意遵守球队的训练和比赛规则。二是群体认同感。群体成员会对一些重大事件和原则问题保持共同的认识和评价。三是群体凝聚力。它是使群体成员维持在群体内的力量，包括成员之间的吸引力、群体目标和任务对成员的吸引力等。不同类型群体的凝聚力差异很大。

2. 群体决策

群体决策就是一群人共同参与讨论并最终达成某种共识的过程。这种决策方式在现实生活中无处不在，比如团队讨论项目方案、公司高层制定战略、政府机构出台政策等。

相对于个体决策，群体决策有不少优势，也有一些劣势。

群体决策最显著的一个优势就是能够整合多方信息。在个体决策中，我们往往只能依赖有限的个人知识和经验。而在群体决策中，每个人都可以贡献自己的观点和知识，从而形成一个更加全面的信息库。这种信息的多样性有助于提高决策的质量。其次，在群体决策过程中，不同的观点和想法会相互碰撞，激发新的思考。这种思想的火花有时能带来意想不到的创新和突破。另外，群体决策还能分散风险。在群体决策中，责任和风险是由全体成员共同承担的。这在一定程度上减轻了个人的压力，使得决策者更愿意尝试一些具有挑战性的方案。所以，在组织中人们面对复杂或者责任重大的事情的时候，往往会选择群体决策。

群体决策的问题主要有三个。一是会有从众效应。在群体环境中，人们往往会受到他人观点的影响，从而不自觉地改变自己的看法以迎合多数人的意见。在群体决策中，如果某一观点占据了主导地位，其他成员即使持有不同意见，也可能因为害怕被孤立而选择沉默或妥协。这就导致了决策过程中真实、多元的声音被压制，降低了决策的质量和创新性。二是会出现团体极化现象。心理学研究发现，一个团体在讨论某个议题时，成员们的观点会逐渐偏向某一个极端方向，最终导致整个团体做出比个体更为激进或保守的决策，这就是所谓的团体极化。这种倾向可能源于群体内部的比较和竞争心理，使得成员们在表达观点时更加倾向于站在极端立场上。三是群体决策在分散风险的同时也会带来责任模糊。在群体决策中，由于责任和风险由全体成员共同承担，因此很难追究个人的具体责任。这种情况容易导致"搭便车"现象的出现，即部分成员减少自己的努力程度，依赖他人的付出来完成任务。同时，责任模糊还可能导致决策效率低下和执行力度减弱。

三、群体管理

不同类型的群体有不同的管理方法，我们根据前面说的三种群体类型，分别讨论其管理方法。

1. 乌合之众的管理

乌合之众通常是指临时聚集、缺乏组织纪律和共同目标的人群。以下是一些管理这类群体的方法。

第一，明确目标和规则。①为群体设立一个清晰、简单且具有吸引力的共同目标，让每个人都能理解他们聚集在一起要完成什么。例如，在应对突发自然灾害时，把救援受灾群众作为共同目标，使大家明白工作的重点和方向。②建立基本的行为规则，包括交流方式、任务分配、奖惩机制等。这些规则要简单易懂，并且公平公正地执行。如规定在救援工作中，按时完成任务的人会得到表扬，不遵守安全规则的人会受到批评。

第二，有效沟通。①使用简单直白的语言进行沟通，避免复杂的专业术语和抽象概念。因为这类群体可能背景各异，简单的信息更容易被理解和接受。比如，用"我们要先把这些救灾物资搬到那边的帐篷里"代替复杂的物流分配指令。②利用多种沟通渠道，如大声呼喊、广播、简单的手势等。在嘈杂的救援现场，单一的沟通方式可能无法有效传达信息，需要多种方式结合使用。

第三，形成临时的组织架构与分工。①搭建一个简单的组织架构，如设置小组负责人，将群体划分为几个小团队，方便管理和任务分配。在救援场景下，可以按照搬运物资、医疗救助、搭建帐篷等任务划分小组。②根据成员的基本能力和特点进行任务分配。例如，身体强壮的人负责搬运重物，有医疗知识的人进行伤员救治。这样可以提高工作效率，让每个人都能发挥作用。

第四，激励与引导。①对表现好的成员给予及时的表扬和奖励，激励他们继续保持良好的行为。奖励可以是口头表扬、小礼品或者休息时间等。例如，对在救援工作中表现突出的人，当众给予表扬并奖励一瓶水。②树立榜样，让其他人看到什么样的行为是被提倡的。比如，在群体中宣传某个成员无私帮助他人的事迹，引导其他人向他学习。

第五，情绪管理。①留意群体成员的情绪状态，及时发现焦虑、愤怒等负面情绪。在救援工作中，长时间的高强度工作可能会导致成员身体疲惫，产生烦躁情绪。②通过话语鼓励、提供休息时间或者改善工作环境等方式来安抚成员的情绪。例如,在工作间隙安排短暂的休息,让大家恢复体力和调整情绪。

2. 利益集团的管理

管理利益集团是一个复杂的过程,需要综合运用多种策略,以下是一些建议。

第一,建立规范透明的制度。制定清晰、严格的法律法规来规范利益集团的行为。例如,明确利益集团的登记注册制度,要求其公开资金来源、活动内容和游说对象等信息,使利益集团的运作有法可依。同时,对违法违规行为,如贿赂官员、操纵市场等,设立严厉的惩罚措施。建立透明的决策过程和信息公开制度。政府在制定政策的过程中,应尽量公开相关信息,包括政策提案、论证过程等,减少利益集团通过不正当手段获取信息优势的可能。

第二,平衡利益。鼓励多种利益集团的发展,避免少数利益集团垄断话语权。例如,在产业政策制定中,不仅要听取大型企业集团的意见,也要重视中小企业协会、消费者权益保护组织等不同利益集团的诉求,让各种利益都能在决策过程中得到体现。政府在协调利益时,要秉持公平公正的原则。不能因为某些利益集团的政治、经济影响力大就偏袒他们,而要根据社会整体利益和政策目标来平衡各方利益。比如,在税收政策调整中,既要考虑企业的负担能力,也要考虑公共财政的需求和社会公平。

第三,监督与评估。建立独立的监督机构,对利益集团的活动进行监督。这些机构可以包括审计部门、监察机构等,检查利益集团的财务状况、活动合法性等。例如,审计部门定期对利益集团接受的捐赠资金进行审计,确保资金使用符合规定。对利益集团的政策影响进行评估。分析利益集团的游说活动是否对政策产生了积极的、符合社会公共利益的影响，还是仅仅为了其自身的私利。根据评估结果，对利益集团的活动进行引导和调整。

第四，对话与合作。管理者与利益集团代表之间建立定期的、有效的沟通渠道。比如设立专门的听证会、座谈会等机制，让利益集团能够合法地表达意见和诉求。同时，管理者也可以通过这些渠道向利益集团解释政策意图，减少误解。寻找管理者与利益集团之间的合作点，实现共赢。比如，在环保政策实施中，政府作为管理者可以与作为利益集团的企业进行合作，通过提供环保补贴、技术支持等方式，帮助企业达到环保标准，同时实现环境保护的目标。

3. 团队管理

团队是成员关系密切、能力互补，能够良好合作的一个小群体。把普通的群体打造成一个团队，是管理者的重要工作。一个优秀的团队应该具备以下特质。一是清晰的目标。优秀的团队有一个所有成员都认同并为之奋斗的目标。这个目标如同灯塔，指引团队前进的方向。同时，团队管理者还要能够把目标细化为具体的任务和阶段成果。团队成员清楚地知道自己的工作对整体目标的贡献，以及各项任务之间的关联。二是良好的沟通。团队成员之间能够及时、准确地传递信息。无论是工作进展、问题反馈还是技术知识，都能在团队中自由流通。三是互补的技能。团队成员具备不同的技能，涵盖业务所涉及的各个领域。四是高度的信任。团队成员之间互相信任，相信彼此的能力和诚信。在工作分配时，不会对他人的工作质量产生无端怀疑。五是有效的协作。根据团队成员的技能和特长进行合理分工，使每个成员都清楚自己的职责范围。同时，分工也不是绝对的，在必要时团队成员能够灵活补位。六是积极的氛围。团队成员对工作充满热情，积极主动地完成任务，并且会主动寻找工作中的改进点。当然，完全达到上述六个方面的要求是非常困难的，但团队管理就是要不断向优秀团队具有的特质去努力。

搞好团队管理需要注意以下几个重要的方面。

第一，明确团队目标。设定的团队目标应该是清晰、具体、可衡量且具有一定的挑战性的。目标要有效地传达给每一位团队成员。可以通过团队会议详细解释目标的意义、实现目标的重要性以及可能面临的挑战，确保成员对目标的理解一致，避免误解导致的工作偏差。

第二，合理组建团队。团队角色理论认为一个成功的团队需要包含多种角色，如协调者（能够协调团队成员的工作，引导团队达成目标）、实干家（善于把想法转化为实际行动）、创新者（能够提出新的创意和观点）等九种角色。每个成员可能会在团队中扮演一种或多种角色，团队成员之间的角色互补能够提高团队的整体效能。例如，在一个广告策划团队中，创新者可以提出新颖的广告创意，实干家将创意落实为具体的策划方案，协调者确保团队成员之间的沟通顺畅，使策划工作顺利开展。管理者可以根据团队角色理论，评估团队成员的特点和适合的角色，合理组建团队，确保团队具备完成任务所需的各种角色能力。在项目执行过程中，也可以根据团队成员的角色特点来分配工作，发挥每个成员的优势。

因此，在招聘或选拔团队成员时，要考虑成员技能的互补性，并注意成员性格的多样性和适配性。团队中既要有富有创造力、敢于冒险的成员，也要有沉稳、注重细节的成员。比如在一个创意策划团队中，性格开朗、思维活跃的成员可以激发团队的创意灵感，而性格谨慎的成员则可以在方案执行环节把控细节。

第三，有效分配任务。深入了解每个团队成员的专业技能、工作经验和优势。根据这些因素，将任务分配给最适合的人。同时，将任务细化，比如给设计团队布置任务时，要明确设计风格、使用场景、交付格式以及最终交付日期等细节。

第四，加强沟通协作。搭建多种沟通渠道，包括定期的团队会议、一对一沟通、线上沟通（如通过即时通信软件、邮件沟通）等。通过组织团队建设活动、跨部门合作项目等方式，培养团队成员之间的协作精神。

第五，激励团队成员。包括物质激励和非物质激励。

第六，提供培训机会。定期评估团队成员的培训需求。可以通过绩效评估、员工反馈、工作观察等方式，确定成员在技能、知识或管理能力等方面的短板。

第七，有效处理冲突。建立公平公正的工作环境和规则，尽量避免因利益分配、任务分配等问题引发冲突。当冲突发生时，要及时、客观地处理。了解冲突的根源，采取合适的解决方式，如沟通协调、重新分配资源或任务等。

第八章
组织管理

第一节　传统组织管理概述

一、现代组织管理与传统组织管理

在现代组织管理理论中，组织一般被认为是为了达到某些特定目标，在分工合作的基础上构成的人的集合。组织有明确的目标、一定的结构和相应的人员。比如企业组织，目标可能是通过生产和销售产品获得利润，企业内部有不同的部门如研发部、生产部、销售部等构成的结构，员工们在各自部门的岗位上分工协作。

组织是怎么产生的？人活着是为了生存和发展，总是要做事情。当事情比较简单，一个人就可以完成时，谈不上组织。当事情比较复杂，一个人无法完成，必须多个人合作才能完成时，人们可以通过团队的形式，组成项目小组来完成这个工作。这个时候也不一定需要组织。只有当事情很复杂或者虽然不是很复杂，但是需要多人长期坚持合作，才能达到人们的预期时，才需要组织。所以，我们认为组织的本质是一群人为了各自的利益，以长久且频繁合作的方式，去完成一些复杂的事情而形成的一种协作架构。为了保证合作的长期性和有效性，人们会设计相关规章制度来确定人与人之间的权责利关系以及具体的做事流程等。所以，组织可以被视为人和事长期结合的载体。因此，组织管理可以分为对人的管理和对事的管理两条主线。

组织内部的各种规章制度以及管理办法，无外乎针对人的和针对事的。比如组织中有确定人们之间的权责利关系的规章制度，这是侧重于人的规章制度。而组织中关于具体如何做事的规章制度就更加普遍了。

传统组织管理和现代组织管理最大的不同体现在对人的管理这条主线上。现代组织管理中对人的管理往往被视为一种手段，是服务于对事的管理的工具。而传统组织管理则恰恰相反，对事的管理是服务于对人的管理的工具，对人的管理才是组织管理的目的。换句话说，组织的存在是为了服务于人，组织自身并没有什么目的。而现代组织管理往往会给组织设计一些愿景、使命和价值观，对人的管理和对事的管理都服务于它们，然而这些愿景、使命和价值观如果不能尊重人性，不能服务于组织中的人，往往就会流于形式。

现代组织管理理论本质上源于泰罗的科学管理研究，其在产生之初就是与企业结合在一起的组织管理理论。仔细分析现代组织管理理论和实践发展的逻辑线索，可以发现存在两条基本线索：一是强调工具理性的"科学管理"；二是强调尊重人性的"人性管理"。现代组织管理理论基本上就是在这两条线索的推动下不断发展的。但科学管理一直占据着主导地位。科学管理强调用科学的方法和手段去管理每一个组织活动，侧重于研究管理制度、管理方法和管理行为的规范化，但不太关注人，甚至把人的情感等因素视为管理的障碍。

而人性管理受到这种科学管理的影响，虽然关注人的现状是怎样的，但不关注人应该怎样，虽然关注应该如何管理被管理者，但不关注管理者自身素质的提升以及管理者与被管理者之间的互动。在现代组织管理理论中，管理事务和人的发展问题不是统一的，而是对立的，管理者的自我管理和管理者对他人的管理不是融合的，而是分裂的。现代组织管理理论虽然对人性也有很多研究，但是始终局限于对人性现状的分析，始终把人性置于组织效率之下。归根结底就是始终在用行为科学的研究范式去研究人的行为，思考如何设计符合人性现状的管理制度和方法，从而提高组织的效率，而人自身的需求和目的都成为实现效率的手段。在现代组织管理理论中，作为管理客体的人和物都得到了极大的关注，然而作为管理主体的人却完全没有了地位，即使是领导理论也是把领导者作为客体进行研究的。我们认为这种研究取向无论如何都逃不脱本末倒置的嫌疑。因为人一旦在管理理论中失去了主体地位，就导致了两个严重的后果，具体如下。

第一，管理的终极目的迷失。不研究人的主体性问题，人的发展问题就会变成管理活动之外的事情。现代组织管理理论强调的效率问题只是管理事情的目的，对事的管理终究要为对人的管理服务。如果对人的管理与人的发展没有关系，那么管理的终极目的是什么呢？

第二，由于现代组织管理理论研究中没有管理者的主体性地位，因此管理理论研究得出来的知识缺乏实践操作性，管理的"知"与"行"始终处于分离状态。

这样，现代组织管理理论研究在整体上与实践脱节也就不足为奇了。

而中国传统组织管理思想始终彰显着管理者的主体性地位，其管理知识具有很强的知行合一性质，故此能够较好地指导管理实践。下面我们从管理观念、管理要素以及管理活动三个层面，对中国传统组织管理思想与现代组织管理理论做一个比较。

第一，从管理观念层面来看：现代组织管理理论秉承西方传统的技术经济理性思维范式，管理认知的焦点在于对企业或其他组织的管理，重视管理客体，遵循组织理论的研究范式，关注管理事务和效率问题。而中国传统组织管理思想则秉承中国传统的价值理性精神，关注对人的管理，重视管理主体，遵循修己以治人的逻辑，强调管理者的自我管理以及管理者与被管理者之间的互动，关注道德和幸福问题。现代组织管理理论的思维是一种以逻辑实证为基础的认知型思维，具有明晰性，重视分析和思辨，常常形成可制度化、流程化的客观知识。中国传统组织管理思想的思维是一种以直觉体悟为基础的价值推导性思维，具有灵活性和经验性，常常形成需要灵活把握的行动原则。这种思维方式强调的是事物的属性或意蕴,所谓得意忘形,强调对事物整体的直觉把握。通过整体直觉的思维方式来把握管理客体,使得中国传统组织管理思想避免了现代管理学所面临的两难问题——要么用抽象静态的分析工具试图对动态的具体管理过程进行描述,从而难以对综合的、复杂的、艺术性强的管理活动进行有力的指导,要么否定理论,陷入经验主义。但是这种思维方式对于管理者自身来说是一个挑战,如果管理者缺乏足够的悟性、知识和道德基础,他将很难掌握中国传统组织管理思想体系及其应用方法。因此,在这种管理观念和思想方式下,管理者自身的学习与修身活动就变得无比重要,成为管理他人不可缺少的前提。

第二,从管理要素层面来看:现代组织管理理论与中国传统组织管理思想在目标、组织、环境等方面存在较大差异。现代组织管理理论产生于西方企业管理实践,其目标是实现企业的使命。企业的使命长期被认为是提升效率,获取竞争优势。企业被视为是与人的目的没有直接关系的一种独立存在。而在中国传统组织管理思想中,任何组织、事物都是人的工具,都要为人的目的服务,无论是国家、军队或者其他的组织,都必须服从追求和平、和谐以及人民生活幸福这个终极目的。

第三,从管理活动层面来看:现代组织管理理论主要关注做事,而且是企业这种特定组织中的特定事务,即企业的经营活动,如营销管理、财务管理、人力资源管理、生产管理以及战略管理。现代组织管理理论期望解决的主要是企业效率和组织发展问题。而中国传统组织管理思想关注的是做人,包括自我管理("修身")、团队管理("齐家")、组织管理("治国")、环境(或竞争)管理("平天下")等多个层面,解决的是人生发展和社会发展问题。

二、家国同构与家国天下

我们在前面的章节谈到，现代组织理论往往预设组织是真实的，是一个独立存在的东西。但这一命题有一个前提，就是组织结构特征必须足够稳定，组织必须对个人拥有强大的权力。只有满足这个前提，组织才会像一个独立存在的真实东西。然而，在大多数情况下，上述前提是很难成立的。为了应对不断变化的环境，组织的领导者经常需要改变组织结构，推动组织变革，只有这样组织才能更好地发展。因此，重新回到人性视角，从个体或者团队、利益集团等视角去看组织，去解构组织，往往能更好地解决组织管理的问题。

中国传统组织管理思想非常关注人性，关注人与人之间的互动，不会离开人性、离开人与人之间的关系去谈抽象的组织。在传统观念中，一个小型组织就像一个小家庭，一个中型组织就像一个家族，一个大型组织就像一个国家，而多个大型组织形成的生态就像传统的"天下"。国家与家族具有同构性，可以视为家的拓展。天下由多个国家构成，也是由家拓展而来。从家拓展到国，从国拓展到天下，由此形成了中国传统文化中的"家国天下"情怀。传统管理思想中的"家国同构"观念和"家国天下"情怀，可以很好地补充现代组织理论的不足。

在中国传统观念里，"家"是社会的基本单元，是基于血缘关系建立的共同体，包括夫妻子女构成的家庭和由父系血缘关系拓展出来的家族两种形态。

在中国传统文化中，"家"的观念有如下特点。一是存在尊卑观念。尊卑并不是指人格上的不对等，而是指在家的内部存在着领导者和管理者，不同辈分的家族成员存在着地位的差异。正常情况下，长辈在晚辈面前有较高的权威；家族的长辈往往担任家族的领导者，负责管理家族的各种事务，维护家族的稳定和延续。因此，长辈具有很大的话语权。在中国古代一夫多妻制下，家的内部还有妻妾、嫡庶、长幼的地位差别。二是重视伦理教化。为了维护家的内部秩序，有家法家规以及相关的伦理道德要求。最核心的伦理道德要求就是"孝悌"。"孝"要求子女对父母尊敬、赡养，"悌"强调兄弟姐妹之间的友爱和睦。这些道德观念是维系家庭关系的纽带。三是强调家人互助。传统家庭也是一个经济互助单位。在农耕社会，家庭成员共同劳作，共享劳动成果。土地等财产通常在家族内部传承，家族成员之间相互扶持，遇到灾荒、困难时期，家族的经济互助功能就显得尤为重要，如开仓赈济族内贫困成员。

在中国传统文化中，"国"是"家"的放大。"国家"被视为一个大家庭，君主相当于这个大家庭的家长。臣民对君主的忠诚类似于子女对父母的孝道。比如古代官员常把"君父之恩"挂在嘴边，表达对君主的忠诚。这种观念将家庭伦理延伸到国家层面，构建起一种"家国同构"的政治模式。国家承担着维护社会秩序、保障百姓安全、管理公共事务等诸多责任。在中国古代，朝廷通过建立官僚体系来实现对国家的治理。官员们被赋予了管理地方事务、征收赋税、维护治安等职责，他们的行为应该以国家利益和百姓福祉为出发点，就像家长要照顾好家庭的每一个成员一样。所以，传统的组织管理带有浓厚的伦理特色。"家国"被视为一体两面的东西，这种观念也带来了民族认同和国家意识。在面对外敌入侵时，"保家"和"卫国"就成为一件事情，人们的国家意识会被强烈地激发。

在中国传统文化中，"天下"是一个比"国家"更为广阔的概念，它在地域上几乎涵盖了当时中国人所认知的世界范围，包括周边的藩属国等。在文化上，"天下"代表着华夏文明所辐射的区域，体现出一种文化上的优越感和使命感。中国古代王朝往往有一种使命感，希望将华夏文化传播到天下各地，通过文化的影响力构建一种理想的天下秩序。

比如通过朝贡贸易、文化交流等方式，使周边国家和地区接受华夏文化的熏陶，从而承认中国在天下秩序中的中心地位。同时，中国古代思想家怀有一种"天下为公"的理念，如《礼记·礼运》描绘的大同世界，在这个理想世界里，人们"不独亲其亲，不独子其子……货恶其弃于地也，不必藏于己；力恶其不出于身也，不必为己"。这体现了一种超越家族和国家利益，追求全人类共同福祉的伟大情怀。

"家国同构"是中国传统管理思想中一个非常重要的观念。"家国同构"体现为家庭与国家在组织形式和秩序原则上的相似性。家庭以血缘关系为纽带，是一个基本的社会单元，长辈拥有较高的地位和决策权。国家被视为一个放大的家庭，君主如同家长，臣民如同子女。"家国同构"意味着遵循相同的道德准则，比如："孝"是家庭伦理的核心，子女要孝顺父母；"忠"是国家伦理的关键，臣民要忠于君主。中国传统观念认为"忠臣出于孝子之门"，能在家庭中践行孝道的人，更有可能在国家事务中尽忠职守。

"家国同构"观念对中国历史产生了深远的影响。在现代社会，"家国同构"观念启示人们家庭责任与社会责任是紧密相连的。传统家庭伦理道德如尊老爱幼、和睦邻里等的传承可以为社会道德建设提供基础。"家国同构"观念可以唤起人们对国家或者组织的归属感和忠诚，就像对家庭一样。"家国同构"观念有助于发挥家庭单元在组织管理或社会治理中的协同作用。在中国古代，有势力的家族在一定程度上承担了地方社会治理的职责。家族中的长辈或者有威望的人往往在地方事务管理中发挥重要作用，如调解邻里纠纷、组织地方防御等。地方政府也常常借助家族的力量来维护社会秩序，从而形成家族和地方政治权力的结合。现代社会也可以鼓励家庭、家族积极参与社会治理，如社区建设、环境保护等。家庭、家族可以作为一个小单位，与社区、政府等机构协同合作。

三、传统组织管理思想体系

传统组织管理思想源于治国之道,传统治国之道大体上可以分为儒道法三个体系。

第一,儒家的治国之道是以孔孟思想为代表的管理思想体系,它重视礼制和教化,以发展人性、弘扬人的良心为目标。

第二,法家的治国之道是以商鞅、韩非子等的思想为代表的管理思想体系,它以建立和完善君主集权统治、提升国家对外军事实力为目标。

第三,道家的治国之道是以黄老道家思想为代表的管理思想体系,它以顺应人性、顺应自然和社会的发展规律,追求无为而治为目标。

儒道法三个管理思想体系都以修身为治国的基础。儒家修身是为了提升内在的境界,提升自己的智慧,为治国打好基础。法家修身是为了更深刻地理解人性,琢磨人性的阴暗面,从而防止领导的地位被挑战,同时利用人性来为治国服务。而黄老道家修身则兼有儒家和法家两方面的思考。

儒家的治国之道是以道德为基础、以仁政为核心。它强调君主以高尚的道德品质和仁爱之心来治理国家,通过道德感化和推行仁政来赢得民心,实现天下大治。儒家的治国理念也被称为王道。孟子说"民为贵,社稷次之,君为轻"(《孟子·尽心下》),王道理念认为君主的权力来自人民,君主应该以人民的利益为出发点,关注民生福祉。在实施政策时要考虑减轻百姓的赋税负担,使百姓能够安居乐业,从而赢得百姓的支持和拥护。同时注重道德的引导作用。王道要求君主和统治者自身具备良好的品德,并且通过教育等方式将道德观念传播给民众。要以"仁、义、礼、智、信"等道德准则来规范人们的行为,营造一个和谐、有序、充满道德关怀的社会环境。王道强调建立和维护严格的礼仪制度，用礼仪教化来规范君臣、父子、夫妇等关系，让人们明确自己的身份和职责，让社会有条不紊地运转。王道主张开启民智，大力推动文化教育事业，建立学校，传播经典文化，提高国民的文化素质和道德修养。

法家的治国思想兴盛于诸侯国激烈竞争的战国时期。一个诸侯国如果没有强大的军事力量和雄厚的经济实力，很容易就会被消灭。因此，法家主张君主高度集权，将政治权力集中在自己手中，以高效地推行各种政策和法令。君主凭借自己的权威和权力，对国家事务进行绝对的掌控，要求臣民绝对服从。在对外政策上，追求扩张领土、掠夺资源等，以获得实际利益；在对内政策上，以能够迅速增强国家实力的措施为优先，如推行富国强兵的政策。法家的治国理念可以概括为霸道。

霸道是一种以武力和权势为主要手段，依靠强硬的政治、军事力量来实现国家统治和扩张的治国理念。在具体的治国政策上，霸道往往主张使用严刑峻法来维护社会秩序和君主的统治。比如实行连坐等严厉的法律制度，对违法犯罪行为进行严惩，以达到威慑百姓、稳定社会秩序的目的。在军事方面，会用很高的奖赏来奖励军功，从而诱导民众参军作战。在经济方面，通常采取重农抑商的政策。即重视农业生产，将农民束缚在土地上，保证国家的粮食供应和兵源，同时抑制商业活动，认为商业会导致百姓心思浮躁，不利于国家的稳定和实力的增强。

王道追求的是一种和谐、持久、以民为本的社会秩序；霸道更侧重于国家的迅速强大和对外扩张，追求实际利益和霸权地位。王道如果实施得当，能够建立起比较稳定、公平、道德高尚的社会，但可能在短时间内难以应对外部的军事威胁；霸道可以在较短时间内使国家强大起来，但容易导致社会矛盾激化，缺乏内在的凝聚力和稳定性。

大体上，当国家面临内部的巨大危机或者外部激烈的竞争压力时，统治者容易选择法家的霸道治国理念；而当国家处于内部相对安定、外部竞争压力小的情况时，统治者容易选择儒家的王道治国理念或者黄老道家的治国理念。

另外，儒家治国之道的基本理念是内圣外王，有内圣功夫才能把外王事业做好。这就要求领导者必须耗费大量的时间去修习内圣功夫，培养内在的境界，成为圣贤，即使无法成为圣贤，至少也必须是一个有一定内在境界和很强领导才能的君子。而现实当中能够达到这种要求的领导者非常少。《孔子家语·贤君》记载，孔子周游列国多年，回到鲁国后，鲁哀公问孔子，当时的各个诸侯国中，哪个诸侯国的君主最为贤明。孔子说："丘未之见也，抑有卫灵公乎？"孔子周游列国十多年居然没有遇到一位贤君，实在要说，卫灵公勉强可以算。结果鲁哀公非常惊讶，因为孔子曾经多次批评卫灵公，比如说他"好德"不如"好色"，说卫灵公无道。于是，孔子就解释说，我是从他在朝廷上处理政务的情况来说的，不是从他的个人品行方面来说的。鲁哀公继续追问卫灵公在处理朝政方面的表现。孔子回答说："卫灵公的弟弟叫公子渠牟，他的才智足够用来治理拥有千辆兵车的大国，他的诚信也足以守护住这样的国家，卫灵公很喜爱他并且任用了他。还有一位名叫林国的士人，只要见到贤能的人，就一定会举荐他们，如果贤人不做官，便会把自己的俸禄分给他们，因此在卫灵公的朝中没有被闲置、游荡而不被任用的士人，卫灵公认为他很贤能并且十分尊重他。又有一位叫庆足的士人，一旦卫国发生重大的事情，他就一定会站出来担当治理重任，要是国家没有什么大事，他就主动隐退，给其他贤能的人让出位置，卫灵公对他既欣赏又敬重。另外还有一位大夫叫史𬘘，因为秉持治国之道而离开了卫国，卫灵公就在郊外的馆舍住了三天，其间都不弹奏琴瑟，一定要等史𬘘回来，自己才敢回宫。我依据这些事情来选取他，把他放在贤君的地位，不也可以吗？"可见，孔子也意识到具有内圣功夫的领导者太罕见了，所以只能退而求其次。如果领导者自身能力不足，只要他能够知人善任，任用贤才团队，也可以成为一个优秀的领导者。在这个意义上，卫灵公就算是一个贤君了。

其实，这个要求也不算低了。领导者身边要有一个德才兼备的管理团队，则要求领导者必须有用人之明，能够做到知人善任。领导者若无识人用人之明，就可能把一些名不副实的人当成优秀的人才来任用，这样反而会造成巨大的危机。另外，领导者往往还得给予人才优厚的报酬和很高的礼遇，这样才能吸引和留住人才。

相比之下，法家就不会寄期望于领导有内圣功夫，甚至可以说法家就是为没有内圣功夫的领导提供了一套治国之道。同时，法家注意到在礼崩乐坏的乱世，领导者一方面面临着激烈的外部竞争。另一方面也面临着内部权贵的制约和算计，如果守着周礼，讲究伦理道德，往往是吃力不讨好，比如宋襄公因为遵循古代的军礼，导致自己在战争中被打败。因此，法家的治国之道就是要防范人性的阴暗面可能对领导者的地位和权力构成的威胁，同时，确保在激烈的外部竞争中胜出。其实，法家的很多思想，儒家也并非没有考虑到，只是二者提出的时代不同，讨论的侧重点自然也就不同。真正懂得儒家治国之道的领导者在面临激烈的外部竞争和内部权贵算计的时候，也会拿出与法家类似的管理手段。

第二节　儒家组织管理

一、概述

1. 管理目标

儒家组织管理的目标可以概括为"小康"和"大同"。

大同是儒家治国的最高理想，其基本特点是"天下为公"。具体情况如《礼记·礼运》所记载："大道之行也，天下为公，选贤与能，讲信修睦。故人不独亲其亲，不独子其子，使老有所终，壮有所用，幼有所长，矜寡孤独废疾者，皆有所养。男有分，女有归。货恶其弃于地也，不必藏于己；力恶其不出于身也，不必为己。是故谋闭而不兴，盗窃乱贼而不作，故外户而不闭，是谓大同。"

意思是，在大道能够实行的时代，天下是人们所公有的。大家会秉持公心来推选道德和才能都非常优秀的人来治理国家。人们彼此之间讲诚信，和睦相处。所以，那个时代的人们不仅仅只敬奉自己的亲人，也不仅仅只慈爱自己的子女，而是关爱所有的人，会让老年人都能安度晚年，壮年人都有工作可做，幼年人都能健康成长，矜寡孤独以及身体残疾患病的人都能得到照顾。男子都有自己的事业，女子都适时而嫁。对于财物，人们只是不愿让它遗弃在地上，倒不一定非藏到自己家里不可；对于需要大家出力的事情，人们担心的是自己没有机会出力，而不在乎这个事情是不是对自己有利。所以，人们不需要运用谋略，用拐弯抹角的方式去解决人事问题，而明抢暗偷作乱害人的现象更是绝迹了。所以，门户只需从外面带上而不需上锁。这就是大同社会的特点。

可见，大同社会最核心的特点就是人们的私心都很弱，而良心比较强，都很愿意关心和帮助别人。这样的社会管理起来非常简单，德才兼备的人会轻易被选举出来。在整个社会运作的过程中，基本没有谋略和偷盗作乱这些内耗的事情。这样的社会，生产关系良好，生产力也更容易发展起来。因而，在物质方面也就不容易出现匮乏的情况。

小康则是儒家治国的现实目标，其基本特点是"天下为家"。具体情况是："今大道既隐，天下为家，各亲其亲，各子其子，货力为己，大人世及以为礼。城郭沟池以为固，礼义以为纪，以正君臣，以笃父子，以睦兄弟，以和夫妇，以设制度，以立田里，以贤勇知，以功为己。故谋用是作，而兵由此起。禹、汤、文、武、成王、周公，由此其选也。此六君子者，未有不谨于礼者也。以著其义，以考其信，著有过，刑仁讲让，示民有常。如有不由此者，在势者去，众以为殃，是谓小康。"（《礼记·礼运》）意思是，当今时代是大道隐遁不见的时代，天下人只关心自己的家人，人们各自亲其双亲，各自爱其子女，财物和劳力都为私人拥有。诸侯天子的权力变成了世袭的，并成为名正言顺的礼制，修建城郭沟池作为坚固的防守。把礼义作为根本大法，用来规范君臣关系，用来使父子关系亲密，用来使兄弟和睦，用来使夫妇和谐，用来设立制度，用来确立田地和住宅，把勇敢和有智慧的人作为贤者来看待，把功劳写到自己的账本上。因此，钩心斗角的事就随之而生，兵戎相见的事也因此而起。夏禹、商汤、周文王、周武王、周成王、周公，就是在这种情况下产生的佼佼者。这六位君子，没有一个不是把礼当作法宝，用礼来表彰正义，用礼来成全他们讲信用的事，指明过错，效法仁爱，讲究礼让，向百姓展示一切都是有规可循的。如有不按礼办事的，当官的要被撤职，民众都把他看作祸害。这就是小康。

可见，小康社会与大同社会相比，就是人们的私心变得比较强大了，良心变弱了，导致人们只愿意关心自己的家人，家人以外的人就不太愿意关心了。所以，做什么事情都会优先考虑自己和家人的利益。这样，德才兼备的人就不一定能够被推举出来了，因为人们在推举管理者的时候会优先考虑推举自己的家人或者对自己有利的人。因此，各种钩心斗角的事情也就自然流行起来，严重时会导致刀兵相见。这样，整个社会的管理就复杂多了，于是，不得不建立礼法来约束人们的私心。

根据上述内容可以看到，儒家组织管理的两个目标都是根据人性来设定的。只有人性发展到了一定的高度，进入私心非常微弱的时代，才可能出现大同社会。而当人性没有发展到一定高度时，即使领导者再怎么努力，也只能建立"天下为家"的小康社会。而小康社会也同样需要对人们的私心进行一定的约束。因为如果人们只关心个人的利益，即使对家人也没有什么亲情，没有什么仁爱之心，那么，小康社会也是无法建立的。

2. 基本逻辑

传统组织管理的逻辑在儒家经典《大学》里说得非常清楚。《大学》说："古之欲明明德于天下者，先治其国；欲治其国者，先齐其家；欲齐其家者，先修其身；欲修其身者，先正其心；欲正其心者，先诚其意；欲诚其意者，先致其知；致知在格物。物格而后知至，知至而后意诚，意诚而后心正，心正而后身修，身修而后家齐，家齐而后国治，国治而后天下平。"这也就是所谓的"三纲八目"。

"八目"是"三纲"的具体展开，是儒家实现内圣外王修齐治平政治理想的基本逻辑。"八目"以"格物"为起点，以"天下平"为终点，实际上是七个阶段（八目相当于八个点，八个点之间有七条线段）。也就是说，中国传统组织管理有一个内在的逻辑次序，就是管理者要想治国平天下，就必须先从"格物"开始，总共有七个阶段需要经历。如果管理者跳过某些阶段，直接进行后面某个阶段的管理活动，就会在具体实践中面临诸多困境。

第一阶段，"格物致知"。"格物"是为了"致知"。什么是"格物"，大体上有两种解释。一种是把"格"解释为研究、探索，"物"解释为事物，这样"格物"就解释为研究事物发展的规律，"格物致知"就是通过研究事物发展的规律，从而把握这个事物。另一种是把"格"解释为"去除"，"物"解释为物欲，这样"格物"就是格除内心的物欲，"格物致知"就是通过格除内心物欲的修行功夫，提升自己内心的智慧。

两种解释都有道理。不过，第二种解释过于宽泛，儒家修身的全部理论都可以纳入，反而使得修身理论的次第变得模糊。因此，我们采用第一种解释。前面已经多次说过，儒家追求的是内圣外王，因此"格物"要研究的事物的规律就是内圣外王的规律，继而搞清楚实现内圣外王的基本途径、实践次第和各个阶段背后的基本原理。而"致知"就是想办法把内圣外王的理论与自己的生活结合起来，搞清楚为了实现内圣外王，自己在各个阶段进行实践操作的具体方法和步骤。

第二阶段，"知至而后意诚"。"格物致知"是理论上弄清楚内圣外王的原理和实践操作方法，而"知至"就是要进行具体的实操，在实操过程中，把理论上的知识转化为真正属于自己的知识，也就是要实现知行合一。只有知行能够合一，才能算"知至"。所以，"知至"是要结合自己的特点，包括自己的性格、工作特点和生活习惯等，明确自己践行内圣外王的优势和不足，找到最适合自己的具体操作方法和操作模式，这个过程就是修行的过程。这个过程不仅是修行的真正起点，也是修行最大的难点。因为，修行是改变自己，改变自己的思维习惯和行为习惯，在最开始的时候要不断地面对自己以前的不良习惯的反扑，而且这种反扑往往是不知不觉的，甚至让你感觉很轻松、很自然、很适应。而要养成新的习惯却往往要经历一个非常别扭的不适应、不舒服的过程。这个环节最重要、最关键，我们如果能够越过去，就进入了圣贤的大门，越不过去，就永远只能是凡夫，永远体会不到圣贤的境界。

当我们在追求内圣的道路上不断实践，积累了足够的经验和技能时，就会逐步体验到内圣境界给人带来的超乎寻常的内在快乐体验，比如孔颜之乐。体验到内圣境界的快乐，自然就会产生不断去追求内圣的动力，而再也不会怀疑追求内圣的价值，这就是所谓的"诚意"。

第三阶段，"意诚而后心正"。"诚意"是一个过程，而"意诚"是一种内在的心理状态。当我们把内圣的理论与自己的生活结合之后，通过不断的践行，我们一定会真正体验到内圣境界带来的内在的稳定的快乐，真正体会到原来确实存在不依赖于外在的内在的快乐境界。"意诚"指的就是真真切切地体验到了圣贤才有的不依赖于外界的内在快乐境界。但人们初步体验到的这种内在的快乐境界往往是非常不稳定的，仅仅是在某个特定时刻，心比较静、比较专注，恰好契合圣贤的心境时，才获得了内圣的体验。人们往往在很短的时间之后就会被平时散乱的习惯带走。由于追求快乐是人的本能，"意诚"之后，人们会非常自然地去努力改变自己的内心，让自己的心灵不断地向圣贤的心境靠拢，从而不断地稳定自己的内在境界，这个过程就是"正心"的过程。在"意诚"之前，虽然也要努力让自己"心正"，但这个过程非常痛苦、非常艰难甚至非常煎熬，需要依靠强大的意志力勉强自己才能完成。这时候一般效率比较低，往往是事倍功半。而"意诚"之后，初步体验到了内圣的快乐后，自己的内心自然有了追求内圣的强大动力。如果前期的理论基础打得很好，清晰地知道追求内圣的全过程，知道自己应该如何努力才能让"心"逐步变"正"，那么，在"正心"的过程中每一点进步都会给自己带来更多的美好快乐的体验，推动自己不断地向前。这样，"正心"就是一个追求快乐的过程，而非勉强的痛苦过程。这时候效率就非常高。反之，如果前期理论基础不扎实，那么"意诚"的体验往往是一种瞎猫碰上死耗子的偶尔体验，很难重复。这样，"正心"的过程中就很难不断地体验到内在的快乐，整个"正心"的过程也就会变得非常困难、非常勉强，导致很多人放弃了"正心"的修行。

第四阶段，"心正而后身修"。"正心"是针对自己的所思所想进行修正，而"心正"是不断地进行"正心"实践之后获得的内心状态。"修身"是针对自己的言行进行修正，而"身修"是不断地进行修身实践之后获得的整体状态，包括内在心理状态和外在表现出来的言行特点。我们通过内圣的修行，使内心有所改变之后，我们的言行也自然会随之改变。然而，这种改变是不是能够给身边的人带来正面的感受，却是不一定的。比如有的人一心修行，对周围的人不理不睬，对很多应该承担的责任也敷衍了事，甚至不闻不问。这样的人虽然可能会有很多美好的内在境界，但是他很容易给周围的人一种消极负面的感觉。另外，自己的言行在影响他人的同时，他人的言行也在影响着自己。当一个人在内圣的修行中获得了"心正"的内在境界之后，这种境界一般都是在个人独处的时候出现的。那么，当他与别人交往的时候，遇到各种事情的时候，还能不能继续保持这样的"心正"境界呢？其实，很难做到。特别是当他遇到一些不顺利的事情时或者遇到一些性格不好，比较难缠的人时，都会对内心这种"心正"的境界产生干扰。这时候就需要进一步在为人处世的过程中去修正自己的言行，这就是所谓的"修身"过程。

注意，儒家强调一定是"心正"之后再进行"修身"，这样"修身"才会是一件比较轻松的事情。如果没有获得"心正"的境界就直接去"修身"，也就是直接修正自己的言行，则非常困难。因为，我们平时一个人独处时，自己内心的一些不良习气甚至邪恶的念头都会时不时地冒出来，当我们与其他人打交道的时候，很容易被对方的一些言行激发起内心的妄念。如果没有前面的"心正"的功夫，这些都会在我们的内心掀起滔天巨浪，使我们的内心无法平静，继而导致我们的言行出现偏差。这时候，我们可能会觉得自己受过圣贤教育，不能这样，要像一个君子，于是极力掩饰自己，把掩饰、隐忍当成了"修身"，这样的"修身"最终就是把自己修成一个伪君子。有些人平时一本正经、道貌岸然，一旦遇到诱惑就无法抵挡。这些都是只修外表的言行而不修内心造成的。而有了"心正"的境界之后，在个人独处的时候，内心已经习惯于安住在平静、不胡思乱想的状态，因此，不容易产生各种不良的念头，即使偶尔产生也能够很快地消灭。在待人接物的过程中，我们也能够发现其他人的言行或者外界事物的变化在我们的内心激起了什么样的反应，从而能够阻止不良心理反应的进一步发展，这样外面的环境就不会对我们的内在境界产生负面的影响，这个过程就是"修身"的过程。

真正完成"修身"功夫之后，我们的内心就再也不会妄念不断了，不仅独处无事的时候不会，就算有各种平时会让你烦心的事情，你的心也能够保持平静，这样内圣功夫就算初步修成了。我们获得了一个不依赖于外界的，能够自给自足地形成内在快乐幸福的心灵状态或者说心灵的境界，这就是"身修"的状态。

第五阶段，"身修而后家齐"。通过前面几个阶段的内圣修行，我们获得了内在的快乐幸福，这种快乐幸福是不依赖于外界的，是一种稳定的境界。并且，我们还能在与他人交往的过程中，修正自己的言行，斩断外界对我们的负面影响，这样我们的修行功夫就会不断地提升，内在的快乐幸福感就会越来越强烈。这样在与身边的人交往时，我们自然就会把这种快乐幸福表现出来、传递出去，继而影响身边的人。我们身边最亲近的人无外乎家人，所以，"修身"功夫基本完成之后，就要搞好与家人的关系，这个过程就是"齐家"。因为有了"修身"功夫，"齐家"也就变得非常容易了。因为，只有你影响家人，家人很难影响你。

如果没有"修身"功夫，家人的不良情绪往往很容易相互传染。很多职场人士在职场上遇到了不高兴的事情，有了情绪，无法得到宣泄，往往就带到家里了。家人如果性格好，当时的心情也好，可能就会包容你，甚至安抚你。但更多的情况下，家人的性格不见得很好，即使性格好，当时的心情也不见得好，甚至当时他可能也遇到了一些挫折，也有不良情绪需要宣泄。这时候就非常容易产生家庭矛盾。但如果你的情绪始终是稳定的，内心始终能够保持一种平静愉悦的状态，那么，家人的情绪就总是能够在你这里得到安抚，自然就不容易出现矛盾。家人受到你的正面情绪的影响，也会有一个比较好的心情，这样家人在一起始终是和睦温馨的，这就是"家齐"的状态。

第六阶段，"家齐而后国治"。前面我们已经讲了中国传统文化中有"家国同构"的观念，小家庭管理好了就能拓展到大家族，家族管理好了就可以进一步拓展到一个国家。小家庭管理与团队管理比较类似，家庭可以视为一个伦理化的团队。家族则可以视为一个伦理化的组织。大家族的族长可能需要管理好几百人，其难度不亚于管理一个大中型的企业。族长面临着比自己辈分高的长辈和亲疏不同的兄弟家庭，面临着家族内部的各种利益纷争，需要很高的智慧才能协调好各种关系。而"治国"本质上就是一个组织管理的问题。儒家创始人孔子生活的时代，"国"是周天子分封的诸侯国。小的国不过方圆几十里地，人口可能只有数百人或者千余人。从经济力量和人员数量来说，现代很多组织都能够达到这样的规模。所以，从管理的复杂性方面来说，中国传统的家族管理、国家管理与现代企业管理实际上是非常接近的。

第七阶段，"国治而后天下平"。"国治"就是把组织内部的事情处理好，这样才能进一步处理好组织外部的事情，即所谓的"平天下"。儒家的"平天下"，并不一定是要打败对手，而是要形成一种以我为主导的协和万邦的秩序。自己的国家治理得很好，才能被其他国家推崇、效仿，本国的价值观与治国理政的相关理念和制度才能成为先进的国际经验。

综上所述，"修身"就是一个对自我进行管理，对心进行管理的过程；"齐家"就是一个对身边的人，对下属团队进行管理的过程；"治国"

就是一个对组织进行管理的过程;"平天下"就是一个对周围的环境进行管理的过程。"修身"的过程嵌入"齐家"的过程,因为"修身"重视自我反省与修正自己的行为,所以"齐家"的过程中也充满着自我反省与自我行为调整。"齐家"的过程嵌入"治国"的过程,因为家是一个讲究仁爱与亲情的地方,这样"齐家"嵌入"治国",就使得儒家的治国思想带有浓重的伦理道德色彩,重视在组织中推行仁爱精神。"治国"的过程嵌入"平天下"的过程,使得儒家对于非本国人也有让他们接受先进文化,享受和谐生活的美好愿望。整个"修身、齐家、治国、平天下"的过程就是提升自我素质、提升人性、弘扬仁爱精神的过程。

3. 基本手段

儒家组织管理的基本手段就是"礼"和"刑"。《孔子家语·刑政》说:"圣人之治化也,必刑政相参焉。太上以德教民,而以礼齐之,其次以政焉。导民以刑,禁之刑,不刑也。化之弗变,导之弗从,伤义以败俗,于是乎用刑矣。""德""礼""政""刑"不是相互替代的关系,而是相互补充的关系。但是"德""礼"相比"政""刑"具有优先性。正如《论语·为政》所说:"道之以政,齐之以刑,民免而无耻。道之以德,齐之以礼,有耻且格。"

儒家对"刑"的认识,在《孔子家语·五刑解》中有详细的解释:"圣人之设防,贵其不犯也,制五刑而不用,所以为至治也。凡夫之为奸邪窃盗靡法妄行者,生于不足,不足生于无度,无度则小者偷盗,大者侈靡,各不知节。是以上有制度,则民知所止,民知所止,则不犯。故虽有奸邪贼盗靡法妄行之狱,而无陷刑之民。"意思是,圣人设置防范措施,看重的是人们不触犯规矩,制定了墨、劓、刖、宫、大辟这五种刑罚却搁置不用,这才是实现天下大治的办法。普通百姓做出奸诈邪恶、盗窃以及违法妄为之事的,是因为内心的欲求得不到满足,而欲求得不到满足又是源于没有节制。没有节制的话,轻者就会去偷盗,重者就会奢侈浪费,都不懂得自我约束。所以只要上面制定了规章制度,民众就知道行为的界限所在,民众知道行为的界限,就不会去触犯法规了。因此,即便存在那些奸诈邪恶、贼盗以及违法妄为等相关的案件,也不会有平白无故陷入刑罚的民众。

在儒家看来只要礼治教化做好了,虽然不能完全杜绝犯罪,但普通人在一般情况下是不会去犯罪的。所以,各种刑法只是为了惩治极少数大奸大恶之人。这些刑法对于普通民众来说,只是一个告诫,告诉民众边界在哪里。

《孔子家语·始诛》有这样一个故事,说的是孔子担任鲁国的大司寇时,有一对父子打起了官司,孔子就把他们父子俩关在同一个牢房中,过了三个月也不判决。那位父亲请求撤回诉讼,孔子就赦免了他们。季孙听说了这件事,心里很不高兴,就对人说:"孔子先前告诉我说,治理国家一定要把孝道放在首位。现在儿子竟然敢和父亲打官司,正好不是可以杀掉一个不孝之人来教导百姓懂得孝道吗?可他却赦免了那对父子,孔子先前说的话是在欺骗我吗?"孔子的弟子冉有转告了孔子,孔子长叹一声,说道:"呜呼!上失其道而杀其下,非理也。不教以孝而听其狱,是杀不辜。三军大败,不可斩也。狱犴不治,不可刑也。何者?上教之不行,罪不在民故也。夫慢令谨诛,贼也;征敛无时,暴也;不试责成,虐也。政无此三者,然后刑可即也。《书》云:'义刑义杀,勿庸以即汝心,惟曰未有慎事。'言必教而后刑也,既陈道德以先服之。而犹不可,尚贤以劝之;又不可,即废之;又不可,而后以威惮之。若是三年,而百姓正矣。其有邪民不从化者,然后待之以刑,则民咸知罪矣。《诗》云:'天子是毗,俾民不迷。'是以威厉而不试,刑错而不用。今世则不然,乱其教,繁其刑,使民迷惑而陷焉,又从而制之，故刑弥繁而盗不胜也。"意思是，在上位的人丧失了正道却去杀害下位的人，这是没有道理的呀。不教导人们懂得孝道却去审理他们的官司，这是杀害无辜之人啊。军队打了大败仗，是不能斩杀士兵的；司法混乱，是不能动用刑罚的。为什么呢？因为在上位者的教化没有推行开来，罪过不在百姓身上啊。如果政令松弛却严厉惩处违反者，这是残害百姓；如果随意征收赋税没有固定的时节，这是施行暴政；如果不先引导却要求百姓马上做出成绩，这是虐待百姓。国家的政令不存在这三种弊端，然后才可以动用刑罚。《尚书》上说："即使是合宜的刑罚、合宜的杀戮，也不要任凭自己的心意去做，只是要想着自己还没有把事情慎重地处理好。"这说的就是一定要先进行教化，然后才能动用刑罚啊。要先向百姓宣讲道德规范，使他们心悦诚服。如果这样还不行，那就推举贤良之人来劝导他们；要是还不行，那就摒弃而不用去理会他们；要是仍然不行，这之后才用威严去震慑他们。像这样经过三年，百姓的行为就端正了。如果还有奸邪之民不服从教化，然后再用刑罚来对待他们，这样百姓就都会知道什么是犯罪了。《诗经》上说："辅佐天子，使百姓不迷失方向。"所以要用威严来引导却不轻易动用刑罚，要让刑罚搁置不用。如今的世道却不是这样，扰乱教化，刑罚繁多，使百姓迷惑并且陷入犯罪的泥潭，然后又去制裁他们，所以刑罚越繁多，盗贼却越不能禁绝。

从这段话可以看到，儒家对于刑罚的使用非常慎重。统治者应当先对百姓进行道德教化，若教化不行，再以贤良引导鼓励，若还不行，就边缘化他们，让他们感受到这样做会让大家嫌弃，如果他们还是不安分，才考虑使用刑罚来威慑。

《孔子家语·五刑解》还对"德""礼"和"刑"的关系做了详细的说明，列举了几种应该使用刑罚的罪过，并解释其根源以及解决之道。

第一，盗窃。"凡夫之为奸邪窃盗靡法妄行者，生于不足，不足生于无度，无度则小者偷盗，大者侈靡，各不知节。是以上有制度，则民知所止，民知所止，则不犯。"意思是，普通百姓做出奸诈邪恶、盗窃以及违法妄为之事的，是因为内心的欲求得不到满足，而欲求得不到满足又是源于没有节制。没有节制的话，轻者就会去偷盗，重者就会奢侈浪费，都不懂得自我约束。所以只要上面制定了规章制度，民众就知道行为的界限所在，民众知道行为的界限，就不会去触犯法规了。

第二，不孝。"不孝者生于不仁，不仁者生于丧祭之无礼。明丧祭之礼，所以教仁爱也，能教仁爱，则丧思慕祭祀，解人子馈养之道。丧祭之礼明，则民孝矣。"意思是，不孝顺的行为源于内心缺乏仁爱，缺乏仁爱又是因为没有丧祭之礼。明确丧祭之礼是为了教导人们仁爱的，能够教人懂得仁爱，那么人们在办理丧事时就会满怀思念追慕之情，也懂得为人子赡养长辈的道理。丧祭之礼得以彰明，民众就会变得孝顺了。

第三，冒犯甚至杀害上级。"弑上者生于不义，义所以别贵贱、明尊卑也。贵贱有别，尊卑有序，则民莫不尊上而敬长。朝聘之礼者，所以明义也。义必明则民不犯，故虽有弑上之狱，而无陷刑之民。"意思是，以下犯上、杀害尊长的行为源于不讲道义，道义是用来区分贵贱、明确尊卑的。贵贱有差别，尊卑有秩序，民众就没有不尊崇尊长、敬重长辈的。朝聘之礼就是用来彰显道义的。道义一旦明确，民众就不会去触犯相关禁忌。所以即使会有弑上这样的案件，也没有陷入刑罚的民众。

第四，斗殴。"斗变者生于相陵，相陵者生于长幼无序而遗敬让。乡饮酒之礼者，所以明长幼之序而崇敬让也。长幼必序，民怀敬让。"意思是，争斗变乱之类的行为产生于相互欺凌，相互欺凌又是因为长幼之间没有秩序，缺失了敬重和谦让。乡饮酒之礼就是用来明确长幼顺序、倡导敬重和谦让的。长幼顺序确定了，民众心怀敬重和谦让，就不会有斗殴了。

第五，淫乱。"淫乱者生于男女无别，男女无别则夫妇失义。婚礼聘享者，所以别男女、明夫妇之义也。男女既别，夫妇既明，故虽有淫乱之狱，而无陷刑之民。"意思是，淫乱的行为源于男女之间没有分别，男女无别就会使夫妇之间失去应有的道义准则。婚礼聘享这些礼仪就是用来区分男女、明确夫妇之间道义的。男女界限分明、夫妇道义明确了，那么即使会有淫乱相关的案件，也没有陷入刑罚的民众。

所以，儒家是希望从源头上阻止犯罪，并且认为"不豫塞其源，而辄绳之以刑，是谓为民设阱而陷之"。意思是，如果不预先堵塞这些犯罪的源头，动不动就用刑罚去惩治，这就叫作给民众设置陷阱，让民众往里跳。

儒家认为刑罚产生的根源在于人们的嗜好欲望没有节制，而"礼"就是用来约束民众的嗜好欲望、明确喜好厌恶的，这是顺应天道的。如果礼度已经确立，五常之教（仁、义、礼、智、信）全都施行了，还有民众未能被教化，那就要明确法典来进一步巩固约束。如果某个地方违法妄为的人比较多，就要加强相关的礼制教化，比如：有犯不孝案件的人，就要整饬丧祭之礼；有犯杀害尊长案件的人，就要整饬朝聘之礼；有犯争斗变乱案件的人，就要整饬乡饮酒之礼；有犯淫乱案件的人，就要整饬婚聘之礼。

"礼"的背后就是"德"，所以，究其本质还是要通过弘扬仁爱精神、提升人性、修养德行来减少犯罪。

二、管人体系

1. 自我提升

管理者践行儒家管理之道，首先要提升自我，所谓"正人先正己"。提升自我除了内圣修行之外，就是要"学习"。正如《中庸》所言："好学近乎知。"当然，这个"学习"是"学习"的本义，也就是"学"与"习"，包括理论学习和亲身实践两个部分。

在儒家这里，理论学习主要就是学习《六经》，亲身实践主要就是践行六艺。《六经》即儒家六经，是指《诗经》、《尚书》、《礼》（含《仪礼》《礼记》《周礼》三部经典）、《易经》、《乐经》（已失传）、《春秋》六部古籍。

儒家六经是一个完整的理论体系，学习时必须全面系统，不能偏执。如果偏执于某个理论，即使是学习六经这样的圣贤留下的经典也可能产生不良后果。孔子说："故《诗》之失，愚；《书》之失，诬；《乐》之失，奢；《易》之失，贼；《礼》之失，烦；《春秋》之失，乱。"意思是，偏执于《诗》的内容，其弊端在于使人愚钝；偏执于《书》的内容，其弊端在于浮夸不实；偏执于《乐》的内容，其弊端在于使人奢侈；偏执于《易》的内容，其弊端在于伤害正道；偏执于《礼》的内容，其弊端在于纷繁琐碎；偏执于《春秋》的内容，其弊端在于造成混乱。

学习六经时出现偏执，一方面是由于学习不系统，另一方面是由于缺乏亲身的实践。如果我们在理论学习上不够系统，比如仅仅学习了某一部经典，但是，如果我们能够把学到的理论知识与社会实践相结合，同样不至于陷入偏执。当然，如果能在系统地学习六经理论的基础上再结合实践，知行合一，那就更好了。正如孔子所说："其为人也：温柔敦厚而不愚，则深于《诗》者也；疏通知远而不诬，则深于《书》

者也；广博易良而不奢，则深于《乐》者也；洁静精微而不贼，则深于《易》者也；恭俭庄敬而不烦，则深于《礼》者也；属辞比事而不乱，则深于《春秋》者也。"意思是，如果为人温和柔顺、纯朴忠厚而又不愚钝，那就是深刻地理解了《诗》；开明通达、博古通今而又不浮夸，那就是深刻地理解了《书》；心胸舒畅、轻松和善而又不奢侈，那就是深刻地理解了《乐》；清静精明、细致入微而又不害正道，那就是深刻地理解了《易》；谦恭辞让、庄重严肃而又不烦琐，那就是深刻地理解了《礼》；善于辞令、议论是非而又不混乱，那就是深刻地理解了《春秋》。

六艺，指礼、乐、射、御、书、数，是周王官学要求学生掌握的六种基本才能。《周礼·地官司徒·保氏》说："养国子以道。乃教之六艺：一曰五礼，二曰六乐，三曰五射，四曰五御，五曰六书，六曰九数。"这就是所说的"通五经，贯六艺"的"六艺"。六艺的很多内容与当时的时代特点有密切关系，而在当今时代，很多内容已经不具有很大的意义了。因此，我们不做详细分析。

从管理学角度来思考，具体怎样才能真正深刻地理解六经的精神，然后做到知行合一，把理论与具体的实践相结合呢？《中庸》说："博学之，审问之，慎思之，明辨之，笃行之。"这无疑是理论与实践相结合的最重要的原则，具有永恒的价值。

首先是"博学之"。博学不是看各种书籍，记各种乱七八糟的知识，而是要提升自己的眼界。没有"博学之"，会使自己见识浅薄，陷入个人的思维定式当中或者局限于个人的眼界当中，导致格局太小，看问题不深刻。这就是前面孔子说的单独偏执于六经中的一部，可能出现的问题。

其次是"审问之"。博学之后，要么选择某一个领域一门深入，成为这个领域的专家，要么把多个相关领域融会贯通，成为某个大领域的通才。这样才能在某个领域建立自己的优势。如果仅仅是博学而不能一门深入，也不能融会贯通，就会变得博而不精，什么都懂一点，但是没有一样是精通的。这样的话，说他是人才可能有点勉强，说他不是人才似乎又有点委屈他。

一门深入或者融会贯通二者也并非两条完全不相干的道路。我们在一门深入地做研究时，必定会发现要想深入研究某个领域，就必然会涉及其他领域。这时候，我们就必须去学习其他领域的知识。如果不去学习，就会导致我们在原有领域无法进一步突破。而要把其他领域学习到的知识和自己选定的一门深入的领域的知识进行融合，就需要有融会贯通的能力。如何才能融会贯通呢？就是要能够把不同领域的知识融入自己大脑的知识结构中，明确不同知识点之间的逻辑关系，明白不同概念之间的本末体用。同时，明确不同观点的适用范围，也就是把握一个度的问题，某些观点在某些前提条件下是对的，但是条件一旦发生了变化，变化超过了某个度，这个观点可能就是错的，可能就会出现意想不到的问题。由此可见，要想做到融会贯通，不仅要对需要融会贯通的相关领域有较为深入的理解，还要对某个特定的领域有非常深入的理解，这也是一种一门深入了。所以，一门深入中有融会贯通，融会贯通中有一门深入，仅仅是侧重点存在差异。

如何能够做到一门深入或者融会贯通呢？当然就是要做到"审问之"和"慎思之"。我们要想深入学习某个领域的知识和技能，一定会遇到很多问题，必须把这些问题彻底搞明白，不可以差不多就行。比如孔子说"《诗》之失，愚"，那么我们就必须搞清楚《诗经》的观念在什么情况下会让人变得愚钝，我们需要学习哪部经典的内容来弥补这个不足。这些都是"审问之"和"慎思之"需要思考的问题。

"审问之"侧重找到问题，提出解决问题的方法。而"慎思之"重视反问自己发现问题、分析问题和解决问题的思路、方法是否存在问题，是否做到了严谨细致。其实，"审问之"和"慎思之"的工作，是几乎所有科研工作者都在做的事情，如果做不到"审问之"和"慎思之"，那么就无法把学问做好。

做好了"审问之"和"慎思之"的工作，研究者在这个过程中也就形成了自己的研究能力，形成了自己独有的观点。一方面可以立一家之言，另一方面也会逐渐形成判断其他人观点对错的能力或者判断其他研究者的研究成果有没有纰漏不足的能力。这种能力就是"明辨之"的能力。

真正能够"明辨之"的大学者，见闻非常广博，对各种基本问题、重要问题都思考得非常深入。因此，能够产生站得高、看得远的效果。他对各种境界相对较低、各有特色的思想都能够广泛包容，发现其优点和不足，不会偏执一端，更不会被异端邪说误导。他很容易就能够知道某个观点、某个理论是从什么视角去看问题的，其内容适合什么人，具体该如何应用。他也很容易就能够知道某个观点是别有用心的洗脑和欺骗，某个观点是中立客观的，某个观点虽然有道理却无法操作，某个观点或理论只是一个工具，可以被用来做好事，也可以被用来做坏事。也就是说，他能够明辨各种观点和理论的境界、视角、理论价值和应用价值。这种人就是孔子说的能够深刻地理解六经的人。

当然，最后还要"笃行之"，因为大学者并不是儒家的理想人格。孔子曾经告诫子夏："女为君子儒，无为小人儒。"（《论语·雍也》）子夏重视理论研究，后来也是当老师搞教育，没有积极出仕做官，缺乏知行合一的实践。这在孔子眼中是小人儒，而真正的儒者应该是知行合一的，也就是必须成就君子人格，具有真正的管理才能。

2. 齐家治国

儒家认为要想做好"治国"（组织管理）的工作，必须先做好"齐家"（团队管理）的工作。"齐家"的核心是教化家人，当然前提是自己"修身"的工作已经做得很好了，有了一定的内在境界。而组织管理不过是在教化家人的基础上进一步去教化没有血缘关系的下属和民众。

《大学》说："所谓治国必先齐其家者，其家不可教而能教人者，无之。"这句话听上去是不成立的，因为现实中确实存在家庭管不好，但能够管好组织的领导者。但是，如果把家理解为领导者的管理团队，则是完全可以成立的。一个大型的组织依靠一个领导者进行全面的管理是不太可能的，必须有一个管理团队。如果领导者把管理团队搞得一团糟，那么整个组织管理基本上是搞不好的。在周朝，天子的管理团队是以有血缘关系的家人为主的。其他非家人如果加入这个团队，往往也会被当成类似的关系处理，比如姜太公被周天子称为尚父。

但是，领导者的管理团队毕竟不是家人，不存在家人之间的亲情。因此，领导者必须想办法把团队成员都变成像家庭成员一样，使相互之间充满关心与信任。因为，只有家人才能与自己同甘共苦，才不用担心背叛。领导者最需要的就是能够同甘共苦的、忠心耿耿的管理团队成员，成员的能力反而在其次。如何才能把管理团队打造得像家人一样具有凝聚力，相互信任，能够同甘共苦呢？无疑，管理者需要学会复制和拓展管理自己的家人的经验。

家人在一起最大的特点就是彼此之间不需要伪装，不需要巧言令色，彼此之间真诚相待，拥有仁爱之心。这种心态在陌生人之间是很少见的，因此，在打造团队的过程中，需要通过各种形式来保护彼此之间的这种心态，弘扬这种心态，这就是"如保赤子"。

具体如何保护好团队成员的仁爱之心呢？这里又涉及"修身"和

"齐家"的功夫了。《大学》说："人之其所亲爱而辟焉，之其所贱恶而辟焉，之其所畏敬而辟焉，之其所哀矜而辟焉，之其所敖惰而辟焉。故好而知其恶，恶而知其美者，天下鲜矣！"讲的就是一个人即使通过修身使自己有了一定的境界，但是在待人接物的过程中，遇到一些特定的情况时，还是会激发潜在的私心恶习。管理者面对着各种复杂的管理事务，这些潜在的私心恶习是很容易被激发的，而一旦激发就会破坏团队凝聚力，导致决策和行为的失败。因此，管理者需要在"齐家"的过程中破除这些私心恶习，这样他在面对被管理者和各种管理事务时，就能一直保持着仁爱和理性，从而能够轻松地把家庭的伦理道德带入管理团队中去。

"人之其所亲爱"是贪心，贪心会使我们产生爱屋及乌的心理，进行护短，看不到其不良后果；"亲爱"可以理解为亲近和喜爱，或者亲人和爱人。"人之其所贱恶"是嗔心，嗔心会使我们产生错误的归因，很容易不加思考地就认为一些不好的事情是贱恶之人做的，对于他们的言行，很容易从负面去分析和判断，比如不加思考地认为他们的话别有用心。"人之其所畏敬"是痴心，因为敬畏，就会为对方做的事情找各种理由进行辩护或者不敢指出对方的错误言行。"人之其所哀矜"是缺乏智慧的仁爱心，这种心态会使我们被人利用或者欺骗。"人之其所敖惰"是恶习，这种恶习会使我们对一些本应该做的符合义的事情丧失了注意力，或者虽然注意到了却不愿意付诸行动。上述不良的私心恶习在遇到特定的人事物时，就可能冒出来，使我们难以进行客观理性的观察、思考和决策，从而对我们的管理工作造成负面影响，破坏我们的团队氛围。

领导者如果在家里发现不了自己隐藏的"亲爱、贱恶、畏敬、哀矜、敖惰"等各种不良心态，那么在工作场合就更难发现了。因为在工作场合，人们都会有一定程度的文饰，人与人之间的真诚程度远不如家人。在家里发现不了、改不了，那么在其他地方肯定也难以发现，更谈不上改。从后果来说，在家里出现这些隐藏的不良心态，造成的后果往往就是吵吵架；而在工作单位或者团队中出现这些不良心态，造成的后果就非常严重，可能会失去人心，导致事业的失败。因此，做不好"齐家"工作的人往往会在工作单位做各种文饰，或者压抑自己的情绪，或者戴着面具。在家庭中真正化解了这些隐藏的不良心态，再到组织中时，就可以做到真诚自然，同时又客观理性，面对复杂的人事关系和工作任务时也就游刃有余了。

《大学》说："孝者，所以事君也；弟者，所以事长也；慈者，所以使众也。""孝"是家庭中子女对待父母的伦理规范；"弟"是弟弟妹妹对哥哥姐姐的伦理规范；"慈"是子女对父母的期待，也是父母对自身的要求。因为父母对子女慈爱，所以子女对父母报以孝敬。将"孝""慈"拓展到治国，就会转变为领导和下属之间"忠"和"礼"的美德。孔子说："君使臣以礼，臣事君以忠。"（《论语·八佾》）领导礼遇下属，像父母一样关心下属，下属则报答领导以忠心。这样君臣之间就都能感受到对方的仁爱之心。君臣同心，则治理好国家就有了基础。这是领导者对自己的直接下属表现出"慈"的好处。如果是领导者对普通民众呢？慈者心中有对他人的爱，所以能"己所不欲，勿施于人"，这样领导者发布针对民众的命令时就会好好地换位思考，让民众对待政令不会抵触，甚至会很愉快地去执行，比如在农闲的时候发布有较为优厚待遇的劳役工作。这些都是"慈"这种家庭德行对于组织管理的意义。至于"弟"，它是弟弟妹妹对哥哥姐姐的德行，就是长幼有序，知道尊重比自己年龄大、资格老的人。将长幼有序拓展到治国，则组织内部的人员很容易形成一种相互尊重的秩序，有了这样的秩序，组织内部的人员纷争自然就会减少。所以，儒家说"治国必先齐其家"。

3. 絜矩之道

絜矩之道是把"修身"和"齐家"的成果用于组织管理的基本原则。《大学》说："所谓平天下在治其国者：上老老而民兴孝，上长长而民兴弟，上恤孤而民不倍，是以君子有絜矩之道也。所恶于上，毋以使下；所恶于下，毋以事上；所恶于前，毋以先后；所恶于后，毋以从前；所恶于右，毋以交于左；所恶于左，毋以交于右。此之谓絜矩之道。"

这里提到的"老老""长长""恤孤"，就是从家庭中子女对父母的"孝"、弟弟妹妹对哥哥姐姐的"弟"、父母对子女的"慈"这些德行推广拓展而来的。因为血缘亲情关系，人们自然而然会认同这些行为，这些行为会激发人们心中的仁爱之心，使得家族和谐，为家族兴旺发达提供坚实的基础。而治国的道理也在其中，因为家族中"老老""长长""恤孤"这些行为如果在陌生人当中推行，也会产生同样的效果。只不过，在家族中由于大家有血缘关系，从小接触也多，有感情，人们比较容易克服私心而产生这些行为，而对于陌生人则这些行为不太容易产生。所以，君子要拓展自己的良知良能，弘扬善行。这就是要通过絜矩之道，克服私心的影响。当你对没有血缘关系的人也推行"老老""长长""恤孤"，陌生人看到你用对待亲友的方式对待他们，在正常情况下，他们也会产生积极反应，甚至比亲友更容易产生感恩之心。絜矩之道的本质就是要克服私心的影响，弘扬善行。只要管理者努力弘扬善行，拓展亲人之间应有的美德，那么无论是亲友还是陌生人，他们人性中的优点都会被激发，这是人性的必然规律。

可见，治国的根本就是修身齐家，只不过要把修身齐家的方法弘扬推广而已。絜矩之道谈到了上下、前后、左右，正好是六方，说明无论在任何地方，絜矩之道都是需要遵守的，都是通行的。絜矩之道的本质就是"恕"道，就是"己所不欲，勿施于人"，这在西方哲学中被称为道德金规则，也就是在任何地方都通行的规则。

不过值得注意的是，管理者在组织管理实践中，不仅要遵守"己所不欲，勿施于人"的絜矩之道，还要不断地去教化民众，爱之护之。"爱之"就是要顺应民心，"民之所好好之，民之所恶恶之"（《大学》）。"护之"就是要不让民之强横者欺负弱小者，不让民之贪婪暴戾的欲望和情绪增长。

三、理事体系

1. 生财有道

理财是治国必须考虑的重大问题。《易经·系辞传》说："天地之大德曰生，圣人之大宝曰位。何以守位？曰仁。何以聚人？曰财。理财正辞，禁民为非，曰义。"领导者有足够的钱财，才能把人聚拢在一起，继而才能成就一番事业。所谓"天下熙熙，皆为利来；天下攘攘，皆为利往"。搞不好经济问题，是很难治理好国家的。在《易经》看来，所谓"义"就是做好三件事："理财""正辞"和"禁民为非"。理财是头等大事。《管子》说："仓廪实则知礼节，衣食足则知荣辱。"如果老百姓没办法满足基本的生存需求，那么各种礼仪教化就会失效，这也是人性之必然。所以，领导者管理一个国家（组织）时必须重视理财。

关于理财问题，《大学》提纲挈领地提出了两个重要原则。

第一，"德本财末"。《大学》说："德者本也，财者末也，外本内末，争民施夺。是故财聚则民散，财散则民聚。"注意，《大学》虽然说德和财是本末关系，但并不意味着"末"可以不要或者说"末"不重要。本末关系其实是管理的先后关系，是地基和建筑物的关系。就像人们需要住房，住房就相当于财，对于小人来说，对于房子的需求是直接的，最容易感知。但是建房子需要打地基，不打地基盖房子，很容易坍塌。地基就是德，德行差，即使获得了很多钱财，这些钱财也会像盖在沙滩上的房子一样，非常容易倒掉。所以，《大学》又说："货悖而入者，亦悖而出。"《大学》还说："有德此有人，有人此有土，有土此有财，有财此有用。"道德高尚的领导者能够以仁爱之心对待百姓，以公正之义处理事务，人们会被其品德所吸引，就会愿意追随这样的人。当有了众人的拥护和人才的帮助，才能开拓疆土或者稳固统治的区域。人是社会活动的主体，无论是通过和平方式开垦、建设，还是通过军事方式防御、扩张等，都需要人的力量。古代诸侯只有得到百姓的支持和贤才的谋略，才可能在管理自己领地的基础上扩大领土范围。有了土地之后，就可以在土地上进行生产活动，从而获得财富。土地是农业社会最基本的生产资料，在土地上种植庄稼、开采矿产等都能够产生经济价值。有了财富之后，才能将财富用于各种事务，如国家的基础设施建设、国防建设、文化教育事业以及百姓的福利等。在企业管理中，一个企业领导者有良好的品德（如诚信、公正等）能够吸引优秀的员工和合作伙伴，有了人才，企业才能开拓市场（相当于古代的土地），有了市场份额才能获得经济收益（财富），有了经济收益才能用于企业的持续发展（如技术研发、员工福利等各种用途）。对于个人发展而言，一个人有良好的品德会吸引朋友和机会（人），有了这些可以为自己的事业和生活打下基础（土），从而获得物质回报（财），这些回报又可以用于提升自己和帮助他人（用）。

第二，"仁者以财发身，不仁者以身发财"。有仁德之人，用财富让自己的身心品质都得到提高。仁者爱人，仁者自爱，爱人者布施财富以施行仁义，自爱者不为利而忧苦自己的身心。若有很多财富，必定不会穷奢极欲，而是以提升身心为根本，而这往往不需要太多的财富，故此多余的财富都会用于社会。而不仁爱者却不择手段地去发财，为了财富忧苦身心，不惜损害自己的身体，甚至去冒生命危险。

至于如何理财，当然有很多非常具体的手段，我们这里只谈儒家对理财的一个基本思路，也就是《大学》说的"生财有大道"，具体而言就是十六个字，即"生之者众，食之者寡，为之者疾，用之者舒"。

第一，"生之者众，食之者寡"。这八个字大体上可以从微观、中观和宏观三个层次来剖析。

微观层次就是从组织内部来看如何生财。"生之者众，食之者寡"就是说组织内部直接从事一线工作的人、开拓财源的人应该要比在二线搞服务的人多。比如在企业一线从事研发和生产的人员以及销售人员应该远远多于其他部门的人员，因为这些人员会直接决定企业的盈利能力。

中观层次就是从组织周围的相关利益者来看如何生财，这样"生之者众，食之者寡"的含义就是希望企业未来有更好的发展的人多，希望现在就从企业拿走好处的人少。换句话说，要求扩大再生产或者提升企业实力的股东多，而要求分红的股东少。希望企业发展得越来越好的其他利益相关者多，希望短期从企业获取很大利益的其他利益相关者少。这就需要企业构建生态或者平台，有钱大家赚，大家都依靠企业而生存发财，所以希望企业发展得好，大家也能跟着好，而不是吃独食，挤压上下供应商的利润空间，消灭竞争对手搞垄断。

宏观层次指的是国家创造财富的人多，消耗财富的人少。这意味着社会的经济生产有足够的劳动力投入，而消耗财富的人口比例相对较低，这样财富就能够有效地积累。例如，在一个农业社会里，如果有大量的农民辛勤耕种（生之者众），而那些不从事生产的贵族、官僚等非劳动人口数量得到合理控制（食之者寡），粮食和其他物资就容易有剩余，从而实现财富的积累。

第二，"为之者疾，用之者舒"。意思是创造财富的人工作效率高，使用财富的人能够合理地、有节制地使用。"为之者疾"体现了对劳动效率的要求，劳动者积极、高效地工作能够快速地增加财富总量。"用之者舒"则要求在使用财富时有规划、不铺张浪费，使财富能够细水长流。比如，一个手工业作坊里的工匠们努力工作、提高生产效率（为之者疾），而负责管理财务和物资分配的人能够精打细算、合理安排开支（用之者舒），那么这个作坊的经济状况就会比较良好，财富就能够持续增长。

在儒家的治国理念中，财富的生产和合理使用是国家繁荣稳定的重要因素。在古代社会的经济管理和国家治理中，这一观念被广泛应用。统治者会鼓励农业和手工业生产，增加生产者的数量，同时控制贵族和官僚阶层的奢侈消费。比如许多朝代会推行重农抑商政策，鼓励百姓开垦荒地，增加从事农业生产的人口；同时，对于宫廷和官府的开支进行严格管理，防止过度消费导致财政危机。这种观念有助于国家积累财富，维持庞大的国家机器运转，保证社会的稳定和基本的公共服务供给。

2. 名正言顺

儒家对名分非常重视，认为在组织中无论做什么事都要有一个正经的名分，这样后续的工作才能很好地开展。《论语·子路》有一段对话："子路曰：'卫君待子而为政，子将奚先？'子曰：'必也正名乎。'子路曰：'有是哉，子之迂也。奚其正？'子曰：'野哉，由也。君子于其所不知，盖阙如也。名不正则言不顺，言不顺则事不成，事不成则礼乐不兴，礼乐不兴则刑罚不中，刑罚不中则民无所措手足。故君子名之必可言也，言之必可行也。君子于其言，无所苟而已矣。'"意思是，子路问老师："如果卫君有意让您来主政，您会先从什么方面下手？"孔子回答说要先正名。结果子路非常惊讶，说："有这个道理吗？老师您太迂腐了吧，怎么把正名看得这么重呢！"孔子反驳说："子路呀，你说话真是太粗野了，君子对于自己不知道的事，就应该谦虚谨慎，不要乱说。如果名不正，说话就不顺口。说话不顺口，做事情就不顺利，难以成功。做事情不能成功，便不能复兴礼乐。礼乐无法复兴，仅仅依靠刑罚，那么刑罚也肯定做不到合理。刑罚做不到合理，民众将会手足无措，不知如何是好呀！因此，君子定下了名分，必然要说得出口，说得出来，就必定要能够成事。君子对自己的任何一句话，都不会随便说说就得了。"

儒家的"名分"至少包含两个方面的意思：其一，名分是人与人之间的关系定位，人与人之间的沟通方式是随着人与人之间的关系定位而确定的；其二，名分是人与人之间的权责利关系的明确。如果仅仅是明确了人与人之间的关系定位，而对人与人之间的权责利关系没有明确，则很难进行长期的合作。即使合作也很难形成统一的思想，这样就无法形成一个真正的团队，使得心不能往一处想，劲不能往一处使，这样遇到稍微复杂一点的事情就很难不出纰漏，导致事情做不好，这就是"言不顺则事不成"。这进一步导致团队领导的威望降低，人心更加分离，更难统一，积极向上、有利于团队战斗的文化就难以发展，此为"礼乐不兴"。有礼则团队成员能够自律，有乐则团队成员能够心安。团队成员心不安，就会各自谋求自己的利益。

这样各种政策和制度就无法被严格执行，传导到各级官吏执行时，就会形成潜规则。他们上行下效，各自找机会寻租。这样，在组织管理群体中，正直的君子会处处为难，奸诈的小人反而如鱼得水。继而，正直的人就会失去影响力，小人就会越来越多。保障政策和制度有效运行的刑罚制度就会被潜规则侵蚀。这样普通的民众就不知道两种规则如何选择，组织也就不可能很好地应对外部各种变化和竞争压力。

所以，无论是组织管理还是团队管理，其根本就是要"名正""言顺"，这样才会有团结合作的基础，这样做事才可能不断地取得成功，继而让领导者的威望不断提升，在这种情况下，他的下属或者团队就会越来越团结，队员会很安，心态情绪都很好，会认真维护这个团队，防止自己这种安的状态被破坏，这就是礼乐兴，不需要领导来努力维护团队的稳定和督促团队成员。

3. 三层九经

一个组织要发展，首先要有钱，有钱就能招揽各类人才，有人之后就可以给这些人定岗，定权责利，相当于给他们名分。组织中所有的管理者一般可以分为三个层次，即基层管理者、中层管理者和高层管理者，他们日常工作的侧重点是不同的。儒家对于选聘不同层次的管理者非常重视。孔子《论语·学而》中描述了组织中三个层次的管理者各自应该具有的基本素质："道千乘之国，敬事而信，节用而爱人，使民以时。"对不同层次管理者的基本素质要求是不同的。

基层管理者应该有的基本素质是"敬事而信"，即做事情恭敬谨慎，踏踏实实，说到做到，值得信任。换句话说，就是非常敬业，具有工匠精神，并且说到做到，执行力强。这样的基层管理者才是理想的。

中层管理者应该有的基本素质是"节用而爱人"，即爱物爱人。节用是爱物，只有对组织有归属感，把组织当成自己的家，才会主动去节用。节用是一个细节问题，组织高层管理者要关心整个组织的发展，不太可能花太多时间关注细节。如果中层管理者不去做，那么组织中的浪费和管理成本将会大幅度增加，一个官僚主义盛行的组织将会出现。同时，高层管理者也不可能花过多的精力与基层员工交流、关心基层员工，基层员工能不能在组织内感受到关爱，员工的凝聚力能否形成，完全依靠中层管理者，如果中层管理者不能爱人的话，员工的忠诚和凝聚力将无法形成。所以，一个组织的优秀文化的形成和员工组织归属感的形成，主要是依靠中层管理者来完成的。

高层管理者应该有的基本素质是"使民以时"。其对内的侧重点在"使民"，就是高层管理者要知人善任，做不到这一点就无法"使民以时"；对外的侧重点在"以时"，就是高层管理者要懂得战略，善于抓住外部机会。这也就是当代西方管理理论研究的热点——战略管理问题。高层管理者最重要的事情就是做战略，而要做好战略，就必须了解组织内部能力和外部环境。只有根据内部能力和外部环境的变化情况，制定相应的竞争战略和发展战略，才能很好地让组织把握外部机遇，推动组织不断发展，而这才是真正的"使民以时"。

当然，并非高层管理者就不要"敬事而信"，不要"节用而爱人"，只是高层管理者的核心工作不在于此。而且在大型组织中，高层管理者往往是相对的，比如一个子公司的总经理在普通员工看来就是高层管理者，然而面对集团公司总经理来说，只是中层管理者。所以，管理者要把握好上级和下级心中期待自己扮演好的角色。

有了不同层次的管理者群体就可以做具体的事情了。《中庸》谈到治理国家有九个方面："凡为天下国家有九经，曰：修身也，尊贤也，亲亲也，敬大臣也，体群臣也，子庶民也，来百工也，柔远人也，怀诸侯也。修身则道立，尊贤则不惑，亲亲则诸父昆弟不怨，敬大臣则不眩，体群臣则士之报礼重，子庶民则百姓劝，来百工则财用足，柔远人则四方归之，怀诸侯则天下畏之。齐明盛服，非礼不动，所以修身也；去谗远色，贱货而贵德，所以劝贤也；尊其位，重其禄，同其好恶，所以劝亲亲也；官盛任使，所以劝大臣也；忠信重禄，所以劝士也；时使薄敛，所以劝百姓也；日省月试，既禀称事，所以劝百工也；送往迎来，嘉善而矜不能，所以柔远人也；继绝世，举废国，治乱持危，朝聘以时，厚往而薄来，所以怀诸侯也。"下面我们对这九个方面做一个分析。

第一，"修身"。修身是根本，是一切管理行为的出发点。修身是为了解决内圣问题，有了内圣功夫，外王才有真正强大的基础。所以说，"修身则道立"。修身的方法我们前面已经讲了很多，这里所说的"齐明盛服，非礼不动，所以修身也"，主要指的是领导者在组织管理中如何修身，那就是按照礼来规范自己的行为。具体就是通过斋戒保持清明，穿上盛大庄重的祭服，遵循礼仪而行动，如此以修德业。从内在来说就是要做到诚敬、专注、内观，从外在来说就是要做群臣百姓的榜样，对他们言传身教。

第二，"尊贤"。尊贤是为了辅助修身。大多数领导的修身功夫还达不到很高的境界，有的有了一些内圣的初步功夫，要更上一层楼还需要贤人的指导和帮助，而外王事业更加离不开贤人，仅仅依靠个人才能是必定有所不足的，所以说，"尊贤则不惑"。如何做到"尊贤"？就是要"去谗远色，贱货而贵德，所以劝贤也"，意思是要驱除小人，不听谗言，疏远女色，看轻财物而重视德行。显然，要做到这一点相当不容易，但如果前面的修身功夫做得比较好，就相对容易。

第三，"亲亲"。就是要亲其所应亲，要顺应人性中的天然情感，如果违逆天然情感，则必定引起诸多怨恨。谁是应当亲的人？当然首先就是父母兄弟，所以说，"亲亲则诸父昆弟不怨"。具体如何"亲亲"？就是要"尊其位，重其禄，同其好恶，所以劝亲亲也"。首先就是要"尊其位，重其禄"，即给亲人一个体面的位置，保障他们的物质利益，这样亲人就不会抱怨。如果亲人都抱怨，那么就难以成为自己的依靠，只能去依靠外人了，而外人能够比亲人更加值得依靠吗？亲人之间知根知底，有矛盾容易开诚布公地解决，所以看上去亲人在身边矛盾多，其实矛盾容易被解决。而非亲人之间的矛盾往往更加隐秘，也就更加不容易被好好解决，一旦爆发往往就是比较严重的问题。然后是"同其好恶"，"同其好恶"并非认同亲人的好恶，而是要有共同的价值观。相比陌生人，亲人之间沟通和统一思想更加容易。陌生人可能会表面上认同领导的观念，但到了执行阶段就完全走样了。亲人之间统一思想才是真正的"同其好恶"。

第四，"敬大臣"。"敬大臣则不眩"，眩是眼花的意思，不眩就是不眼花、不迷惑的意思。领导最怕下属对自己耍心眼，玩弄权术。领导只有一个人，如果有好几个下属这样干，领导就很容易迷惑，会受到误导，这样进行决策时就会发生错误。发生的错误越多，领导的威信就会越差，最终就可能完全失去威信，甚至失去地位。即使下属不耍心眼，不玩弄权术，仅仅是消极怠工，不求有功，但求无过，领导也会难以做成事情。因为领导一个人的智慧是有限的，遇到复杂的情境时，领导难免会产生疑惑。如果下属不愿意真心献计献策，领导就会难以决策。因此，领导需要通过"敬大臣"，以上敬下，来换取下属对自己的敬。所谓"敬人者人恒敬之"（《孟子·离娄下》），除非对方是白眼狼、野心家，一般都可以达成目的。具体就是要"官盛任使"，让下属做其擅长的工作，同时，给予他足够的人力支持来处理其政务。

第五，"体群臣"。"体群臣则士之报礼重"，意思是体恤群臣，士人们就会竭力报效。君主如果能够理解和关心群臣的处境，群臣就会以忠诚和勤奋来回报君主。这一句话就比上一句更进一步了。上级不仅要敬下属，还要能体恤下属的疾苦，不苛求下属，不凌下。要通过让下属感受到上级对自己的关爱，来换取他们的感恩之心，这样他们就可以真正产生忠诚之心。具体就是要"忠信重禄，所以劝士也"，就是要真心诚意地任用他们，并给他们较多的俸禄，也就是从任用和物质报酬方面体现对群臣的关怀。这里需要注意的是，"敬大臣"和"体群臣"基本上是针对自己的下属做的行为。"大臣"即精英人才、骨干。"群臣"则为一般的干部，所以后面的文字也用"士"来代表。

第六，"子庶民"。"子庶民则百姓劝"，也就是要爱民如子。君主像父亲一样慈爱而又严格要求，都是为了让百姓能够更好。如果百姓能够感受到君主的关爱，能够认同君主的所作所为都是为了让大家更好，让大家过上好日子，让大家的德行和才能更高，那么百姓自然就会愿意听从君主的命令。百姓们会相互激励，形成一种积极向上的社会氛围，而非颓废、享乐甚至堕落的风气。社会风气好不好、正不正，决定了一个国家未来的发展前景。具体而言，就是要"时使薄敛"，使用民力只在农闲之时，并且要减轻赋税，也就是考虑百姓的生产生活规律，减轻百姓的负担。

第七，"来百工"。"来百工则财用足"。儒家早就认识到国家财富要充足，仅仅依靠农业是不行的，国家财富充足的根本在于工业发达。农业始终只能满足人们的基本生活需求，工业才是真正能够让老百姓过上富裕生活的根本。工业产品不仅可以用来交换农产品，还可以大大提高农业的效率。我们的祖先早就认识到了这一点。古代的工业主要是轻工业和手工业。与古代相比，现代社会则主要是重工业和高科技产业比较发达。具体如何"来百工"？就是要"日省月试，既廪称事"，经常考核工匠的工作，并且按劳付酬，即通过合理的管理和报酬制度来吸引工匠。

第八，"柔远人"。"柔远人则四方归之"，意思是优待远客，四方百姓就会归顺。这体现了对外交往时采取友好的态度，能够吸引远方的人前来，提升国家的影响力和向心力。具体而言，就是要"送往迎来，嘉善而矜不能"，来时欢迎，去时欢送，嘉奖有才能的人，救济有困难的人，展现友好、公正的对外交往态度。

第九，"怀诸侯"。"怀诸侯则天下畏之"，意思是天下的诸侯都和天子一心，在四方拱卫天子。任何想挑战天子权威的势力，首先就要过四方诸侯这一关。所以，天下的势力都会很忌惮敬畏。具体而言，就是要"继绝世，举废国，治乱持危，朝聘以时，厚往而薄来"，延续绝后的家族，复兴灭亡的国家，治理祸乱，扶持危局，按时接受诸侯的朝见和聘问，赠送丰厚的礼物给诸侯而只接受他们微薄的进贡，这体现了对诸侯的安抚和支持，以维护诸侯之间的平衡和稳定。

第三节 非儒家组织管理

一、概述

1. 道家

道家可以分为老庄道家和黄老道家，二者都关注治身与治国的问题，身国兼治是道家的基本原则。道家治国之道建立在对治身之道的体认上，治身之道可推而广之于治国。不过，老庄道家是以治身为先、为本，以治国为后、为末，首先重视人身之内在精神以及生命的护养，其次才论及身外之物诸如家、国、天下以及仁、义、礼、乐等问题。而黄老道家则坚持治身与治国并重的原则，他们关注人的生命本身和精神修养，同时也关注政治、社会、伦理问题，采儒墨之善，撮名法之要，在祖述老子的同时也有所推进发展，形成了系统的黄老道家治国论。黄老道家的相关文献诸如《黄帝四经》《慎子》《尹文子》《列子》《吕氏春秋》《鹖冠子》以及《管子》四篇（即《心术》上下篇、《白心》、《内业》）等都有大量的篇幅在谈治国，谈组织管理问题。而老庄道家则相对较少，内容也比较零散。因此，道家的组织管理思想主要集中在黄老道家的文献上。

黄老道家以"道"作为宇宙万物和人间秩序的最高原则和依据，将道家哲学思想与法家治国理念相结合，提出了一系列关于治国安民或者社会治理的基本主张，其中包括黄老道家治国论的哲学基础、施政方略以及"圣法之治"的社会政治理想，既区别于儒家高度依赖君主才智与美德的"圣人之治"，也与老子的"小国寡民"以及庄子的"至德之世"的政治诉求有所不同。我们将在后文详细介绍黄老道家的组织管理思想。

2. 法家

法家产生于春秋末期战国初期，当时礼崩乐坏，周朝建立的制度与文化都面临着瓦解。各个诸侯国相互攻伐，战争变得极为残酷，老百姓深受战乱之苦。如何才能让自己的国家变得强大，乃至统一天下，彻底平息战乱是各个诸侯国最关心的事情。为了呼应这一时代需求，法家思想家纷纷登场，代表人物有李悝、商鞅、申不害、慎到以及韩非子等。韩非子是法家思想的集大成者，他对商鞅之法、申不害之术、慎到之势进行了吸收和扬弃，形成了一个新的法家学说体系。韩非子关注的根本问题是"中主"治国如何建立强有力的统治，如何让国家变得强大。

所谓"中主"就是普通人，虽然受过良好的教育，但是没有内圣功夫，德性介于"贤"与"不肖"之间。《韩非子》说："世之治者不绝于中，吾所以为言势者，中也。中者，上不及尧、舜，而下亦不为桀、纣。"儒家希望圣明的君主来统治国家，但是从德行和才能来看，大多数君主都是普通人，或者因为教育环境比较好，德行和才能比普通人强一些。像尧舜那种圣明的君主是非常罕见的，可能千百年才出现一个。圣明的君主必须有内圣功夫，有稳定的内在境界，这样才能抵挡情绪和外界各种诱惑对自己理性判断的干扰，从而做出正确的决策。如果君主没有内圣功夫，那么君主的能力和智慧都是相当有限的，很难保证超过大多数的下属或者对手，"力不敌众，智不尽物"，就像西方管理学指出的人的理性是有限的一样，就会在与下属以及对手的博弈中失败，"以一人之力禁一国者，少能胜之"。当然，《韩非子》所说的"中主"主要是缺乏内圣功夫，德行达不到很高的境界，也没什么特别的天赋，但肯定也是非常聪明能干的，要不然，就很难熟练掌握法家的各种权术。

法家组织管理之道的基本思路就是，"中主"依靠强化中央集权，通过设计能够有效控制官僚系统的法律和制度机制，继而控制基层民众，实现对社会的有效支配和对资源的全面掌控，营造出"威严之势"；同时，以强大的国家实力在残酷的列国纷争中赢得生存空间甚或兼并天下，形成"必胜之势"。另外，"中主"还必须认真研究权术，防范周围的人算计自己。

3. 其他家

中国传统文化中除儒家、道家、法家外，还有其他的治国思想流派，具体如下。

第一，墨家。墨家的治国思想主要有"兼爱""非攻""尚贤""节用"等。"兼爱"是墨家的核心思想，主张无差别的爱，即爱人如己，不分亲疏贵贱、尊卑上下，要求君臣、父子、兄弟等都在平等的基础上相互友爱，以此消除社会中的强执弱、富侮贫、贵傲贱等现象。墨家用"兼爱"反对儒家亲疏有别的"亲亲"观念。"非攻"强调反对不义战争，认为战争会给国家和人民带来巨大灾难，主张通过和平方式解决争端。但墨家并非反对一切战争，对于正义的战争，如反抗侵略的战争，墨家是支持的，且墨家对如何进行军事防御做了深入的研究。"尚贤"强调任人唯贤，认为不论出身贵贱，只要有才能就应被选拔任用，要打破世袭制，"官无常贵，民无终贱"，让贤能之人担任各级官吏，管理国家事务，这是政事之本。墨家用"节用"思想抨击君主、贵族的奢侈浪费，提倡节约资源。墨家主张统治者应像大禹一样过清廉俭朴的生活，减少不必要的开支，将资源用于国家建设和人民生活的改善，促进经济发展，增强国力。另外，墨家宣扬"天志""鬼神"观念，认为天有意志，兼爱天下百姓，君主若违天意就要受天之罚，反之则会得天之赏；认为鬼神能够赏善罚暴，以此来约束统治者的行为，实现社会的公平正义。

第二，阴阳家。阴阳家以邹衍为代表，核心思想是"阴阳五行"学说，认为万物由阴阳相互作用而生，并与金、木、水、火、土五行相关联。阴阳家强调顺应自然规律，认为四时的运行有其固定的顺序，即春生、夏荣、秋收、冬藏，这是天道的大经，不可违背。统治者应根据四季的变化来安排政务和生产活动。阴阳家认为，阴阳是宇宙万物的两种基本力量，相互对立又相互依存。在治国中，要注重阴阳的平衡与协调，如政策的刚柔并济、君臣的分工合作等。君主应把握好阴阳的平衡，使国家的政治、经济、社会等各方面都能和谐发展。阴阳家认为天人之间存在着密切的联系，人世中的灾难与奇异现象是上天对人的一种警示和惩罚。统治者应通过观测天象等方式，了解天意，从而规范自己的行为，施行德政，以避免天谴，维护社会的稳定和统治的合法性。

第三，杂家。杂家是战国末至汉初的一个管理思想学派。吕不韦所编的《吕氏春秋》便是杂家的代表作。杂家试图通过博采众长为统治者提供全面的治国方略。在国家法律制度方面，杂家吸收法家思想，强调法制的重要性，主张依法治理国家，维护社会秩序。同时，杂家又借鉴儒家的德治理念，提倡统治者要以道德教化百姓。比如在社会治安管理上，强调依法惩治违法犯罪行为，对于盗贼等给予严厉的法律制裁。但在平时也注重通过设立学校、传播道德规范等方式，让百姓自觉遵守社会公德和伦理秩序。在经济管理方面，杂家思想中也有道家无为而治的影子，主张统治者不过度干预经济，让市场和百姓的生产活动自然发展，但又不是完全放任，在必要时也会采取一些国家干预措施，如在灾荒时期进行物资调配等。

第四，农家。农家的代表人物是许行。他生活在战国时期，带领弟子在滕国开展实践活动。许行主张"贤者与民并耕而食，饔飧而治"，意思是贤能的人应该和老百姓一起耕种来获取食物，自己做饭同时治理国家。这种观念体现了农家对平等的追求。农家将农业视为国家和社会的根本。他们认为农业生产不仅是提供物质财富的主要途径，也是道德教化的基础。农家认为从事农业劳动能够培养人们的勤劳、朴实等美德。农家主张统治者应该以农为本，制定政策要向农业倾斜。在税收政策上，农家建议统治者减少苛捐杂税，鼓励农民开垦荒地，扩大种植面积。农家在经济和社会观念上追求均平。他们反对社会的贫富悬殊和压迫剥削，主张让每个农民都有足够的土地进行耕种。农家认为只有实现经济和社会地位的均平，才能避免社会矛盾的激化，维护社会的长治久安。

第五，纵横家。纵横家可以算是先秦的外交家，代表人物是苏秦和张仪。纵横家认为通过外交手段可以改变国家的命运，外交谋略的运用是治国的关键环节。他们凭借自己的口才和谋略，穿梭于各国之间，使各国之间的关系处于动态变化之中。在他们看来，国家实力固然重要，但巧妙的外交策略可以弥补自身实力的不足或者放大自身的优势，通过建立有利的国际联盟或瓦解敌对联盟来维护本国利益。纵横家注重权衡利弊，要求统治者在决策时综合考虑政治、军事、经济等各方面的利益得失。在制定对外政策时，会仔细分析不同策略下国家的收益和风险。例如采取合纵策略，六国可以暂时抵御秦国的威胁，但各国也需要损失一定的资源和自主权；而连横策略对于秦国而言，可以快速扩张领土，但也可能引发其他国家更强烈的反抗。因此，纵横家会根据实际情况为统治者提供最有利的决策方案。纵横家的思想在现代企业营销和商务谈判中有诸多应用。比如企业可借鉴合纵连横策略，与同行或上下游企业建立合作关系，实现优势互补，共同应对市场竞争。纵横家的论辩技巧和言辞艺术可以提高谈判的成功率。谈判者需提前了解对方的需求和利益，制定策略，在谈判中运用恰当的言辞表达观点、说服对方，同时灵活应对各种情况，寻找双方利益的平衡点，达成共赢局面。

第六，兵家。兵家是中国古代的战略与军事思想流派。军事属于治国的一个重要方面，而军事管理也是管理学领域的一个重要分支。所以，兵家思想也是一种组织管理思想。兵家的代表人物有孙武、吴起等。兵家强调战争的艺术性，通过知己知彼、灵活运用战略战术，达到克敌制胜的目的，维护国家稳定和安全。兵家思想融入了大量的儒家、道家和法家思想，比如：《司马法》有浓厚的儒家思想，可以说是儒家思想在军事领域的体现；《孙子兵法》有浓厚的道家思想，可以说是道家思想在军事领域的体现；《尉缭子》有浓厚的法家思想，可以说是法家思想在军事领域的体现。兵家思想在现代管理中得到了广泛的应用，很多企业家运用兵家思想进行战略规划，制定竞争战略，打败竞争对手。

二、道家组织管理

1. 身国同治

老庄道家重视养生，追求内圣超越。但在黄老道家那里，养生就不再局限于个人，而是扩大到民众与国家的休养生息方面。《黄帝四经》说："天有死生之时，国有死生之正。因天之生也以养生，谓之文；因天之杀也以伐死，谓之武。"在黄老道家看来，天有生养万物之德，也有收杀万物之刑，天生天杀遵循着天时的变化。与之相应，人间的政治也有休养生息与杀伐刑戮。所谓的"文"政，就是顺应天生之时的"养生"行为。这里的养生就不仅仅局限于保养个人的生命，而主要是一种休养生息的统治行为。受惠于这种行为的，不仅是君主本身，还有更广大的民众与国家机体。

黄老道家指出身体与国家有着相同的结构，即"身国同构"。比如，胸腹是脏腑所在之处，如同包围其国家府库的城郭；心主神明，为一身之主，膻中就如同君主所居住的宫城；腐熟水谷精微的胃，如同储存粮食的太仓；等等。这种"身国同构"的观念也对后世的道教产生了深刻的影响。如葛洪在论养生时，也曾说："一人之身，一国之象也。"（《抱朴子内篇·地真》）

由于"身国同构"，治理身体和国家的方法也就遵循着同样的原理。黄老道家认为，人生于天地之间，天地的基本规律自然会延伸到人体，形成人体的基本规律。所以，从人体的规律可以反推天地之理，从天地之理也可以推导出人体的规律。人若能知晓自身的虚实节理，就能通晓天地之间阴阳、五行、八风的变化，知晓天地所生的万物。以此治理天下万物，则秋毫之微的虚实之数也尽在掌握中。

黄老道家提出的"治于未乱""寡欲守静""顺而不逆"等管理原则，既是养生原则，也是治国原则。

第一,"治于未乱"。道家特别关注征兆出现与事物萌生之初的状态。《汉书·魏相丙吉传》记载了这样一件事,宰相丙吉外出,遇行人斗殴,死伤横道,但仍驱车而过。然而,当看到老农赶的牛步履蹒跚、气喘吁吁时,却马上让车夫停车追问缘由。下属不解,问丙吉何以如此重畜轻人。丙吉回答说:"百姓斗殴杀伤,自有长安令、京兆尹去管。但现在还是春天,这牛没跑多远便因太热而喘息,表示天时节气不对,怕对农事有妨害。"丙吉的这种做法就是黄老道家"治于未乱"思想的典型体现。

第二,"寡欲守静"。"寡欲"即减少个人的私心杂念与过多的物质欲望、名利追求等;"守静"则是指保持内心的平静、安宁,守住自身的本性与精神的独立性。黄老道家认为过多的欲望和内心的浮躁会使人偏离"道",只有减少欲望、保持内心平静,才能体悟和顺应"道",实现与自然、社会的和谐统一。《管子·内业》说:"人能正静,皮肤裕宽,耳目聪明,筋信而骨强。乃能戴大圜而履大方,鉴于大清,视于大明。"守静处正,不但能令身体处于自然康健的状态,也能让人立于天地之间,遍知天下的境况,建立伟大的功业。《文子》说:"夫人从欲失性,动未尝正也,以治国则乱,以治身则秽。"人放纵自己的欲望就会失去自然的本性,失去自然的本性就会导致行动偏离正轨。纵欲者在欲望的主宰之下治理国家就会导致动乱,治理身体则会招来邪秽。《黄帝四经》说:"天下有三死:忿不量力死,嗜欲无穷死,寡不避众死。"嗜欲无穷就会导致灭国丧身的恶果,这是治国治身者尤须引以为戒的。"寡欲"与"守静"相互关联,"寡欲"能令内心不动,"守静"则使嗜欲不起。统治者应克制自身的私欲,避免奢侈和滥用权力,以百姓利益为重,施行无为而治,不过多干预社会和百姓的生活,让社会自然发展,从而实现国家的长治久安。

第三，"顺而不逆"。在治国治身的实践中，顺应民众和身体之自然，是特别重要的原则。黄老道家认为，无论是治理自身还是治理民众，无论是治国还是治家，都必须顺应治理的对象，切不可倒行逆施。对于治身而言，需要顺应经脉的阴阳、气行的逆顺；对于治国而言，则要顺应民众的意志，不能独断专行。

2. 圣法之治

黄老道家不赞成儒家的"圣人"治国思想，提出了"圣法之治"的观点。黄老道家认为，将构建良好社会秩序的希望寄托于类似尧舜那样具有高尚品格和卓越才能的圣贤君王是不合适的。因为圣王是不常有的，绝大多数君主的才智都只能达到中等水平。他们的政令往往只能代表自己的私意，不能客观公正地反映大众的意愿，也不具有公理的普遍性和客观性。当把国家治理仅仅寄希望于君主一人的贤能才智时，就会出现诸多不确定的主观因素，只有诉诸既定的法律、规则，才能避免因为统治者的才智和德行有限而产生的恶果。

因此，黄老道家认为，治国必须将人治模式纳入"法治"的架构，通过制度保证政令的合理性与客观性，"任法而不任智，任数而不任说"（《管子·任法》），确立法度并保持它的稳定性，使君主能够"无为而无不为"，从而构建"其民不引而来，不推而往，不使而成，不禁而止"（《管子·任法》）的理想社会形态。

黄老道家认为，君主自身并不需要多么贤能，但必须懂得任用贤能的臣下，让臣民充分发挥他们的聪明才智，这是君主的职责。君臣不同位，具有不同的职责。《管子·心术上》提出："心之在体，君之位也；九窍之有职，官之分也。心处其道，九窍循理。"君臣关系犹如心与耳目口鼻等九窍之器官的关系。心为主而九窍为辅，但必须各司其职，"心而无与于视听之事，则官得守其分矣"，心不能代替耳目口鼻来视听食息。君臣关系亦是如此，如果君主代司臣下之职，将导致臣下无法正常履行职责，造成国家政治混乱的局面。所以，黄老道家主张正常的君臣关系应该是君逸臣劳，各司其职、各安其事。庆赏刑罚是君主之事，守职效能是臣下之责，君臣各尽职责，上下不相侵，就能实现"守职分使不乱，慎所任而无私。饥饱一心，毁誉同虑，赏亦不忘，罚亦不怨"（《尹文子·大道上》）的政治理想。道家的清静无为与法家的严刑峻法在这里结合起来，努力为民众提供发展生产、休养生息的包容的政治环境。

3. 抱道执度

黄老道家在探讨宇宙万物的起源以及生成过程的基础上，将自然无为的"道"作为构建宇宙万物和人间秩序的最高原则和根据。《黄帝四经》中有大量关于天地之道的描述，讨论阴阳消长、动静盈虚、刚柔兼济的宇宙规律，这些都是人们所需要认识和把握的天道。《黄帝四经·道原》说："抱道执度，天下可一也。""抱道执度"反映了黄老道家对"道"与"度"关系的思考，使得黄老道家道论的关注点开始从形上的"本原之道"转向形下的"治国之道"中的规则、法度。在《黄帝四经》中，天道可以表现为"一"（即最高的道）、"二"（即阴阳或晦明）、"三"（即日、月、星辰）、"八正"（即四时、动静、外内）等概念。这些概念中除了"一"没有确定的内涵外，"二""三""八正"均是人们可以直接把握的、确定不疑的规律和秩序。在黄老道家看来，参悟天道、执守天道的方式是依据天道而制定各种法度、规则，所以"执度"是"抱道"的形下展现与具体践行。

"度"在中国古籍中主要有"法度"和"限度"两个意思，常常与"法"组成"法度"，与"量"组成"度量"。在黄老道家这里，两种含义的"度"均存在，但主要指的是"法度"。《慎子·威德》说"度量，所以立公审也；法制礼籍，所以立公义也"，《尹文子·大道上》说"故人以'度'审长短，以'量'受少多，以'衡'平轻重"，在这些文献中，"度"均为法度、制度之意。《吕氏春秋·审分览·知度》专门解释了"度"的含义："明君者，非遍见万物也，明于人主之所执也。有术之主者，非一自行之也，知百官之要也。知百官之要，故事省而国治也。明于人主之所执，故权专而奸止。奸止则说者不来，而情谕矣。情者不饰，而事实见矣。"意思是，英明的君主，并非要遍知世间万物，而是要明白君主所应执掌的关键事务。有治国方略的君主，并非凡事都亲自去做，而是要掌握百官处理政务的要领。掌握了百官处理政务的要领，则政事精简而国家得以治理。明白了君主所应执掌的关键事务，则权力集中而奸邪之事得以遏止。奸邪之事被遏止，那么花言巧语进谗言的人就不敢前来，而真实情况就能了解清楚了。真实情况不被掩饰，那么事情的真相就显现出来了。可见，黄老道家的"度"为"人主之所执"之"术"，即"主术""君术"，既包括法度、规则、刑名，也包括避免巧诈的方法或者手段。

可见，"抱道"是黄老道家治国思想的哲学基础，"执度"是其治国思想的现实展开。"道"与"度"的关系即"道"与"法术"的关系。黄老道家将道家的哲学思想与法家的法治主张融为一体，遵循客观化的法律制度，寄治乱于法术，托是非于赏罚，循名而责实，努力打造君无为而臣有为的理想政治。

三、法家组织管理

法家思想的代表人物是商鞅、韩非子等，他们的思想中也包括组织管理思想，特别是韩非子对儒家和道家的组织管理思想有很多了解，从而使得他的理论体系非常完善，他也成为法家思想的集大成者。比如道家阴阳的思维方式在韩非子这里体现得淋漓尽致。韩非子提出"法莫如显，而术不欲见"(《韩非子·难三》)。"法"必须明确公开，是阳的管理手段；官僚系统的选任、考课和监察等工作都必须纳入明确公开的制度规范中。而"术"，即帝王心术或者叫领导权术，通常都是隐秘的，不能让他人窥测到，是阴的管理手段。君主必须善用法、术才能驾驭群臣，治理好国家，为实现富国强兵奠定基础。法家的组织管理思想主要体现在以下三个方面。

1. 君臣异利

君臣异利是法家组织管理思想的出发点。韩非子认为人皆有趋利避害的本性。君臣关系本质上是利益关系。君主给出"官爵"，臣僚则以"智力"来换取。"臣尽死力以与君市，君垂爵禄以与臣市"，君臣关系通过利益来维系。但是，这种利益关系呈现出利害相反的态势："主利在有能而任官，臣利在无能而得事；主利在有劳而爵禄，臣利在无功而富贵；主利在豪杰使能，臣利在朋党用私。"意思是，君主的利益在于能够依据人的才能来任用官员，臣子的利益却在于自身没什么才能却还能获得职事；君主的利益在于依据人们的功劳来赐予爵位和俸禄，臣子的利益则在于即便没有功劳也能获得富贵；君主的利益在于让英雄豪杰发挥他们的才能，臣子的利益却在于结党营私。如果没有很好的制度文化来约束，则上下级这种博弈几乎天天都可能上演。下属为了谋求自己的利益，会在别人面前伪装，在私人与公开场合往往判若两人："广廷严居，众人之所肃也；宴室独处，曾、史之所僈也。观人之所肃，非行情也。"

在大型组织的管理中，高层领导者在任用下属时必须授权，否则无法管理庞大的组织。但是下属在获得权力之后就有了背离乃至反叛领导的资本。所以，领导者在任用下属时，如果不能保证下属的忠诚，那么就必须坚持"用""防"结合的理念——用臣智力，同时防臣害己。韩非子提醒领导者"必借人成势而勿使侵害己"。"借人成势"指的就是借用臣僚之智力以成就领导者之威势，体现的是对臣僚的"用"，"勿使侵害己"则指的是对臣僚无时无刻、无所不在的"防"。

具体该怎么做？韩非子从人性出发逐步分析推导其中的办法。韩非子认为，君主必须"因人情"将臣僚以"私利"为核心的个人行为纳入合乎君主/国家之"公利"的轨道，以实现从"君臣异利"向"君臣共力"的转变。"凡治天下，必因人情。人情者有好恶，故赏罚可用；赏罚可用，则禁令可立而治道具矣。"(《韩非子·八经》) "庆赏信而刑罚必，故君举功于臣而奸不用于上，虽有竖刁，其奈君何？"(《韩非子·难一》) 君主通过爵禄之赏和刑罚之威，使臣僚安守本分，时时谨记应做什么和不应做什么，在赏罚并用中将臣僚纳入全面控制。君主尽管"力不敌众，智不尽物"，但可以通过"因人情"进行有效治吏，从而实现"用一国"。

韩非子主张通过严明赏罚使臣僚产生强烈的"求利"和"畏惧"之心，通过一系列的制度设计和价值导向使臣僚连违逆君/法的"心"都不敢有，从而使其对君主的绝对服从变为一种不得不如此的自觉行动。"赏莫如厚而信，使民利之；罚莫如重而必，使民畏之；法莫如一而固，使民知之。"(《韩非子·五蠹》) 韩非子更重视"罚"以及因之而来的臣僚之"畏"。法家有"以刑去刑"思想，就是严刑重罚使民众对"法"产生深深的惧怕心理，从而不敢违法。由于赏罚之标准早已通过"法"明示于众，因此臣僚自会依"法"做出相应的行为调整。

但是，律法总会有漏洞，一些手握大权的重臣往往不能被"明法"所完全控制，因此，君主需要另外的手段来对这些人加以控制，使重臣不仅要遵守法度，更要对君主本人产生强烈的畏惧心理，这就是"术"。

2. 法术驭下

法家对帝王之术做了深入的研究，《韩非子》中有大量的篇幅讨论

"术",包括治国术、无为术、执要术、用人术、御臣术、参验术、督责术、察奸术、听言术、自神术和制驭术等。

什么是"术"？《韩非子·定法》说："术者，因任而授官，循名而责实，操杀生之柄，课群臣之能者也，此人主之所执也。""术"首先是一种管理手段，包括选拔、任用、考核、奖惩等，这些管理手段在任何组织中都是普遍存在的，直到今天也是管理学研究的重点。这些管理手段必须以统一、稳定而明确的规章制度作为基础。如果规章制度总是变化，臣僚就会在"故法前令"与"新法后令"之间进行选择性的遵守，哪个更为有利，就遵守哪个。于是，"申不害虽十使昭侯用术，而奸臣犹有所谲其辞矣"。这正是由于"申不害不擅其法，不一其宪令"。申不害用"术"并非无法度可言，而是"法"在某个特定时期缺乏统一性和稳定性，因而也就无法给出明晰而确切的制度规定，致使臣僚在多种"法"之间可以见机行事。通过对申不害、商鞅思想的扬弃，韩非子将"法""术"结合起来，形成了"法术"，试图以较具确定性的"法"来规制极具不确定性的"术"，通过"法术"将官僚系统纳入法家"法治"的轨道。在这一过程中，君主通过"守法责成"就可以实现"佚而有功"的高效统治。这样，法家治国的关键就不在于君主本人是否很贤能，是否有智与力，而在于他能够在多大程度上运用制度调动臣僚的积极性，使臣僚尽可能地贡献出贤智和能力。

在官僚选任上，法家强调"使法择人""因任而授官"的原则。法家认为君主不必"劳于选贤"，关键是"设官职，陈爵禄"，给出足够的利益诱惑和明确的价值导向，这样自会有士人源源不断地试图进入体制。韩非子说："官职，所以任贤也；爵禄，所以赏功也。"官职爵禄之"赏"所对应的正是"人情"对功名利禄之"好"，用制度性奖赏可调动臣僚为君主、为国家建功立业的积极性。韩非子批判儒家"政在选贤"的思想，认为君主不必通过道德感化来使老百姓"悦近而来远"，而是要以实际功业做出评判，在职位上鉴别，在办事中检验，在实绩上考核，这样群臣百吏自会"公政而无私，不隐贤，不进不肖"。法家注重基层官员选拔，考察臣僚是否可以"明法"，进而"便国利民"。这样就压制了贵族大臣集团对君主集权有形无形的掣肘。在实绩考课上，法家主张"君操其名，臣效其形"。"名"主要指由法度所规定的职位要求和行为规范，"形"则指官吏在其职位上完成职事的实际情况。"君操其名，臣效其形"及"循名而责实"均强调臣僚的实际作为与其所应为必须保持完全一致。

《韩非子》认为只要时机成熟、能力足够强大，臣僚皆有反叛的可能性，因此君主决不可放松对任何臣僚的警惕与控制。虽然也存在管仲尽心尽力辅佐齐桓公这样的事情，但这具有偶然性，并不能证明管仲到底是商汤、周武王式的人物还是弑君的田常一般的臣子，更不能说明齐桓公洞悉了臣僚的内在动机。同样是被齐桓公所信任的竖刁和易牙最终使齐桓公"虫流出尸而不葬"，恰恰证明了齐桓公因为"佚于使人"而最终被臣所制。这里当然有保护君权的绝对安全以及防范重臣的考虑，但韩非子要强调的意旨是明确的，即不管臣僚是否真"贤"，君主在治理整个官僚系统时都不该放松警惕，而应当"劳于索人"。

"劳于索人"要求君主能够勤于考课臣僚，并带头遵守法度，将自己的个性化行为收缩于法度的范围之内。君主要使臣僚的一切言行不折不扣地符合君主所确定的"名""法"。《韩非子·二柄》提出，君主务必要将臣僚的实绩与其职位要求进行仔细参验，相合者必赏，不合者必罚，尤其强调，臣僚的实际贡献即便比其职位要求大，也要罚。为什么？就是要把一切活动都纳入可以完全人为控制的过程之中，尽可能地拒绝"偶然性"。臣僚出现任何超出法度规定的行为，意味着臣僚在法

331

的秩序和君主视线之外有行动的"可能性"。而这种"可能性"就是对君主权势的一种潜在威胁。所以,要将臣僚的言行完全固定化、明确化,进而使其完全处于君主的可控范围之内。《韩非子·有度》说:"贤者之为人臣,北面委质,无有二心。朝廷不敢辞贱,军旅不敢辞难,顺上之为,从主之法,虚心以待令而无是非也。故有口不以私言,有目不以私视,而上尽制之。"意思是,贤能的人做臣子,面向北方恭敬地献上礼物称臣,没有二心。在朝廷上不敢推辞卑贱的事务,在军队中不敢推辞艰难的任务,顺从君主的行动,遵从君主的法令,虚心等待君主的命令而不自行判断是非。所以,有嘴不用于发表私人的言论,有眼不用于谋取私利的观察,而一切都完全服从君主的控制。

儒家也主张选任贤能之士,强调"尊贤使能,俊杰在位"。与"能"相比,"贤"更侧重于内在德性和精神修养。儒家之贤臣因载"道"而尊,既不可枉道以从君,亦不可舍道以逐利,罔顾道义而只知一味顺从的所谓臣道不过是"妾妇之道"。"从命而利君谓之顺。"(《荀子·臣道》)"以顺为正者,妾妇之道也。"(《孟子·滕文公下》)同时,君主应以礼待臣,对臣保持相当的尊重和敬意,因而儒家理想中的君臣关系体现出双方均应承担责任的对等性原则。但在韩非子这里,贤臣对君主恰恰具有鲜明的单向服从倾向。正是在臣僚"无有二心""顺上之为""从主之法"的过程中,一台高效而执行力强大的官僚机器才有可能被铸造出来。

韩非子认为:"使中主守法术,拙匠守规矩尺寸,则万不失矣。君人者能去贤巧之所不能,守中拙之所万不失,则人力尽而功名立。"(《韩非子·用人》)在对官僚系统的常规控制中,君主所需要的正是这种如拙匠一般的"守规矩""守中拙",不以一己之"贤巧"而是通过"守法术"来实现臣民之力悉数为己所用,进而建功立业——此即"借人成势"也。这一治道设计颇有益于君主以中主之资质实现对国家事务的高效管理和对举国臣民的全面治理。

3. 权术去蔽

韩非子认为真正对君权构成威胁的是权贵重臣，采用常规控制手段虽然也可以约束他们，但无法真正完全驯服他们。所以，君主需要掌握更多的控制下属的手段。使用"法术"是要将官僚系统的运行完全纳入法度的轨道，使臣僚在奉法守职中维持权力系统的正常运转，而使用"权术"则聚焦于防范权贵重臣。

韩非子认为，表面上君主掌握了无上的权势，但实际上君主在与权贵重臣的权力博弈中并不占绝对的优势。因为君主只是一个人，才能也不见得比那些权贵重臣强。而权贵重臣却非常多，他们会为了利益而勾结在一起，去"壅蔽"君主。换句话说，就是权贵重臣会对本应让君主知晓和掌控的各类信息进行筛选、过滤、拦截、歪曲甚或伪造，从而欺骗和蒙蔽君主，让君主做出有利于自己的决策，进而排斥异己、培植个人势力，在专权、弄权和越权中架空君权，甚至篡夺君位。

韩非子提醒君主警惕身边的三种人，他们都可能被权贵重臣利用，而成为"壅蔽"君主的工具。一是"同床"。君主的妻妾等会利用与君主的亲密关系，在其酒醉饭饱、安逸快乐之时，吹枕边风来央求得到某些东西，从而影响君主决策。二是"在旁"。君主身边的倡优侏儒、亲信侍从等擅长察言观色、揣测心理，能事先揣摩君主的意图，并可被臣子贿赂而影响君主。三是"父兄"。君主的叔伯、兄弟等亲属会因被臣子巴结、笼络，而在关键时刻干扰君主决策。

韩非子还指出了几种常见的权贵重臣"壅蔽"君主的手段。一是"养殃"，指臣子投君主所好，以美女、财宝等供君主玩乐，使其玩物丧志，从而趁机谋取私利。二是"民萌"，指臣子通过挥霍公家财物，施行小恩小惠来收买人心，蒙蔽君主以架空其权力。三是"流行"，指臣子搜罗能言善辩的说客，用有利形势诱惑、灾难祸害恐吓或杜撰虚假言辞等手段改变君主的意图。四是"威强"，指臣子威胁民众，让民众按其意愿说假话，以蒙蔽注重民意的君主。五是"四方"，指臣子叛国或出卖上级，投靠更有权势的人。

韩非子为君主提供了几种应对权贵重臣的"壅蔽"的方法。

第一，君主尽可能地收敛个性、隐藏情感，保持神秘，使重臣失去揣测和迎合君心的机会。韩非子建议君主应如无所不在却又不可见闻的"道"一般，营造出神秘莫测的形象，使臣僚尤其是近旁的重臣无从知晓身在"暗处"的君主的真实想法，从而产生威不可测的震慑效果。君主应隐藏自己的喜好、意图和想法，不轻易表露，使臣子难以揣摩和迎合，避免被其利用以谋取私利或篡夺权力。

第二，君主要主动出击，全面掌控重臣的信息，主要包括三种方式。一是广泛收集和听取臣僚的各类意见，避免偏听偏信，全面了解臣子的言行和真实想法。同时，对于臣子的进言和建议要仔细审查和验证，防止被虚假信息误导。通过多方考察来识别忠臣与奸臣，以打破重臣对朝廷话语权的可能垄断，比如"众端参观""一听责下"。二是通过明知故问或故弄玄虚等方式来探测重臣的真实情况，比如"疑诏诡使""挟知而问""倒言反事"。通过说反话、做一些看似不合理的事情来观察臣子的反应，以此来探测其是否有不轨之心。三是构建起全国性的纵横交错的官僚监察系统，利用众人之力全方位督察重臣。在纵向上，建立"使贱议贵，下必坐上"且遍及朝野的举报系统。在横向上，鼓励臣僚在完成本职工作之外相互监督、相互告发，从而形成部门之间、臣僚之间的制衡。通过引导臣民加入有组织的去蔽行动，可以使所有信息（在理论上）均送达君主，于是"人主以一国目视，故视莫明焉；以一国耳听，故听莫聪焉"，从而形成一种"聪明之势"。在此"聪明之势"中，营造出令人不得不服从的"威严之势"。这一制度设计颇有助于中主"兼照一国"，在"因人以知人"中实现"形体不劳而事治，智虑不用而奸得"。

　　韩非子使用权术的目的是希望把"重臣"变成"贵臣"，使重臣悉数重回"法术"的常规控制之中。《韩非子·八说》说："明主之国，有贵臣，无重臣。贵臣者，爵尊而官大也；重臣者，言听而力多者也。明主之国，迁官袭级，官爵受功，故有贵臣。言不度行而有伪，必诛，故无重臣也。"意思是，在英明君主统治的国家里，有地位尊贵的大臣，没有权势过重的大臣。所谓地位尊贵的大臣，是指爵位高、官职大的人；所谓权势过重的大臣，是指君主对其言听计从，而且他又掌握很大权力的人。在英明君主统治的国家里，官员的升迁是按照一定的等级依次进行的，官职爵位是根据功劳授予的，所以有地位尊贵的大臣。如果大臣的言论不衡量实际行动而弄虚作假，就必定受到惩处，所以没有权势过重的大臣。贵臣爵尊官大是因其实绩所致，他的地位很高，但他要是敢弄虚作假，不遵守法度，不恪尽职守，君主就可以轻易地把他拿下。显然，法家的这些法术、权术都是为了驾驭群臣。

参考文献

古籍类：

[1]《尚书》

[2]《易经》

[3]《论语》

[4]《孟子》

[5]《礼记》

[6]《大戴礼记》

[7]《孔子家语》

[8]《老子》

[9]《庄子》

[10]《黄帝四经》

[11]《韩非子》

[12]《武经七书》

[13]《人物志》

[14]《国语》

[15]《史记》

[16]《汉书》

著作类：

[1] 程树德. 论语集释[M]. 北京：中华书局，2006.

[2] 焦循. 孟子正义[M]. 北京：中华书局，1987.

[3] 王先谦. 荀子集解[M]. 北京：中华书局，1988.

[4] 王先慎. 韩非子集解[M]. 北京：中华书局，1998.

[5] 王晓毅. 人物志译注[M]. 北京：中华书局，2019.

[6] 陈鼓应. 庄子人性论[M]. 北京：中华书局，2021.

[7] 成中英. 文化、伦理与管理[M]. 北京：东方出版社，2011.

[8] 曾仕强. 中国管理哲学[M]. 北京：商务印书馆，2013.

［9］曾仕强．情绪的奥秘［M］．北京：北京联合出版社公司，2014．

［10］曾仕强．人性的奥秘［M］．北京：北京联合出版社公司，2014．

［11］曾仕强．人际的奥秘［M］．北京：北京联合出版社公司，2015．

［12］吴照云．中国管理思想史［M］．北京：经济管理出版社，2012．

［13］张阳，周海炜．管理文化视角的企业战略［M］．上海：复旦大学出版社，2001．

［14］翟学伟．中国人的行动逻辑［M］．北京：生活书店出版有限公司，2017．

［15］苏东．论管理理性的困境与启示［M］．北京：经济管理出版社，2000．

［16］吕力．中国管理哲学［M］．上海：东方出版中心，2022．

［17］彭新武，等．管理哲学导论［M］．北京：中国人民大学出版社，2006．

［18］刘敬鲁，等．西方管理哲学［M］．北京：人民出版社，2010．

［19］邢贲思．中国哲学五十年［M］．沈阳：辽海出版社，1999．

［20］安启念，任俊明．中国当代哲学史［M］．北京：社会科学文献出版社，1999．

［21］杨先举，黄朴民．向韩非子学管理［M］．大连：东北财经大学出版社，2010．

［22］彭双，涂春燕．墨子管理思想研究［M］．成都：电子科技大学出版社，2006．

［23］张与弛．法家的管理之道［M］．北京：中国商业出版社，2007．

［24］刘云柏．中国管理思想通史［M］．上海：上海人民出版社，2014．

［25］王汉昌．中国古代人事制度［M］．北京：劳动人事出版社，1986．

［26］王海粟．中国古代领导艺术［M］．合肥：安徽人民出版社，1988．

［27］黄楠森．人学的足迹［M］．南宁：广西人民出版社，1999．

［28］赵敦华．人性与伦理［M］．南京：江苏人民出版社，2024．

［29］黄楠森．人学原理［M］．南宁：广西人民出版社，2000．

［30］夏甄陶．人是什么［M］．北京：商务印书馆，2000．

［31］曾钊新．人性论［M］．长沙：中南工业大学出版社，1988．

［32］韩民青．哲学人类学［M］．南宁：广西人民出版社，1998．

［33］高清海，胡海波，贺来．人的"类生命"与"类哲学"［M］．长春：吉林人民出版社，1998．

［34］高清海．人就是"人"［M］．沈阳：辽宁人民出版社，2001．

［35］郑希付．现代西方人格心理学史［M］．郑州：河南大学出版社，1991．

［36］余潇枫．哲学人格［M］．长春：吉林教育出版社，1998．

［37］曲炜．人格之谜［M］．北京：中国人民大学出版社，1991．

[38] 孙慧玲. 人格境界论 [M]. 哈尔滨：黑龙江教育出版社, 1999.
[39] 王晓华. 个体哲学 [M]. 上海：上海三联书店, 2002.
[40] 辜鸿铭. 中国人的精神 [M]. 桂林：广西师范大学出版社, 2002.
[41] 解思忠. 国民素质忧思录 [M]. 北京：作家出版社, 1997.
[42] 倪梁康. 自识与反思 [M]. 北京：商务印书馆, 2002.
[43] 张文喜. 自我的建构与解构 [M]. 上海：上海人民出版社, 2002.
[44] 徐复观. 中国人性论史·先秦篇 [M]. 北京：九州出版社, 2014.
[45] 劳思光. 新编中国哲学史：第1卷 [M]. 北京：生活·读书·新知三联书店, 2015.
[46] 王宏强. 韩非子治道思想研究 [M]. 北京：中国社会科学出版社, 2023.
[47] 王中江. 根源、制度和秩序——从老子到黄老 [M]. 北京：中国人民大学出版社, 2018.
[48] 吕锡琛. 善政的追寻——道家治道及其践行研究 [M]. 北京：人民出版社, 2014.
[49] 曹峰. 老子永远不老——老子研究新解 [M]. 北京：中国人民大学出版社, 2018.
[50] 白奚. 稷下学研究 [M]. 北京：生活·读书·新知三联书店, 1998.
[51] 郑开. 道家形而上学研究 [M]. 北京：中国人民大学出版社, 2018.
[52] 杜运周. 管理哲学 [M]. 北京：清华大学出版社, 2022.
[53] 王海明. 人性论 [M]. 北京：商务印书馆, 2005.
[54] 休谟. 人性论 [M]. 关文运, 译. 北京：商务印书馆, 1997.
[55] 阿德勒. 理解人性 [M]. 江月, 译. 北京：中国水利水电出版社, 2021.
[56] 卡西尔. 人论：人类文化哲学导引 [M]. 甘阳, 译. 上海：上海译文出版社, 2013.
[57] 马斯洛. 自我实现的人 [M]. 许金声, 刘锋, 等译. 北京：生活·读书·新知三联书店, 1987.
[58] 萨特. 存在与虚无 [M]. 陈宣良, 等译. 北京：生活·读书·新知三联书店, 1987.
[59] 杜比宁. 人究竟是什么 [M]. 李雅卿, 海石, 译. 北京：东方出版社, 2000.
[60] 科恩. 自我论：个人与个人自我意识 [M]. 佟景韩, 范国恩, 许宏治, 译. 北京：生活·读书·新知三联书店, 1986.

[61] 黄光国. 人情与面子：中国人的权力游戏 [M]. 北京：中国人民大学出版社，2010.

期刊类：

[1] 王宏强. 韩非子"术"论新探 [J]. 人文杂志，2024（2）：83-97.

[2] 任鹏程. 儒家人性论的基本内涵及其逻辑演变 [J]. 孔子研究，2024（4）：95-105.

[3] 黄金枝. 再论"管理学人性假设的新思考"——兼论"人性善"和"人性恶" [J]. 上海管理科学，2024（5）：19-25.

[4] 方朝晖. 西方人性论的主要问题与争论焦点——兼论中西人性论异同 [J]. 复旦学报（社会科学版），2022（5）：131-141.

[5] 巩见刚. 儒家人性假设及其对儒家管理学建构的影响研究 [J]. 管子学刊，2016（4）：79-83.

[6] 翟振明. 虚拟实在与自然实在的本体论对等性 [J]. 哲学研究，2001（6）：62-71.

[7] 王正. "法儒"还是"儒法"？——荀子与法家关系重估 [J]. 哲学研究，2017（2）：42-49，130-131.

[8] 王威威. 老子与韩非的无为政治之比较——从权力与法的角度看 [J]. 哲学研究，2013（10）：42-48.

[9] 冯国超. 人性论、君子小人与治国之道——论《韩非子》的内在逻辑 [J]. 哲学研究，2000（5）：40-47.

[10] 白奚. 孔老异路与儒道互补 [J]. 南京大学学报，2000（5）：92-99.

[11] 李刚兴. 道家思想同申不害和韩非之关系 [J]. 江西社会科学，1990（4）：66-71.

[12] 刘宝村. 秦汉间的儒法合流及其影响 [J]. 孔子研究，2001（3）：38-45.

[13] 陶富源. 人的本质新解 [J]. 哲学研究，2005（2）：109-111.

[14] 汪信砚，李志. "现实的个人"：唯物史观的入口处——《德意志意识形态》的个人概念及其意义 [J]. 哲学动态，2007（9）：9-15.

[15] 沈顺. 试论中国早期儒家的人性内涵——兼评"性朴论" [J]. 社会科学，2015（8）：108-115.

[16] 李细成. 儒家相关六种人性论的内在联系——以《论语》中孔子对人性的论述为问题意识 [J]. 文史哲, 2018 (2): 142-156.

[17] 王军. 性朴、性恶与向善: 荀子人性学说的三个层次 [J]. 现代哲学, 2016 (1): 106-111.

[18] 纪光欣, 向松林. 善恶之辩与管理之道——中国传统管理人性观析论 [J]. 中国石油大学学报(社会科学版), 2013 (10): 119-123.

[19] 高良谋, 胡国栋. 人性结构与管理性质 [J]. 哲学研究, 2012 (11): 120-124.

[20] 张觉, 马静. 论韩非的人性"自利"观——兼驳对韩非思想的种种误解 [J]. 上海财经大学学报, 2006 (5): 19-25.

[21] 张晓峰, 沈喆, 刘静, 等. 人性理论的中西比较及其与管理的互动关系研究 [J]. 山东社会科学, 2018 (6): 129-138.

[22] 段重阳. 人性论与历史哲学的形而上学基础——以牟宗三哲学为例 [J]. 孔子研究, 2024 (5): 89-99.

[23] 王沁凌. 仁智并显与旁通时行——试论焦循《孟子正义》的人性论和政治思想 [J]. 孔子研究, 2024 (1): 58-71.

[24] 赵敦华. 卢梭人性论的四个维度 [J]. 北京大学学报(哲学社会科学版), 2023 (4): 5-14.

[25] 翟学伟. 人如何被预设: 从关系取向对话西方——重新理解中国人的问题 [J]. 探索与争鸣, 2017 (5): 37-40.

[26] 本刊特约评论员. 再问管理学——"管理学在中国"质疑 [J]. 管理学报, 2013 (4): 469-487.

[27] 杨志勇. "管理"辨析 [J]. 管理学报, 2010 (9): 1277-1281.

[28] 张兵红. 中国管理理论概念研究: 演变、重构及延伸 [J]. 商业经济与管理, 2021 (11): 47-61.